非物质文化遗产保护与国家战略研究丛书

宋俊华◎主编

教育部人文社会科学重点研究基地
文化和旅游部文化和旅游研究基地

域外非遗保护制度研究

以日本非遗保护制度为例

刘　洋◎著

中山大學出版社
SUN YAT-SEN UNIVERSITY PRESS
·广州·

版权所有　翻印必究

图书在版编目（CIP）数据

域外非遗保护制度研究：以日本非遗保护制度为例 /
刘洋著. -- 广州：中山大学出版社，2025.8. -- （非
物质文化遗产保护与国家战略研究丛书 / 宋俊华主编）.
ISBN 978-7-306-08414-9

Ⅰ . G131.3

中国国家版本馆 CIP 数据核字第 20252A3P44 号

YUWAI FEIYI BAOHU ZHIDU YANJIU——YI RIBEN FEIYI BAOHU ZHIDU WEILI

| 出　版　人：王天琪
| 策划编辑：潘惠虹
| 责任编辑：潘惠虹
| 封面设计：曾　斌
| 责任校对：刘　婷
| 责任技编：靳晓虹
| 出版发行：中山大学出版社
| 电　　话：编辑部 020-84110283，84111996，84111997，84113349
| 　发行部 020-84111998，84111981，84111160
| 地　　址：广州市新港西路135号
| 邮　　编：510275　　　　　　　　传　真：020-84036565
| 网　　址：http：//www.zsup.com.cn　E-mail：zdcbs@mail.sysu.edu.cn
| 印　刷　者：广州小明数码印刷有限公司
| 规　　格：787mm×1092mm　1/16　24.25印张　　450千字
| 版次印次：2025年8月第1版　2025年8月第1次印刷
| 定　　价：66.00元

如发现本书因印装质量影响阅读，请与出版社发行部联系调换

本书为：

国家社科基金重大项目"非遗代表性项目名录和代表性传承人制度改进设计研究"（项目编号：17ZDA168）阶段性研究成果

非遗保护的国家战略（代序）

宋俊华

本世纪初兴起的非物质文化遗产（以下简称"非遗"）保护是由国际组织、国家和人民共同推动的当代文化实践，是国际组织理念与国家战略、人民需求相互协调的产物，是国家顺应国际组织理念、满足人民需求而实施的重要举措。

非遗保护由联合国教育、科学及文化组织（以下简称"联合国教科文组织"）倡导，是国际组织理念的重要体现。以2001年公布首批"人类口头和非物质遗产代表作名录"（后更名为"人类非物质文化遗产代表作名录"）和2003年通过《保护非物质文化遗产公约》（以下简称《非遗公约》）为标志，联合国教科文组织积极倡导非遗保护工作。成立于1946年的联合国教科文组织，其"宗旨在于通过教育、科学及文化来促进各国间之合作，对和平与安全作出贡献，以增进对正义、法治及联合国宪章所确认之世界人民不分种族、性别、语言或宗教均享人权与基本自由之普遍尊重"[1]。与1972年和1992年相继启动的世界文化和自然遗产、记忆遗产保护工作一样，非遗保护也是联合国教科文组织实现"国际和平与人类共同福利"[2]的重要措施之一。联合国教科文组织主要通过《非遗公约》《保护非物质文化遗产的伦理原则》《实施〈保护非物质文化遗产公约〉的业务指南》等来规范非遗保护工作，确定了非遗认定的原则、范围及保护的目的和措施；明确了所有被认定和保护的非遗必须首先由"各社区、群体，有时是个人"自我认定，并"符合现有的国际人权文件，各社区、群体和

---

[1] 《联合国教育、科学及文化组织组织法》（1945年签订，1946年生效），见联合国教科文组织官网（https://www.unesco.org/zh/legal-affairs/constitution），最后访问日期：2025年2月25日。

[2] 同上。

个人之间相互尊重的需要和顺应可持续发展"①；开展了人类非物质文化遗产代表作名录、急需保护的非物质文化遗产名录、保护非物质文化遗产的计划、项目和活动（优秀实践名册）等名录／名册的认定工作。此外，它还指导、协调各个国家通过举办国际非遗展览、展示、论坛、培训与实施国际合作、国际援助等方式开展非遗保护工作。

非遗保护由国家主导实施，是国家战略的重要组成部分。在联合国教科文组织《非遗公约》确定的非遗保护框架里，各个缔约国主导本国非遗保护工作，应"采取必要措施确保其领土上的非物质文化遗产受到保护"，应在《非遗公约》"提及的保护措施内，由各社区、群体和有关非政府组织参与，确认和确定其领土上的各种非物质文化遗产"②。同时各缔约国还应：编制本国非遗清单；采取各种措施"确保其领土上的非物质文化遗产得到保护、弘扬和展示"③；"竭力采取种种必要的手段"来实施非遗"教育、宣传和能力培养"④；"努力确保创造、延续和传承这种遗产的社区、群体，有时是个人的最大限度的参与，并吸收他们积极地参与有关的管理"⑤。

非遗保护是人民的主动选择，是人民追求美好生活愿望的具体体现。在联合国教科文组织《非遗公约》《保护非物质文化遗产的伦理原则》所确定的非遗保护理念和原则中，非遗保护必须是民众自择和主动参与的：一方面，非遗是由民众自我认定的，是文化自觉、文化自择的产物。非遗是"被各社区、群体，有时是个人，视为其文化遗产组成部分的各种社会实践、观念表述、表现形式、知识、技能以及相关的工具、实物、手工艺品和文化场所。这种非物质文化遗产世代相传，在各社区和群体适应周围环境以及与自然和历史的互动中，被不断地再创造，为这些社区和群体提供认同感和持续感，从而增强对文化多样性和人类创造力的尊重"⑥。另一方面，非遗保护必须是民众自主参与的，且"社区、群体和或有关个人应

---

① 《保护非物质文化遗产公约（2003）》，见中国非物质文化遗产网（https://www.ihchina.cn/zhengce_details/11668），最后访问日期：2024年5月1日。
②③④ 同上。
⑤ 《保护非物质文化遗产伦理原则（2015）》，见中国非物质文化遗产网（https://www.ihchina.cn/zhengce），最后访问日期：2024年5月1日。
⑥ 《保护非物质文化遗产公约（2003）》，见中国非物质文化遗产网（https://www.ihchina.cn/zhengce），最后访问日期：2024年5月1日。

在保护其自身非物质文化遗产中发挥首要作用"①。

非遗保护是国际组织、国家和人民"分权协作"实施的。按照联合国教科文组织《非遗公约》《保护非物质文化遗产的伦理原则》等确立的非遗保护框架，国际组织、国家和人民在非遗保护工作中扮演了不同的角色，既相互独立，又相互协作。三者在非遗保护的协作上都以自愿为前提，以契约为约束。国家是否参与联合国教科文组织倡导的非遗保护，表现在是否自愿加入并认真履行《非遗公约》，是否自愿组织申报联合国教科文组织公布的各种非遗名录／名册并按照申报计划约定做好保护工作。民众是否参与国家负责、联合国教科文组织倡导的非遗保护，表现在是否自愿申报国家各级政府部门和联合国教科文组织的非遗名录／名册，按照申报计划约定做好项目保护工作，且遵守国家非遗法规和联合国教科文组织的《非遗公约》。

非遗保护国家战略是国家顺应国际组织理念、满足人民需求的重要举措。国家在主导实施非遗保护过程中，既要履行《非遗公约》缔约国的义务，按照国际组织理念指引做好本国非遗保护工作，维护人类文化多样性，促进世界和平与可持续发展；又要坚持以人民为中心，满足人民群众传承、实践、发展非遗与追求美好生活的愿望，确保国家独立、和平与可持续发展。所以，把非遗保护纳入国家战略，从国家战略高度来保护本国非遗，是国家顺应国际组织理念、满足人民需求的重要举措，有利于激发民众自觉、主动地把非遗传承实践与国家战略需求结合起来。这既是国际组织大力倡导的，又是值得探讨的一种国家和民众分权协作方式。②

自2004年全国人大常委会批准《非遗公约》以来，我国全面启动了非遗保护工作，并取得了巨大成绩。党的十八大以来，以习近平同志为核心的党中央高度重视非遗保护工作，并将非遗保护与实现中华民族伟大复兴的中国梦，以及为实现这一伟大理想而实施的国家战略结合了起来。国家战略就是为维护和增进国家利益、实现国家目标而综合发展、合理配置和

---

① 《保护非物质文化遗产伦理原则（2015）》，见中国非物质文化遗产网（https://www.ihchina.cn/zhengce_details/15769），最后访问日期：2024年5月1日。

② 2023年11月24—26日，中山大学中国非物质文化遗产研究中心主办了"非遗保护与国家战略学术研讨会"，对非遗保护与国家战略的关系问题进行专题讨论。参见宋俊华、武静《国家战略视野下非遗保护研究的新趋势——"非遗保护与国家战略学术研讨会"述评》，载《文化遗产》2024年第1期。

有效运用国家力量的总体方略，内容涉及国家政治、经济、文化、社会、科技、军事、民族、地理等领域，既包括对内战略，也包括对外战略。①

非遗保护国家战略是在国际组织理念指导下，民众自择与国家负责互动协作实施非遗保护的一种总体方略，是有其内在逻辑的。首先，它是民众对国家共同体的想象与建构，是小共同体与大共同体之间辩证统一关系的反映。《关于进一步加强非物质文化遗产保护工作的意见》指出，"非物质文化遗产是中华优秀传统文化的重要组成部分，是中华文明绵延传承的生动见证，是连结民族情感、维系国家统一的重要基础。保护好、传承好、利用好非物质文化遗产，对于延续历史文脉、坚定文化自信、推动文明交流互鉴、建设社会主义文化强国具有重要意义"②。因此，需要"加强京津冀协同发展、长江经济带发展、粤港澳大湾区建设、长三角一体化发展、黄河流域生态保护和高质量发展、推进海南全面深化改革开放等国家重大战略中的非物质文化遗产保护传承，建立区域保护协同机制，加强专题研究，举办品牌活动"③。其次，它是人民群众追求美好生活愿望的重要体现，是人民愿望与国家需求内在统一的反映。"坚持以人民为中心，着力解决人民群众普遍关心的突出问题，不断增强人民群众的参与感、获得感、认同感"④是我国非遗保护的基本原则。最后，它是确保非遗生命力、促进非遗保护内外因素良性互动的要求。民众是否认可并能够持续实践、传承、传播自己的非遗，是制约非遗生命力的内部要素，也是根本要素。国家是否认可并支持民众实践、传承、传播，是制约非遗生命力的外部要素。非遗保护的国家战略是非遗生命力内部与外部要素良性互动的重要推动力。

非遗保护国家战略作为国家协调国际非遗保护理念与人民需求的重要措施，既是非遗保护分权协作的内在要求，又是国家主导本国非遗保护的具体体现。研究非遗保护国家战略及非遗保护法规、制度、政策等是哲学社会科学研究的重要课题。我国非遗代表性项目名录和代表性传承人制度是在联合国教科文组织《非遗公约》框架下，借鉴了人类非遗代表作名录

---

① 薄贵利：《论国家战略的科学内涵》，载《中国行政管理》2015年第7期。
② 《中共中央办公厅 国务院办公厅印发〈关于进一步加强非物质文化遗产保护工作的意见〉（2021）》，见中国非物质文化遗产网（https://www.ihchina.cn/zhengce_details/23400），最后访问日期：2024年5月1日。
③④ 同上。

制度和日本、韩国等国家的非遗名录制度建设经验，在此基础上结合中国实际建立起来的，既是中国式的制度创新，又为国际非遗保护提供了中国方案。对我国非遗名录制度进行研究，是非遗保护国家战略研究的重要课题。此外，非遗保护与文化强国、乡村振兴、粤港澳大湾区建设、中国式现代化建设、铸牢中华民族共同体意识、构建人类命运共同体等关系的研究，都是非遗保护国家战略研究的重要课题。

基于以上思考，教育部人文社会科学重点研究基地、文化和旅游部文化和旅游研究基地——中山大学中国非物质文化遗产研究中心自成立以来，一直把非遗保护与国家战略关系研究作为基地发展的重心，在"十三五""十四五"规划中，把"非遗保护的国家战略"作为主攻方向，设计了系列性的基地重大项目，并成功申请、获批八项国家社会科学基金重大项目。

本次出版的"非物质文化遗产保护与国家战略研究丛书"是本中心"十四五"规划和国家社会科学基金重大项目"非遗代表性项目名录和代表性传承人制度改进设计研究"产出的标志性成果，既有对人类非遗代表作——粤剧保护、传承与可持续发展的研究，如《粤剧流派传承研究》《粤剧粤曲结社研究》《粤港澳古戏台及其演剧习俗通考》，又有对国内外非遗名录制度、政策及实践案例的研究，如《非遗保护国家战略视域下的粤剧公共文化政策研究》《非遗保护国家战略视域下的侗族芦笙文化研究》《从干预到传承：湖南江永女书传统的建构与复兴研究》《域外非遗保护制度研究——以日本非遗保护制度为例》等。

我们期待这些成果出版后，能够引起大家对非遗保护与国家战略问题的进一步关注和研究。

宋俊华
2024年7月于中山大学中国非物质文化遗产研究中心

前言

日本是世界上最早提出非遗相关概念并开展保护的国家。1950年，日本颁布的《文化遗产保护法》首次提出了与今天的"非遗"十分相似的概念，当时日语的表述为"無形文化財"，另有建筑、书画、雕刻、工艺品等"有形文化財"。2003年，当联合国教科文组织颁布《非遗公约》时，日本已经积累了半个世纪的经验。在联合国教科文组织制定非遗的概念与保护制度的过程中，日本的经验也发挥了一定的影响力。从提出概念到立法保护，日本都走在国际非遗保护运动的前列。

一、日本非遗保护的法律法规、政策措施与经济措施，以及在歌舞伎保护中的具体体现

其一，法律是制度的主要形式，也体现了制度的系统性和严谨性。日本在1871年就颁布了《古器旧物保存法》，开创了以法律手段保护文化遗产的先河。1950年，日本颁布的《文化遗产保护法》首次规定了对非遗的保护，具有划时代的意义。日本文化遗产保护体系有着自己的一套发展规律，这种规律是"认识—讨论—立法—保护—再认识"，这套体系也会借鉴外来的新观念，通过改造和内化再形成自己的风格。在半个多世纪的实践过程中，《文化遗产保护法》被修订了40多次，如此频繁的修订造就了日本在文化遗产保护上的领先制度与实践优势。虽然日本的非遗保护制度对其他国家乃至联合国教科文组织都曾产生过重大影响，但《非遗公约》的生效也为日本的非遗保护带来新的挑战，如二者对非遗保护的原则不同，《非遗公约》的非遗概念比日本的非遗概念更

为宽泛等。

其二，日本出台了很多非遗保护政策。日本非遗的多层体系分类、地方对非遗登录制度的活用、指定重要无形文化遗产时的附加指定要件、"构成上的重要要素"也可以单独被指定为重要无形文化遗产、非遗代表性传承团体认定等，对非遗保护制度的建设都十分有价值。日本对非遗代表性传承人的认定包括各个认定、综合认定、保持团体认定三种形式，指定重要无形文化遗产的同时认定传承人或者团体是必要条件，故"构成上的重要要素"可以是各个认定，整体则是团体认定。

其三，除了建立名录体系、传承人认定等保护制度之外，设立专项资金支持非遗的保护也是非常必要的。日本对非遗的资金扶持非常有特色，如日本被欧美各国称赞为"企业赞助艺术文化的大国"。在经济政策方面，日本在活用文化遗产的实践中探索出"日本遗产"认定制度和利用文化遗产进行观光等。对非遗的资金扶持与文化遗产的活用也是相辅相成的，日本政府对非遗的活用进行资金扶持，相对应地，非遗的活用所带来的经济效益又促使政府投入更多的资金支持对非遗的保护。

其四，日本非遗保护制度的实施与影响。作为联合国教科文组织人类非物质文化遗产（简称"人类非遗"）代表作的日本歌舞伎在保护传承上之所以长期坚持多元化道路，并取得了很好的成效，与日本非遗保护制度有密切关系。在日本非遗类别下，大歌舞伎被指定为"无形文化遗产"，而农村歌舞伎被指定为"无形民俗文化遗产"，但日本也有学者认为，政府"古典"与"民间"的分类导向性干预对非遗的存续力产生了负面的影响。在非遗代表性传承人的认定上，歌舞伎整体为团体认定，而其中"构成上的重要要素"，即剧本、女形、主角、配角、三味线、长呗等为各个认定。农村歌舞伎没有传承人（团体）认定制度，只有保护团体。日本国内对"人间国宝"的认定也进行了批判，如对"人间国宝"限定名额。实际上，即使拥有相应的实力，很多人也没有得到认定。歌舞伎的传统传承方式有家元制、袭名制、屋号与家徽、家系式表演等，现代传承方式包括传承研修制度、公演和歌舞伎鉴赏教室等。而歌舞伎的活用有新歌舞伎、歌舞伎虚拟座、超级歌舞伎、超歌舞伎和桃太郎歌舞伎等形式。

最后，通过对歌舞伎现代传承和农村歌舞伎传承的田野调查发现，民众的非遗保护意识特别强烈，日本在非遗传承中注重大众的需求和与民众的互动，注重培养儿童与青少年的非遗传承与保护意识。

二、日本非遗保护制度建设的特色及可借鉴的经验

其一，日本积极参与人类非遗代表作名录的申报，但在保护过程中也出现了一些问题，如济州海女文化的申报导致日本过度集中于登录非遗项目名录，"和食：日本人的传统饮食文化"申报人类非遗代表作的初衷是农产品出口战略中的差别化和附加价值化，而并非和食文化。日本的非遗名录具有多层体系结构，因此构建非遗的多层次分类、多层级保护体系是非常重要也是非常有意义的，可以体现该体系的科学性、完整性、规范性和条理性。

其二，日本非遗传承人认定的对象不仅可以是个人，还可以是团体。2018年，日本修订的《文化遗产保护法》又确立了"文化遗产保护活用支援团体的指定"模式来加强"社区参与"的理念。

其三，从文化遗产价值体系的角度探讨了日本对文化遗产的"保存"与"活用"。文化遗产具有多种价值体系，对价值体系整体进行有序的调整，就可以充分做到保存和活用的平衡。

其四，日本民众积极参加传统文化活动。这是因为日本的非遗活动主要由民间组织于城市之中举办，日本实行的是市民参与型的文化政策以及贯穿日本人一生的传统文化教育。

三、日本的经验启示：我国非遗保护要结合我国具体国情，走有中国特色的道路

在非遗保护制度的建设上，笔者提出四个方面的建议。第一，非遗项目名录需要构建多层次分类、多层级保护体系，分门别类瞄准，针对不同的类别采取不同的制度，针对不同情况制定切实可行的保护政策，精准稳妥地提出解决方案。第二，传承人认定需要精准施策，让个人、团体、群体以及社区各方都可以达到身份的获致，增强其认同感及责任感。第三，非遗需要"活"起来，以非遗保护的可持续性发展为目标，利用非遗的文化价值与经济价值，让我国的非遗保护达到一个新的高

度，更加有效地助力乡村振兴。第四，需要对全民进行非遗保护与传承教育。可以借鉴日本的经验，增加非遗考级制度，以及在公立学校相关学科老师的录用标准中增加必须持有某项非遗资格证书的要求，让儿童从小就接受非遗氛围的熏陶，积极参加各项传统文化活动。

在我国传统戏剧类非遗项目实践上，笔者提出两方面的建议。第一，增加代表性传承团体的认定方式，同时在认定代表性传承人时考虑增加配角以及乐器演奏者、导演、编剧等其他非演员类传承人的认定。第二，在新媒体时代下，传统戏曲需要活用与创新，要注重大众的需求和与民众的互动。

在当前国际、国内社会非遗保护蓬勃发展的新形势下，我国作为非遗大国，对非遗的保护和传承需综合考虑联合国教科文组织非遗保护的理念、理论，结合我国经济社会发展和非遗保护的具体实际，走出一条具有中国特色的非遗保护之路，为国际社会非遗保护制度的建设提供示范、模板和经验。

目录

CONTENTS

绪 论

一、研究缘起与研究意义 ······ 002
二、国内外研究综述 ······ 004
三、相关概念界定 ······ 016
四、研究思路与方法 ······ 018
五、基本内容 ······ 021

第一章 日本《文化遗产保护法》考述

第一节 《文化遗产保护法》的由来与法律基础 · 029
一、"文化财"概念的由来 ······ 029
二、日本《文化遗产保护法》的法规基础 ······ 031
三、从旧法的"国宝"到新法的"重要文化遗产" ··· 035

第二节 《文化遗产保护法》的出台过程及修订 · 036
一、《文化遗产保护法》的出台过程 ······ 036
二、与非遗有关的修订 ······ 038

第三节 日本文化遗产保护体系的发展规律与影响 · 043
一、日本文化遗产保护体系的发展规律 ······ 043
二、《文化遗产保护法》对《非遗公约》的影响 ······ 044

小 结 ······ 045

第二章 非遗代表性项目名录与代表性传承人认定研究

第一节 日本文化遗产的分类 ·049
一、日本文化遗产分类与新的类型倾向 ·049
二、日本非遗的分类 ·057

第二节 日本文化遗产的项目名录制度 ·059
一、文化遗产工作程序及分级保护体系 ·059
二、地方级非遗代表性项目名录对登录制度的活用 ·063

第三节 日本非遗代表性项目名录制度 ·064
一、指定及选择作为"应该采取记录等措施的无形文化遗产"的区别 ·064
二、重要无形文化遗产的指定要件及意义 ·070
三、指定及选择作为"需要采取记录等措施的无形民俗文化遗产"的区别 ·071
四、"选定"与"指定"的区别 ·076
五、选择非遗的保护手法——影音记录的目的及重要性 ·077

第四节 日本非遗代表性传承人认定制度 ·080
一、无形文化遗产的代表性传承人（团体）认定 ·080
二、无形民俗文化遗产的保护团体 ·083
三、文化遗产保存技术的代表性传承人（团体）认定 ·084

小　结 ·086

第三章 日本非遗保护的经济策略

第一节 对非遗的资金扶持政策 ·091
一、扶持程序及扶持者 ·091
二、专项资金扶持的重要性与意义 ·096

第二节 文化遗产经济活用政策 ·097
一、日本文化遗产的活用理念 ·097

二、"日本遗产"认定制度与经济振兴 ……………… 103

小　结 …………………………………………………… 109

第四章 非遗保护制度的实施与影响
——以歌舞伎保护为例

第一节　歌舞伎的非遗类型分析　·113
　　一、无形文化遗产——歌舞伎 ……………………… 113
　　二、无形民俗文化遗产——农村歌舞伎 …………… 114
　　三、"古典"与"民间"分类的争议 ……………… 115

第二节　歌舞伎的代表性传承人（团体）认定分析　·116
　　一、歌舞伎的代表性传承人（团体）认定 ………… 116
　　二、农村歌舞伎的保护团体——保存会 …………… 118
　　三、歌舞伎"人间国宝"认定的争议 ……………… 120

第三节　歌舞伎的传承与活用　·122
　　一、歌舞伎的传统传承 ……………………………… 123
　　二、歌舞伎的现代传承 ……………………………… 127
　　三、歌舞伎传承"言语"的变化 …………………… 134
　　四、歌舞伎的现代活用：不断创新的传统艺术 …… 137

第四节　歌舞伎的现代传承案例研究　·140
　　一、传统艺术传承研修实施案例 …………………… 140
　　二、2019年歌舞伎鉴赏教室案例 …………………… 147
　　三、鉴赏教室的活用案例 …………………………… 158

第五节　藤野村歌舞伎的保护案例研究　·160
　　一、旧藤野町自然人文环境 ………………………… 160
　　二、藤野村歌舞伎的复活 …………………………… 161
　　三、藤野村歌舞伎的传承 …………………………… 163
　　四、农村歌舞伎复兴与农村的发展振兴 …………… 170

小　结 …………………………………………………… 171

第五章 日本非遗制度的建设经验

第一节 日本非遗代表性项目名录制度经验 ·177
一、日本非遗名录制度案例及得与失 ……… 179
二、日本非遗名录的建构：多层体系结构 ……… 184

第二节 个人、团体和社区：日本非遗代表性传承人制度经验 ·186
一、个人：保持者认定 ……… 187
二、团体、群体：保持团体认定与无形民俗文化遗产的保护团体 ……… 189
三、社区：文化遗产保护活用团体的指定 ……… 197

第三节 日本对文化遗产的活用经验 ·199
一、"保存"与"活用"两项对立的争议 ……… 199
二、从文化遗产价值体系分析活用 ……… 200

第四节 日本全民参与非遗保护的经验 ·203
一、新城市形态下的非遗活动 ……… 203
二、市民参与型文化政策 ……… 205
三、全民传统文化教育 ……… 207

小　　结 ……… 208

第六章 日本非遗制度对我国非遗保护的启示

第一节 非遗保护的精准管理与施策 ·213
一、非遗保护精准管理与施策的必要性与原则 ……… 213
二、构建非遗名录的多层次分类、多层级保护体系 ……… 215
三、对非遗代表性传承人认定精准施策 ……… 218
四、活化利用以实现非遗保护的可持续性发展 ……… 220

第二节 完善传统戏剧类非遗代表性传承团体认定 ·224
   一、日本传统艺能团体认定与我国传统戏剧类传承人认定比较分析 ·225
   二、日本传统艺能团体认定对我国传统戏剧类传承人制度的启示 ·228

第三节 新媒体时代传统戏剧类非遗的活用与振兴 ·229
   一、情感能量视域下歌舞伎的活用经验 ·229
   二、新媒体时代与我国传统戏剧的振兴 ·235

第四节 全民非遗保护与传承教育 ·238
   一、非遗进校园常态化 ·238
   二、研培中加强非遗理论学习 ·243

小　　结 ·244

结　　语 ·246

附　　录 ·249

附录一　日本国家级重要无形文化遗产指定与认定情况 ·249

附录二　日本国家级重要无形民俗文化遗产保护团体情况 ·280

附录三　日本国家级文化遗产保存技术选定与认定情况 ·333

附录四　日本实地考察访谈问题汇总 ·339

附录五　日本实地考察走访实录 ·341

参考文献 ·347

后　　记 ·366

绪论

一、研究缘起与研究意义

（一）研究缘起

1949年，日本法隆寺发生火灾，金堂和金堂四壁的壁画大部分被烧毁。以此事为契机，仅仅一年四个月后，1950年，尚在战争废墟中的日本就颁布了《文化遗产保护法》，对文化遗产进行"统合式"的保护，同时在《文化遗产保护法》中首次提出了与今天"非物质文化遗产"[①]相似的概念。日本当时正处在第二次世界大战（简称"二战"）后美军占领期间，文化上面临着全盘西化的危机，因此对非遗的保护就变成了面临西方强势文化的日本为捍卫民族文化身份、伸张文化权利的努力。[②]2003年，联合国教科文组织颁布《非遗公约》，此时日本在非遗保护方面已经积累了半个多世纪的经验。当时联合国教科文总干事长是日本人松浦晃一郎，日本的非遗保护经验对联合国教科文组织倡导非遗保护工作起到了一定的促进作用。从提出概念到立法保护，日本都走在国际非遗保护运动的前列，研究日本非遗保护制度对研究国际非遗保护制度具有重要参考价值。

此外，把"日本非遗保护制度研究"作为研究选题，还基于以下三个方面的原因。

第一，考述日本非遗保护制度的来龙去脉，有助于揭示日本非遗保护制度发展规律等问题。目前，日本已经形成一个比较完整的文化遗产保护体系。那么，在日本什么是非遗？日本的非遗如何分类？日本的非遗代表性项目名录制度是什么？日本非遗传承人认定制度是什么？日本的非遗

[①] 在1950年出台的《文化遗产保护法》中，"無形文化財"类似今天"非物质文化遗产"的概念，分为"艺能"和"工艺技术"，指演剧、音乐、工艺技术以及其他在历史和艺术上有高价值的无形文化事象。但在现在的日本非遗体系中，"無形文化財"仅是非遗的一种，日本的非遗（广义的无形文化遗产）分为三类，包括"無形文化財"（狭义的无形文化遗产）、"無形民俗文化財"（无形民俗文化遗产）和"文化財保存技术"（文化遗产保存技术）。

[②] 参见宋俊华、王开桃《非物质文化遗产保护研究》，中山大学出版社2013年版，第36页。

保护和传承有哪些好的经验值得我国借鉴？自从日本在1950年第一次提出"無形文化財"的概念，各国一直有不同的理解。对于非遗的分类也是不尽相同，日本在不断的探索中进行修订，目前将非遗分为三类：无形文化遗产、无形民俗文化遗产和文化遗产保存技术。日本非遗名录的多层体系结构、传承团体制度设计理念以及对文化遗产的活用等，经过半个多世纪的实践，都值得我国进行研究和借鉴。

第二，从日本非遗保护制度视角认识日本歌舞伎保护问题，有助于思考传统戏剧类非遗在今天的保护、传承问题。如何在当代生活中传承、发展，再现历史的繁荣，是长期困扰传统戏剧类非遗的一个难题。作为人类非遗代表作的日本歌舞伎在保护传承上长期坚持多元化道路，取得了很好的成效，与日本非遗保护制度有密切关系，这对研究我国传统戏剧类非遗保护制度设计具有较大借鉴价值。

第三，比较中日非遗保护制度，有助于研究如何促进我国非遗保护制度的改进。笔者在参加国家社会科学基金重大项目"非遗代表性项目名录和代表性传承人制度改进设计研究"过程中，有机会到日本神奈川大学非文字资料研究中心、东京大学东洋文化研究所访问交流，并在相关专家指导下开展日本非遗的田野调查，从中意识到中日非遗保护工作有同有异，可以取长补短。日本在非遗保护制度建设方面的经验，对我国具有一定借鉴意义，有助于促进我国非遗制度的改进设计。

（二）研究意义

我国的非遗内容丰富，表现形式多样，是中华民族的文化瑰宝。我国最初的非遗保护方法也借鉴了日本的经验，在保护实践中结合国情加以调整。十多年来，尽管我国出台了一系列政策制度以完善非遗的保护和发展体系，但由于起步晚、经验不足、协调不够等原因，我国尚未建立起一个相对卓越的体系，非遗保护工作面临着一些新的挑战，需要借鉴国外先进经验进一步完善。日本非遗研究历史悠久、成果丰硕，很多非遗保护经验值得我国学习和借鉴，研究日本非遗保护制度具有一定的意义。

第一，从制度建设看，系统研究日本非遗保护法律《文化遗产保护法》、非遗代表性项目名录制度、非遗代表性传承人认定制度、非遗经济扶持与活用政策等，对我国非遗保护制度的建设具有积极意义。适应当前国际国内社会发展和非遗保护的新形势，坚持联合国教科文组织非遗保护理念，考察、分析日本非遗保护制度，发现我国非遗保护制度建设中存在的不足，有利于促进我国非遗保护制度的改进设计。

第二，从项目实践看，全面分析日本歌舞伎的多元化道路及其制度保障措施，揭示日本非遗项目保护实践的成功经验，对我国非遗项目实践改进具有一定价值。我国是多民族国家，且非遗保护项目数量众多，制度建设不可能一蹴而就，我们要借鉴日本的先进经验，坚持因地制宜、精准施策，探索非遗项目保护的多元化、精准化道路。

综上所述，本书对日本非遗保护的法律法规、政策措施与经济措施以及歌舞伎保护项目实践的考述、分析，如对《文化遗产保护法》中有关非遗的分类、指定·选择·登录制度、各个认定·综合认定·保持团体认定制度等并结合实践案例的分析，对我国非遗保护的学术研究、制度建设和保护实践都具有重要参考价值和借鉴意义。

本书采取定量分析与定性研究相结合的研究方法，在此基础上获得具有全面性和典型性的研究资料，可以丰富和补充非遗保护实践的第一手资料，有利于更加完整和科学地把握非遗保护的具体理论和保护实践，具有方法论意义。

本书将理论研究与个案研究相结合，既从宏观的角度研究日本非遗保护制度，又从微观的角度考察具体的保护实践，从理论看实践，又从实践总结理论，以期能够整体地掌握日本非遗保护和传承的情况。本书最后提出了传统戏剧类非遗代表性传承人认定的改进建议并分析了在新媒体时代如何进行传统戏曲的振兴，具有一定的应用价值。

二、国内外研究综述

本部分通过梳理现有文献，归纳和总结国内外学者在中日非遗保护和传承方面的研究成果。

（一）对日本非遗保护和传承的研究

1. 日本研究者对日本非遗保护和传承的研究

日本关于非遗的研究历史悠久，且设置了专门的研究机构，主要为东京文化遗产研究所与奈良文化遗产研究所，文化遗产研究所每年都定期出版调查报告与论文集。另外，大学的研究机构也会进行文化遗产的研究，例如东京大学的东洋文化研究所、神奈川大学的日本常民文化研究所等。

（1）东京文化遗产保护研究所的研究报告。

东京文化遗产研究所出版的关于非遗研究文献主要分成四个部分。第一部分是《无形文化遗产研究报告》，它的前身是《艺能科学》，截至2005年一共出版了33期，从2006年开始改成《无形文化遗产研究报告》，每年一期。《无形文化遗产研究报告》研究内容包括关于联合国教科文组织非遗的研究、日本非遗制度解析、案例研究。第二部分是《无形民俗文化遗产研究协议会报告书》，其中包含民俗艺能研究协议会与无形民俗文化遗产研究协议会的报告。第三部分是项目报告，是针对某个具体项目的调查研究报告书。第四部分是其他研究报告书，例如《日韩无形文化遗产研究》《文化遗产保护交流事业报告书》等。

东京文化遗产研究所出版的报告中，爱川纪子的「ユネスコ無形文化遺産保護条約」、宫田繁幸的「岐路に立つ無形文化遺産保護条約」与福冈正太的「国際的協力における無形文化遺産の保護とコミュニティの関与」等文章研究了《非遗公约》的形成过程与《非遗公约》中非遗的概念、社区的理念。宫田繁幸的「実施段階に入った無形文化遺産保護条約」一文首先梳理了《非遗公约》形成的过程，同时检讨了日本申报人类非遗代表作的过程。[①]对日本非遗的定义、分类和分级体系，对日本非遗保护制度的主要内容、特点及存在问题进行深入分析的有宫田繁幸的「日本の無形文化遺産と無形文化遺産保護条約」、佐佐木正直的「日本における「無形文化財」の保護の現状と課題」等文章。

饭岛满的「日本の無形文化遺産―古典芸能の伝承と将来」与佐佐木正直的「日本における「無形文化財」の保護の現状と課題―工芸技術を中心として」对日本传统艺能类与工艺技术类非遗的保护和传承展开了分析。菊池健策的「日本の無形民俗財の保護」、大岛晓雄的「無形民俗文化財の「変化」を考える―特に文化財指定との関連で」、东京文化遗产研究所编的『無形民俗文化財の保存・活用に関する調査研究報告書』

---

① 宫田繁幸：「実施段階に入った無形文化遺産保護条約」，国立文化財機構東京文化財研究所編『無形文化遺産研究報告4』，国立文化財機構東京文化財研究所無形文化遺産部，2009年。

『市町村合併と無形民俗文化財の保護』『無形民俗文化財に関わるモノの保護』『形の民俗文化財映像記録作成小協議会報告書「無形民俗文化財映像記録作成の手引き」』，这些文章与报告详细地介绍了日本无形民俗文化遗产的保护方法与传承情况。

松山直子的论文「アジア太平洋地域の無形文化遺産—代表一覧表記載案件の分類と専門機関の役割」「東アジアの無形文化財保護制度における伝統的工芸技術の登録状況—日本・中国・韓国の国家級一覧表から」、星野纮的论文「無形文化遺産保護の挑戦—日本国内およびアジア太平洋諸国を訪れて」「韓国、中国の地域の伝統芸能の衰退と無形文化遺産保護施策」、东京文化遗产研究所编的报告书『日韓無形文化遺産研究』等对亚洲部分国家非遗的定义、分类、名录制度进行了比较分析。

（2）其他学者的研究。

其他大学或者博物馆的学者主要根据自己的专业对日本的非遗进行了研究。川村恒明编写的专著『文化財政策概論：文化遺産保護の新たな展開に向けて』与松田阳的文章「保存と活用の二元論を超えて：文化財の価値体系を考える」研究了日本文化遗产的政策，对文化遗产的保存和活用，并探讨了日本文化遗产保护的新课题与理念。日本国立民族学博物馆副馆长福冈正太的文章「伝統芸能の保護と映像記録の役割」研究了日本如何用现代化手段记录传统艺能。东京大学东洋文化研究所菅丰、陈志勤的「何谓非物质文化遗产的价值」提出在传承非遗的人与非遗的关系之中才能找到其新的价值，为了人类幸福需要有效地利用非遗。[①] 俵木悟的文章「民俗芸能の伝承組織についての一試論」首先梳理了日本对于民俗艺能的保护政策，然后用具体案例详细研究了日本对于民俗艺能的传承与保护。另外，作为联合国教科文组织非遗部前主任的爱川纪子针对联合国非遗保护制度及日本非遗的研究也发表了很多文章，这些文章被中国学者翻译。其中，爱川纪子、唐璐璐的论文《政策视角下的非物质文化遗产保护与地方发展》提出，日本在文化遗产发展实践中，注重将文化遗产保护与地区的经济和社会发展相结合并修订了文化遗产的相关法律。[②] 爱川纪子、

---

① 菅丰、陈志勤：《何谓非物质文化遗产的价值》，载《文化遗产》2009年第2期。
② 爱川纪子、唐璐璐：《政策视角下的非物质文化遗产保护与地方发展》，载《民俗研究》2020年第1期。

高舒的《联合国教科文组织〈保护非物质文化遗产公约〉的成型——一场关于"社区参与"的叙事与观察（下）》一文从会议入手，梳理《非遗公约》的成型过程，探讨社区参与，又历经政府间会议上成员国代表的争议与修订，最终定型。①

总体来看，关于日本非遗的研究中，东京文化遗产研究所的资料最全，包含了联合国教科文组织和日本的非遗保护制度、政策等的研究与分析，日本非遗具体案例的研究与调查报告书以及其他国家非遗保护的比较研究。虽然日本的非遗研究历史悠久，但之前的非遗研究都是在日本本国文化遗产体系框架内进行研究，日本成为联合国教科文组织《非遗公约》的缔约国后，必须遵守《非遗公约》的规定，履行《非遗公约》的义务。因此，日本国内的专家学者们也开始将非遗从"统合式"的文化遗产体系框架中剥离出来，在《非遗公约》的基础上，从文化遗产保护的视角进行申报人类非遗代表作名录，研究与申报非遗的概念、分类、名录制度、传承人认定等。例如，对无形民俗文化遗产指定制度进行了批判，认为政府在资金扶持和认定上的导向性干预对非遗的存续力产生了负面的影响；对指定时附加指定要件进行了辩证的分析，认为指定要件并不限定某项艺能的表现形式或者发展方向，让具有传统艺术价值的"型"能保存和传习下去是非遗保护制度的重点；对"人间国宝"制度也进行了批判，认为"人间国宝"限定名额不合适，实际上，即使有相应的实力，也有很多人没有得到认定。

2. 我国学者对日本非遗保护和传承的研究

赵汉生、姜丽荣1992年出版的《简介日本无形文化财的保护方法》对日本的文化遗产体系进行了研究。王军1997年出版的《日本的文化财保护》介绍了日本《文化遗产保护法》的产生和修订过程并翻译了1975年修订版的《文化遗产保护法》。但很长一段时间内，国内学者对日本非遗保护的研究侧重于日本工艺保护、考古文物修复技术等方面。②到了21世纪初《非遗公约》通过后，国内许多学者开始集中地对日本非遗体系和保护

---

① 爱川纪子、高舒：《联合国教科文组织〈保护非物质文化遗产公约〉的成型——一场关于"社区参与"的叙事与观察（下）》，载《中国非物质文化遗产》2020年第2期。

② 钱永平：《日本非物质文化遗产保护研究综述》，载《湖北民族学院学报（哲学社会科学版）》2010年第5期。

实践进行研究。虽然国内对日本非遗研究的时间不长，但基本已经形成两种研究模式：一种是侧重理论研究，一种是侧重个案研究。

（1）关于日本非遗保护理论研究。

苑利、顾军的《文化遗产报告——世界文化遗产保护运动的理论与实践》和色音的《日本的文化政策与传统民俗保护制度》围绕日本《文化遗产保护法》出台的相关背景、文化政策、政府行政设置等内容对日本非遗保护展开了研究。对日本《文化遗产保护法》的形成与变迁进行脉络梳理，对日本文化遗产的定义、分类和分级体系、目录制度与代表性传承人认定制度进行研究，探讨我国如何借鉴日本经验展开非遗保护的，有王晓葵的《日本非物质文化遗产保护法规的演变及相关问题》、周超的《日本法律对"文化遗产"的定义、分类与分级》与《日本对非物质文化遗产的法律保护》和周星、周超的《日本文化遗产的分类体系及其保护制度》等文章。冯彤的《日本无形文化遗产传承人制度》和刘晓峰的《谁是"人间国宝"？——日本"重要无形文化财"的传承人认定制度》研究了日本的代表性传承人认定制度，强调了"日本不仅有个人认定，还有综合认定与保持团体认定，如果文化遗产具有群体参与的属性，我国应借鉴日本的经验，完善中国非物质文化遗产传承人制度"[①]。康保成等所著的《中日韩非物质文化遗产的比较与研究》一书研究了日本非遗保护体系、政府行政设置和日本相关大学的非遗专业设置情况，并有选择地进行个案研究，从而对中日韩的非遗保护进行比较分析。

（2）关于日本非遗保护实践研究。

无形文化遗产传统艺能部分，苑利的《从日本韩国经验看中国戏曲类文化遗产保护》从日韩非遗保护经验出发，反思我国传统戏剧类非遗的保护，提出建立濒危戏曲保护机制。陈贞竹的《当代日本能剧的传承方式》、丁曼的《日本能乐的坚守与创新》、董沛霖的《日本传统戏曲的保存与振兴》等对日本传统艺能类的保护展开了分析。李玲的《从功法、行当和家系角度考察日本歌舞伎女形表演艺术的传承》尝试结合歌舞伎表演的学术理论和女形名优之艺谈，"考察歌舞伎女形表演艺术的传承模式并探寻这种模式生存于现代并能生生不息的原因"[②]。邹慕晨、谢柏梁的

---

① 冯彤：《日本非物质文化遗产传承人制度》，载《民族艺术》2010年第1期。
② 李玲：《从功法、行当和家系角度考察日本歌舞伎女形表演艺术的传承》，载《戏剧艺术》2016年第2期。

《日本传统戏剧家元制发展研究》研究了歌舞伎传统的家元培养模式与现代传承方式，并提出可以与中国戏曲类非遗相类比。蔡曙鹏的《歌舞伎文化财保护模式的启示》研究了日本歌舞伎的现代传承方式与超级歌舞伎的形式。

无形文化遗产传统手工艺部分，冯彤的《日本无形文化财保护体系下"和纸"的技艺传承》一文研究了日本和纸技术的传承，并对和纸的工艺制作程序做了详细的文本记录。刘京宰的《非遗与文化产业——以日本濑户地区的陶瓷文化为例》以日本濑户地区的陶瓷文化为例，考察了日本陶瓷的实际保护情况。张福昌的《日本传统工艺品产业保护和振兴政策》研究了日本国家级手工艺品类非遗的指定程序与指定标准。徐艺乙的《日本的传统工艺保护策略》全面地研究了日本工艺技术的保护情况。

无形民俗文化遗产部分，周星的《日本爱知东荣町地方的花祭民俗》、康越的《日本关西地区的城市祭（节日）文化》、麻国钧和有泽晶子的《日本祭礼行事与民俗艺能总览》、郑晓云的《日本民族传统文化的保护及启示》和陈宗花的《在日常生活中保护非物质文化遗产——以日本无形民俗文化财"祇园祭"为例》等论文对日本民俗活动的保护和传承进行了研究，强调了日本社会的生活传统在民众的参与中得到了延续。吕珍珍的《日本农村歌舞伎的传承现状与启示》详细记录了日本大鹿农村歌舞伎的传承方式与传承现状。

应用部分，徐拥军、王薇在《美国、日本和台湾地区文化遗产档案数据库资源建设的经验借鉴》一文中对日本"亚太非物质文化遗产数据库"的建设背景、主要内容与特色进行了分析，并对中国文化遗产数据库建设提出建议。[①]韩若冰《非物质文化遗产的活化、传承与创新——以"情动机制"为视角》一文以情动的视角研究了日本超歌舞伎的活用形式。

总体来看，国内对日本非遗法律、分类、名录制度与传承人认定制度的研究论文大都是十年前的文章。2011年东日本大地震后，日本政府为了振兴经济，开始倾向于活用文化遗产，非遗保护制度政策与保护传承方式均有些许变化，因此对日本非遗保护制度的研究内容也有待更新。

---

① 徐拥军、王薇：《美国、日本和台湾地区文化遗产档案数据库资源建设的经验借鉴》，载《档案学通讯》2013年第5期。

（二）对我国非遗保护制度的研究

1. 我国非遗分类及名录制度的研究

（1）非遗分类体系的研究。

分类是非遗代表性项目名录制度中的重要环节，联合国教科文组织的《非遗公约》提出了非遗"五分法"的分类标准，对各国政府和学界的非遗分类产生了重要影响。我国在公布国家级非遗名录时，采用了传统学科的"十分法"，包括民间文学、传统音乐、传统舞蹈、传统戏剧、曲艺、传统体育游艺与杂技、传统美术、传统技艺、传统医药和民俗。①苑利、顾军的《非物质文化遗产分类学研究》在包容、对等、唯一、均等、统一的基础上，提出了非遗分类的"七分法"，包括民间文学、表演艺术、传统工艺美术、传统生产知识、传统生活知识、传统仪式、传统节日，并主张在"七分法"的基础上，建立更便于实际操作的"三分法"，即传统表演艺术、传统工艺技术与传统节日仪式三小类。②杨红在《非物质文化遗产数字化研究》一书中将非遗项目分为传统表演艺术、传统工艺美术、传统生产生活知识与技能、传统节庆与仪式四个一级类别，并在一级类别之下建立了二级类别，形成了"双层四分法"。③宋俊华、王开桃在《非物质文化遗产保护研究》一书中，进一步提出了"口述遗产体系、身传遗产体系、心授遗产体系和综合遗产体系"的"四体系"分类法。④黄永林、王伟杰在《数字化传承视域下我国非物质文化遗产分类体系的重构》一文中，对联合国和世界主要发达国家的非遗分类进行了对比，提出在数字化视域下可对非遗进行多层次分类，文章认为"一级分类采用《名录》体系，二级为权威类，三级为补充类"。⑤这些分类与分类讨论都为我国非遗的分类研究提供了有益的借鉴思路。

---

① 非遗分类体系见中国非物质文化遗产网（https://www.ihchina.cn/project.html）。
② 苑利、顾军：《非物质文化遗产分类学研究》，载《河南社会科学》2013年第6期。
③ 杨红：《非物质文化遗产数字化研究》，社会科学文献出版社2014年版，第99-100页。
④ 宋俊华、王开桃：《非物质文化遗产保护研究》，中山大学出版社2013年版，第51-62页。
⑤ 黄永林、王伟杰：《数字化传承视域下我国非物质文化遗产分类体系的重构》，载《西南民族大学学报（人文社会科学版）》2013年第8期。

（2）非遗名录制度的研究。

姚伟钧、王胜鹏在《完善中国非物质文化遗产名录的思考》一文中，对我国现有的非遗名录制度加以反思，认为"现有的名录体系存在四类问题，而由这四类问题所反映出的关于申报制度和非遗名录体系的纰漏都影响了非遗的保护"①。谭宏在《冲突与协调——中国非物质文化遗产名录制度的人类学反思》一文中，对名录分类与遗产种类的冲突进行了反思，认为"丰富多彩的非遗仅通过十大类别来完成评价和展示过于局限，有可能突出了部分非遗的价值却忽视了另一部分非遗的价值"②，并认为如果过分强调名录化，未进入非遗代表性名录的项目会被边缘化。柏贵喜在《"名录"制度与非物质文化遗产保护》一文中，对我国名录制度的建立进行了溯源，并阐述了名录制度建立的目的和作用，同时指出了名录制度在制度设计上和实践中存在的问题。文章认为，"制度设计上的问题表现为对非遗内涵的学理认识不清；评审标准内在矛盾导致的评审结果与标准要求不一致；申报程序上第一批国家级名录数量过多等。实践方面的问题表现为名录背后隐藏着巨大的经济利益；申遗甚至变成了地方政府的寻租行为，导致各地出现项目争夺、文化发源地争夺等现象"③。其认为"这种经济理性只有转变为文化自觉，建立濒危性非遗代表作名录体系、分级保护责任制度、跟踪评估制度，完善名录申报制度等，才能使名录制度真正成为非遗保护的有效制度"④。

2. 对我国非遗传承人的研究

（1）非遗传承人认定的研究。

苑利、顾军通过《非物质文化遗产传承人管理工作中的几个问题》一文，对这些问题做了较为详细的解答，阐述了遴选非遗传承人的一些具体标准，依据"个体传承型非遗""团体传承型非遗""群体传承型非遗"

---

① 姚伟钧、王胜鹏：《完善中国非物质文化遗产名录的思考》，载《浙江学刊》2013年第1期。
② 谭宏：《冲突与协调——中国非物质文化遗产名录制度的人类学反思》，载《文化遗产》2016年第4期。
③ 柏贵喜：《"名录"制度与非物质文化遗产保护》，载《贵州民族研究》2007年第4期。
④ 柏贵喜：《"名录"制度与非物质文化遗产保护》，载《贵州民族研究》2007年第4期。

的不同类别配套相应的"个体传承型传承人""团体传承型传承人""群体传承型传承人"等;保护主体和传承主体各行其责,不越俎代庖;保护主体加大对传承主体自主传承的扶持力度,减少行政干预;传承主体充分发挥自主传承的积极性等,提出如何完善认定制度,并有效解决该制度在实践中出现的问题仍是目前的难题。①田艳在《非物质文化遗产代表性传承人认定制度探究》一文中,详细梳理了我国现有的非遗代表性传承人认定制度,并结合国外先进经验,进一步提出了完善传承人认定制度。②萧放在《关于非物质文化遗产传承人的认定与保护方式的思考》一文中,从纵向和横向两个方面论证了非遗传承人的认定原则,认为"要依据非遗的特点来进行分类和认定,并建议要通过制度建设来明确传承人的权利和义务"③。李荣启在《非物质文化遗产的传承及传承人保护现状》和《对非遗传承人保护及传承机制建设的思考》两篇文章中探讨了认定非遗代表性传承人时出现的问题,即"代表性传承人该如何认定?怎样认定?如何完善认定制度,使评选的代表性传承人符合大众的接受度,而不成为行政角逐的资本?对于群体性传承的项目,如何增加团体认定、综合认定等认定标准和评价体系?等等"④。陈兴贵对制度建设中的问题进行了深入的反思,提出非遗名录制度中的性别结构问题。"除此之外,国家级传承人数量偏少且分布不均衡、传承人认定制度使一些民间艺人无法进入各级名录、名录的分级制度导致传承人阶层化、民间艺人与传承人及不同等级传承人之间的矛盾"⑤等问题在《非物质文化遗产代表性传承人名录制度反思》一文中也得到关注。陈靖立足少数民族非遗传承人制度保护,其在《非遗"传承人"制度在民族文艺保护中的悖论》一文中,提到"官方认定的传承人导致其他百姓不服,使壮族民歌失去了竞争的生存空间,降低了民众的参与性。民歌属集体传唱项目,但在认定传承人时只认定其中一人,导致了

---

① 苑利、顾军:《非物质文化遗产传承人管理工作中的几个问题》,载《河南社会科学》2015年第4期。

② 田艳:《非物质文化遗产代表性传承人认定制度探究》,载《政法论坛》2013年第4期。

③ 萧放:《关于非物质文化遗产传承人的认定与保护方式的思考》,载《文化遗产》2008年第1期。

④ 李荣启:《非物质文化遗产的传承及传承人保护现状》,载《美与时代(上)》2016年第4期。

⑤ 陈兴贵:《非物质文化遗产代表性传承人名录制度反思》,载《重庆文理学院学报(社会科学版)》2016年第3期。

共同参与民歌演唱的传承人与非传承人之间的矛盾"①。

(2)传承人管理机制及保障机制研究。

黄永林在《非物质文化遗产传承人保护模式研究——以湖北宜昌民间故事讲述家孙家香、刘德培和刘德方为例》一文中提出了建构非遗传承人的保护模式,要根据传承主体状况,构建"静态保护模式""活态保护模式""生产性保护模式"三种非遗传承人保护模式。②李荣启认为,在新常态下,传承人管理机制构建应重视四个问题:保护文化生态环境,使传承人的传承活动回归日常生活,实现非遗即生活的理念;建立各级代表性传承人个人档案制度及相应数据库;建立传承人访问和报告制度,掌握了解传承人状况,并对传承人进行考核评定监督,授予荣誉和地位;坚持传承人退出机制等。其主张通过规范化管理机制的建设,既能保障传承人的权利,又能保障其履行相应的义务,促使其更好地传承非遗。③辛纪元等在《我国非物质文化遗产法律保护的不足及完善》一文中,通过分析国家立法和地方立法两个层面,发现我国非遗存在立法规范不足、商业开发过度、传承人制度不完善等问题,并认为,"非遗立法要明确基本原则,完善非遗法律体系,才能构建相应辅助机制"④。何秋在《民族自治地方少数民族非物质文化遗产的法律保护——以广西壮族自治区非遗保护为例》一文中,从广西少数民族非遗的法律保护现状入手,分析了其存在的缺陷和不足,研究了民族自治地方的少数民族非遗法律保护中亟须重点解决的问题,并提出了确立少数民族非遗权利主体、进行特殊保护、建立知识产权保护框架、确定危害行为法律责任追究机制等学术观点。⑤韩小兵、喜饶尼玛在《中国少数民族非物质文化遗产保护的法制特色》一文中,论述了少数民族文化遗产在表现形态上的多样性与更强的濒危性,认为"需要制定具有针对性、可操作性强的特别法,赋予少数民族非遗相对独立的法律地

---

① 陈靖:《非遗"传承人"制度在民族文艺保护中的悖论》,载《贵州民族研究》2014年第1期。

② 黄永林:《非物质文化遗产传承人保护模式研究——以湖北宜昌民间故事讲述家孙家香、刘德培和刘德方为例》,载《中国地质大学学报(社会科学版)》2013年第2期。

③ 李荣启:《对非遗传承人保护及传承机制建设的思考》,载《中国文化研究》2016年第2期。

④ 辛纪元、吴大华、吴纪树:《我国非物质文化遗产法律保护的不足及完善》,载《贵州社会科学》2014年第9期。

⑤ 何秋:《民族自治地方少数民族非物质文化遗产的法律保护——以广西壮族自治区非遗保护为例》,载《文化遗产》2014年第1期。

位，使其得到比以往更有效的保护"①。

(3) 传承人教育机制研究。

在现代教育体制下，学校教育是形成个人知识体系及世界观、人生观和价值观的重要环节，因此如何使非遗活态地续承，通过学校教育培育新生代传承人成为探索的新路径。谢中元的《非物质文化遗产在高校美育中的价值参与》一文，针对目前高校美育教育边缘化的现状，认为非遗教育应与"学生入田野"结合起来，从多方面促进大学生审美知识和能力的提升。②刘倩的《非物质文化遗产与高校德育教育——以广东地区音乐类文化艺术为例》一文，将非遗传承与高校德育教育相联系，提出了把非遗引入高校的德育教育的构想。③刘宁在《地方高校对本土非物质文化遗产保护的措施研究》一文中注意到了非遗保护对高等教育学科建设及素质教育的影响。文章从高校非遗学科化建设、高校文化资源库和产学研合作实践平台三方面提出了相应建议，并着重从非遗的具体门类特别是艺术类非遗出发，探讨了高校教育对非遗的传承作用。④

(4) 个案研究。

段超和林毅红在《民间传承中"传承人"的传承生境与保护对策研究——以海南黎族传统工艺"传承人"为例》一文中，从传承人传承困境、认定机制缺陷和传承人发展瓶颈等角度出发，提出了代表性项目名录和代表性传承人的推选认定、责任和退出机制、监督机制等制度构建策略。⑤吕睿的《民间文学艺术知识产权主体合法性探求——以署名权为进路》，从王洛宾与西部民歌版权纠纷、《乌苏里船歌》案、"安顺地戏"署名权这三例民间文学知识产权纠纷案入手，通过法理研究分析了民间文学知识产权的主体确定问题，并认为"根据我国国情和法律，对于民间文学艺术知识产权主体的署名方，可以在非遗名录的基础上，统一规范地使

---

① 韩小兵、喜饶尼玛：《中国少数民族非物质文化遗产保护的法制特色》，载《黑龙江民族丛刊》2013年第1期。

② 谢中元：《非物质文化遗产在高校美育中的价值参与》，载《河南教育学院学报（哲学社会科学版）》2014年第3期。

③ 刘倩：《非物质文化遗产与高校德育教育——以广东地区音乐类文化艺术为例》，载《传承》2014年第11期。

④ 刘宁：《地方高校对本土非物质文化遗产保护的措施研究》，载《大众文艺》2014年第5期。

⑤ 段超、林毅红：《民间传承中"传承人"的传承生境与保护对策研究——以海南黎族传统工艺"传承人"为例》，载《民族艺术研究》2014年第2期。

用地域+民族+艺术形式的署名方式。作为知识产权的权利代理人，可以通过法律规范的形式授权非遗保护单位，让它们来代表族群主张相关权利"①。谢菲的《非物质文化遗产项目代表性传承人名录保护制度反射性影响研究——基于花瑶挑花传承人FTM生活史的调查》一文，通过对花瑶挑花传承人FTM生活史进行田野调查，认为"鉴于非物质文化遗产过程性发展的特性，应该建立与其相适应的过程性动态导向和管理机制，以有效避免非遗保护制度对传承人及其技艺的嵌入性影响"②。刘秀峰、刘朝晖的《非物质文化遗产与代表性传承人制度：来自田野的调查与思考》一文，研究了国家级非遗代表性传承人现状，反思了代表性传承人认定制度存在的问题，提出需要完善非遗保护的长效机制。③

总体来看，随着我国非遗工作全面展开和逐步规范，国内关于非遗保护制度与实践的研究非常丰富，同时不少专家学者在肯定了我国非遗保护工作目前取得的成果外，也检讨了非遗保护制度在实践中慢慢暴露出来的问题，认为需要进一步补充细化与完善我国非遗保护制度。

综上所述，之前学者对日本非遗保护和传承的研究主要集中在2010年前后，近几年成果相对较少，尚未发现专门研究日本非遗保护制度的博士学位论文。

之前有关日本非遗保护制度的研究，主要集中在非遗与无形文化遗产概念的比较、2004年之前《日本文化遗产保护法》的变迁、日本非遗的分类、日本非遗代表性项目名录与代表性非遗传承人认定制度、日本非遗保护案例等方面，对日本非遗保护制度研究还有待深入。原因如下：第一，2011年东日本大地震后日本政府为了振兴经济，开始倾向于活用文化遗产，非遗保护制度政策与保护传承方式均有一些变化，日本非遗保护制度研究内容有待更新。第二，之前学者有关日本非遗保护制度研究不够全面、系统，对日本非遗代表性项目名录与代表性非遗传承人认定制度研究不够深入，对日本非遗保护和传承方式研究不够全面。第三，对日本非遗

---

① 吕睿：《民间文学艺术知识产权主体合法性探求——以署名权为进路》，载《内蒙古社会科学（汉文版）》2013年第1期。

② 谢菲：《非物质文化遗产项目代表性传承人名录保护制度反射性影响研究——基于花瑶挑花传承人FTM生活史的调查》，载《民族艺术》2015年第6期。

③ 刘秀峰、刘朝晖：《非物质文化遗产与代表性传承人制度：来自田野的调查与思考》，载《浙江师范大学学报（社会科学版）》2012年第5期。

保护制度建设原因和意义分析不够系统、深入，案例分析相对较弱。

根据之前学者的研究情况可知，仍有下列研究工作尚待开展：通过文献资料与具体案例系统全面地研究日本非遗的保护制度揭示其发展规律，总结具有日本特色的非遗保护制度经验以及日本非遗制度对我国非遗保护的启示。

三、相关概念界定

（一）非遗保护制度

联合国教科文组织颁布的《非遗公约》中，第十三条第一项和第四项中写道，为了确保其领土上的非遗得到保护、弘扬和展示，各缔约国应努力做到"指定一项总的政策，使非遗在社会中发挥应有的作用，并将这种遗产的保护纳入规划工作"[①]，"采取适当的法律、技术、行政和财政措施"[②]。从文件精神中可以看出，"应该从法律、政策、行政与财政等方面同时着手以建立适当的保护制度"[③]。因此本书研究非遗保护广义的制度，包括法律法规、政策措施与经济措施这三个方面。第一，本书没有涉及日本有关非遗行政体系的研究，首先是因为之前学者已经进行了很多研究，另外日本的行政体系是地方自治，与我国完全不同。第二，在政策措施方面，也就是狭义的制度上主要研究了日本非遗的分类、代表性项目名录制度与代表性传承人认定。因为非遗的分类、代表性项目名录制度与代表性传承人认定是保护制度中最核心的部分。

（二）"無形文化遺産"

日本官方将"Intangible Cultural Heritage"翻译为"無形文化遺産"。我国的"非物质文化遗产"概念范围与日本的"無形文化遺産"概念范围并非完全一致，但因为本书为中文出版物，考虑到联合国教科文组织的中文官方翻译为"非物质文化遗产"，故本书统一将日语的"無形文化遺

---

① 联合国教科文组织：《保护非物质文化遗产公约》第十三条第一项，2003年。
② 联合国教科文组织：《保护非物质文化遗产公约》第十三条第四项，2003年。
③ 黄贞燕：《日韩无形文化财的保护制度》，台湾传统艺术总处筹备处2008年版，第35页。

产"翻译为"非物质文化遗产"。

另外,日本官方将"無形文化遺産(Intangible Cultural Heritage)"与"無形文化財(Intangible Cultural Property)"进行了区分。因为在1950年的《文化遗产保护法》中,"無形文化財"可以理解为"非物质文化遗产"的概念,是狭义的非遗概念。但现在的日本文化遗产体系中,"無形文化財"仅是非遗的一种。考虑到中文中并没有"文化財"这样的表达,所以本书采取中文翻译的形式,将日本非遗的分类及其中文翻译和解释如下(见表1)。

表1 中日英非遗专有名词翻译对比

日语	英语	本书中文翻译
無形文化遺産	Intangible Cultural Heritage	非物质文化遗产
無形文化財	Intangible Cultural Property	无形文化遗产
無形民俗文化財	Intangible Folk Cultural Property	无形民俗文化遗产
文化財の保存技術	Selected Conservation Technique	文化遗产保存技术

日本广义的"無形文化遺産"翻译为"非物质文化遗产",分为三类:(狭义的)无形文化遗产、无形民俗文化遗产和文化遗产保存技术。[①]

1. (狭义的)无形文化遗产

(狭义的)无形文化遗产指"那些具有较高历史价值与艺术价值的,难度较大、专业性较强的传统表演艺术与工艺技术"[②]。

2. 无形民俗文化遗产

无形民俗文化遗产指"一般民众传承的非遗,有关衣食住行、职业、信仰、年中节日等方面的风俗习惯、民俗艺能和民俗技术"[③]。

[①] 宮田繁幸:「日本の無形文化遺産と無形文化遺産保護条約」,国立文化財機構東京文化財研究所無形文化遺産部編『無形文化遺産の保護:国際的協力と日本の役割』,国立文化財機構東京文化財研究所無形文化遺産部,2001年。

[②] 根据日本文化厅官网的定义翻译(https://www.bunka.go.jp/seisaku/bunkazai/shokai/mukei/)。

[③] 根据日本文化厅官网的定义翻译(https://www.bunka.go.jp/seisaku/bunkazai/shokai/minzoku/)。

3. 文化遗产保存技术

文化遗产保存技术包括三个方面："有形文化遗产的修理、复旧、复原、摹写、模仿制造等技术；技能、有形文化遗产修理所需材料的生产、制造，用具的制作修理等技术；技能、舞台艺术、工艺技术、民俗舞台艺术等所需用具的制作、修理以及材料的生产、制造等技术。"①

（三）行文中关于制度的表达

因为本书为中文出版物，同时考虑到联合国教科文组织的官方中文翻译以及为了和我国非遗保护制度进行比较研究，故本书全部采用我国非遗保护官方语言的表达方式，如：非遗、非遗代表性项目名录与非遗代表性传承人。但笔者认为两国制度还是有很大的区别，因此在行文中进行了具体的研究与说明。

四、研究思路与方法

（一）研究思路

本书首先从法律法规、政策措施与经济措施这三个方面对日本非遗保护制度进行系统研究，同时以歌舞伎为例，分析非遗保护制度的实施与影响；其次，通过对日本非遗保护制度及其发展规律的研究，发现日本非遗的保护虽然具有其自己的特色与经验，但我们也不能全盘照搬；最后，研究日本非遗制度对我国非遗保护的启示。研究思路如图1所示。我国的国情与日本不同，日本的经验不一定适合我国，因此可以结合我国经济社会发展和非遗保护的具体实际，慎重地结合一些日本经验，走出一条具有中国特色的非遗保护之路，为国际社会非遗保护制度的建设提供示范、模板和经验。

---

① 根据日本文化厅官网的定义翻译（https://www.bunka.go.jp/seisaku/bunkazai/shokai/hozongijutsu/）。

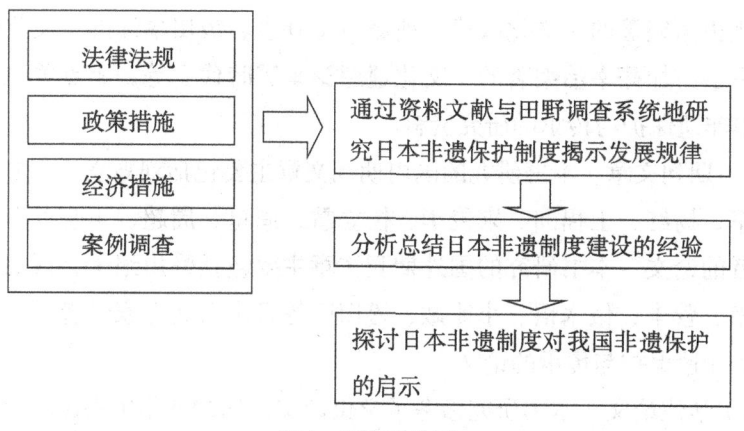

图1 研究思路图

（二）研究方法

本书的研究主要采用了文献分析法、比较研究法、田野调查法三种研究方法。

1. 文献分析法

本书研究运用文献分析法开展研究，对文献逐一进行了梳理、分析和研究，所用资料十分琐碎，具体参考的文献主要包含七类。

（1）法律、文件类资料。本书研究了我国国务院、文化和旅游部等部门发布的相关法律、法规、意见、办法等文件，以及在日本东京国立公文书馆、日本东京文化遗产研究所、日本首相官邸官网、日本文化厅官网、日本各都道县官网的日本一手文献，并对其进行翻译、整理、归纳和总结。

（2）专著。本书参考的国内专著主要包括宋俊华等编著的《非物质文化遗产保护研究》、周超编著的《日本文化遗产保护法律制度及中日比较研究》、康保成编著的《中日韩非物质文化遗产的比较研究》、黄贞燕编著的《日韩无形文化财的保护制度》。本书参考的日本专著主要包括东京文化遗产研究所出版的书籍、生田久美子等编著的『わざ言語』、高久舞编著的『芸能伝承論』、俵木悟编著的『文化財／文化遺産としての民俗芸能：無形文化遺産時代の研究と保護』、川島武宜编著的『家族および家族法』、小林真理编的『文化政策の現在1—文化政策の思想』『文化政策の現在2—拡張する文化政策』『文化政策の現在3—文化政策の展

望』、渡边熏编著的『文化政策と地域づくり』、饭田卓编的『文化遗产と生きる』、加藤幸治编著的『文化遗产シェア时代』等，重点关注其中有关日本非遗保护与传承的研究资料。

（3）期刊文章。本书研究的国内期刊文章主要包括刘魁立、萧放、苑利、顾军、杨红、王福洲、宋俊华、杨立慧、周星、周超、王晓葵等著名专家学者的论文。本书研究的国外期刊文章主要包括爱川纪子、饭岛满、宫田繁幸、菅丰、俵木悟、小熊诚、松田阳等日本著名专家学者所撰写的有关日本非遗保护与传承的论文。

（4）学位论文。本书研究参考了学位论文，如2008年中央民族大学冯彤的博士学位论文《"和纸"的制作工艺及象征文化阐释》、2014年中国艺术研究院李致伟的博士学位论文《通过日本百年非物质文化遗产保护历程探讨日本经验》、2019年上海戏剧学院方军的博士学位论文《日本现代剧场研究》等。

（5）田野调查所获资料。本书在写作过程中从日本东京文化遗产研究所、日本神奈川大学日本常民文化研究所、东京国立剧场、早稻田大学演剧博物馆、日本神奈川县相模原市教育委员会文化遗产保护课以及相模原市藤野村歌舞伎保存会等收集和获得了相关资料200多份。

（6）报纸。本书采用了《人民日报》、日本的《官报》《读卖新闻》《朝日新闻》等有关日本非遗保护与传承的报道与资料。

（7）网络资料。

2. 比较研究法

（1）历时比较法：本书在研究过程中多处采用了历时比较法。例如，对日本《文化遗产保护法》的形成与变迁的梳理，对日本《文化遗产保护法》从着手开始制定到颁布的过程的梳理，对日本文化遗产的活用思路的梳理。

（2）共时比较法：本书在研究过程中多处采用了共时比较法。例如，通过日本文化遗产分类的相关资料分析日本文化遗产分类的新倾向，对我国与日本非遗传承人认定制度进行比较分析，对中日两国非遗保护个案进行比较分析等。

3. 田野调查法

本书在写作过程中在日本进行了大量的田野调查。

（1）在日本非遗保护单位进行了调查。笔者在东京文化遗产研究所、日本神奈川大学日本常民文化研究所、早稻田大学演剧博物馆、东京大学东洋文化研究所、东京国立剧场等地进行了多次的田野调查，收集了大量的保护文件、论文、图片等研究材料。

（2）在日本拜访传承团体、专家、学者等。调查、采访收集了有关日本非遗保护以及歌舞伎传承的资料。

（3）对日本无形文化遗产歌舞伎的田野调查。笔者前往日本国立剧场进行了歌舞伎传承的调研，详细记录了2019年两次歌舞伎鉴赏教室的内容。

（4）对日本无形民俗文化遗产农村歌舞伎的田野调查。笔者前往日本神奈川大学日本常民文化研究所、日本神奈川县相模原市教育委员会文化遗产保护课、相模原市藤野村歌舞伎保存会进行了调查，采访了相关人员，收集了大量有关农村歌舞伎的传承资料。

（5）借助地缘优势，笔者在日本收集了大量有关非遗的文献资料、活动图片、录音录像等相关写作材料，并参加日本东京都、神奈川县、长野县、埼玉县举办的传统文化活动，亲身感受日本对非遗保护的氛围。

五、基本内容

本书通过文献资料与田野调查对日本非遗保护的法律法规、政策措施与经济措施以及歌舞伎保护项目实践进行考述、分析，系统全面地研究日本非遗的保护制度并揭示其发展规律，总结具有日本特色的非遗保护制度经验，最后探讨日本非遗制度对我国非遗保护的启示。全书共分为九个部分。

绪论。主要阐述本书研究缘起与研究意义、国内外研究综述、相关概念界定、研究思路与方法和基本内容。

第一章为"日本《文化遗产保护法》考述"，从法律法规方面研究日本非遗保护制度，共分为三节："《文化遗产保护法》的由来与法律基础""《文化遗产保护法》的出台过程及修订""日本文化遗产保护体系的发展规律与影响"。首先，研究了"文化财"这个词的由来，并系统阐述了日本如何将原有的《国宝保存法》《史迹名胜天然纪念物保存法》与

《关于重要美术品等保存的法律》统归到《文化遗产保护法》，从而对文化遗产进行"统合式"的保护，并详析了《文化遗产保护法》的出台背景与出台后旧法和新法的过渡变化。其次，研究了日本《文化遗产保护法》从着手开始制定到颁布中间经过的几次修改和与非遗有关的修订。最后，总结了日本文化遗产保护体系的发展规律与《文化遗产保护法》对《非遗公约》的影响。本章创新点是通过文献研究了"文化财"的由来、《文化遗产保护法》的成立过程，分析总结了《文化遗产保护法》修订过程中的几大改变、日本文化遗产保护体系的发展规律与影响。

第二章为"非遗代表性项目名录与代表性传承人认定研究"。非遗代表性项目名录与代表性传承人认定是保护制度中最核心的部分，因此本章主要从政策措施方面研究日本非遗的项目名录制度与传承人认定制度，共分为四节："日本文化遗产的分类""日本文化遗产的项目名录制度""日本非遗代表性项目名录制度""日本非遗代表性传承人认定制度"。首先，研究了日本文化遗产的分类及新的类型倾向。目前，日本的非遗分为（狭义的）无形文化遗产、无形民俗文化遗产和文化遗产保存技术三类。其次，对日本非遗代表性项目名录中的指定、选择、选定、登录制度进行比较研究。文化遗产分科会为了让具有传统艺术价值的"型"能保存和传承下去，在指定重要无形文化遗产时会附加指定要件。另外，根据指定基准中的第二条"构成上的重要要素"也可以单独被指定为重要无形文化遗产。非遗代表性传承人认定对象包括各个认定、综合认定、保持团体认定三种形式，重要无形文化遗产指定的同时认定传承人或者团体是必要条件，故"构成上的重要要素"可以是各个认定，整体则是团体认定。本章创新性地研究了日本文化遗产分类新的倾向、地方级对非遗登录制度的活用、指定重要无形文化遗产时附加指定要件、"构成上的重要要素"也可以单独被指定为重要无形文化遗产。

第三章为"日本非遗保护的经济策略"，共分为两节："对非遗的资金扶持政策""文化遗产经济活用政策"。除了建立名录体系、传承人认定等保护制度之外，设立专项资金确保非遗的保护也是非常必要的。日本对非遗的资金扶持非常有特色，如日本被欧美各国称赞为"企业赞助艺术文化的大国"。除了资金扶持外，日本政府近些年很注重文化遗产的活用，从日本政府发布的一系列文件来看，其对物质文化遗产（简称"物遗"）和非遗的活用大体经历了三个阶段的变化："公开、普及、教育""应用于城市建设""追求经济效益"。在经济政策方面，日本从文化遗产活用的实践中探索出"日本遗产"认定制度和活用文化遗产开展观光等。对非遗的资金扶持与文化遗产活用也是相辅相成的，日本政府对非遗的活用也进行资金扶持，相对应地，活用带来的经济效益又促使政府投入更多的资金支持非遗的保护。本章的创新点是研究了日本文化遗产的活用思路。

第四章为"非遗保护制度的实施与影响——以歌舞伎保护为例"，共分五节："歌舞伎的非遗类型分析""歌舞伎的代表性传承人（团体）认定分析""歌舞伎的传承与活用""歌舞伎的现代传承案例研究""藤野村歌舞伎的保护案例研究"。作为人类非遗代表作的日本歌舞伎在保护传承上长期坚持多元化道路，取得了很好的成效，与日本非遗保护制度有密切关系。在日本的非遗名录制度下，大歌舞伎被指定为"无形文化遗产"，而农村歌舞伎被指定为"无形民俗文化遗产"。歌舞伎整体为日本重要无形文化遗产综合认定，而其中"构成上的重要要素"，例如剧本、乐器、演员（包括主角与配角）分别为个人认定的形式，即各个认定。而农村歌舞伎作为无形民俗文化遗产，其保护团体是保存会。歌舞伎的传统传承方式包括歌舞伎的家元制、袭名制、屋号与家徽以及家系式表演等。歌舞伎的现代传承方式包括传承研修制度、公演和歌舞伎鉴赏教室等。歌舞伎在以往的传承中没有文字记录，全部需要记在脑子里。现代歌舞伎有各种活用形式，有新歌舞伎、歌舞伎虚拟座、超级歌舞伎、超歌舞伎和桃太郎歌舞伎等。本章最后通过对歌舞伎演员第20期传承研修、2019年日本国立剧场歌舞伎鉴赏教室以及2018年日本藤野村歌舞伎的田野调查来研究歌舞伎和农村歌舞伎的传承与保护方式。本章的创新点是通过具体的田野调查来分析非遗保护制度的实施与影响。

第五章为"日本非遗制度的建设经验"，共分四节："日本非遗代表性项目名录制度经验""个人、团体和社区：日本非遗代表性传承人制度经验""日本对文化遗产的活用经验""日本全民参与非遗保护的经验"。首先，本章介绍了日本在世界上首先提出非遗的概念，同时也积极参与人类非遗代表作名录的申报，但同时在申报过程中也出现了一些问题，其中探讨了济州海女文化申报导致日本过度集中于登录非遗项目名录，"和食：日本人的传统饮食文化"申报人类非遗代表作的初衷是农产品出口战略中的差别化和附加价值化，并非和食文化。日本的非遗名录是一个多层体系结构，构建非遗的多层次分类、多层级保护体系是非常重要也是非常有意义的，可以体现该体系的科学性、完整性、规范性和条理性。其次，从"个人、群体和社区"的角度梳理了日本非遗代表性传承人认定经验。日本非遗传承人的认定对象不仅可以是个人，还可以是团体。2018年，日本修订的《文化遗产保护法》又确立了"文化遗产保护活用支援团体的指定"模式来加强"社区参与"的理念。再次，从文化遗产价值体系的角度探讨了日本对文化遗产的保存与活用，文化遗产的价值是无法估量的，它具有多种多样的体系，如果对价值体系整体进行有序的调整，就可以充分做到保存和活用的平衡。最后，分析了为什么日本民众都积极参加各项传统文化活动。这主要是因为日本的非遗活动举办于城市之中并由民间组织举办，实行市民参与型文化政策以及贯穿日本人一生的传统文化教育。本章的创新点是总结了日本非遗代表性名录制度和代表性传承人认定的经验，从文化遗产价值体系的角度探讨了文化遗产的保存与活用，分析了为什么日本全民参与文化遗产保护。

第六章为"日本非遗制度对我国非遗保护的启示"，共分四节："非遗保护的精准管理与施策""完善传统戏剧类非遗代表性传承团体认定""新媒体时代传统戏剧类非遗的活用与振兴""全民非遗保护与传承教育"。首先，提出非遗保护需要精准管理与施策：其一，非遗项目名录需要构建非遗的多层次分类、多层级保护体系，分门别类瞄准，针对不同的类别采取不同的制度，针对不同情况制定切实可行的保护政策，精准稳妥地提出解决方案。其二，非遗的主体与保护主体有个人、团体（群体）和社区三种形式，如果缺少对这一维度的认识，非遗项目就无法被共享，更难以存活。因此传承人认定制度需要精准施策，让个人、团体、群体以及社区各方都可以达到身份的获致，增强其认同感及责任感。其三，非遗需要"活"起来，要以非遗保护的可持续性发展为目标，利用非遗的文化价值与经济价值，更加有效地助力乡村振兴。其次，通过日本歌舞伎国家级保持者/保持团体信息与我国国家级粤剧的代表性传承人信息的对比研究，提出我国传统戏剧类非遗需要增加代表性传承团体的认定方式，同时在认定代表性传承人时考虑增加配角以及乐器演奏者、导演、编剧等其他非演员类传承人的认定。另外，通过美国社会学家兰德尔·柯林斯互动仪式链理论从情感能量的视域下分析和解读日本歌舞伎成功的创新模式与活用经验，提出在今天的日常生活中，随着互联网、数字化等现代信息技术的应用，传统戏剧更需要注重观众的需求和与观众的互动；只有不断地吸引年轻人投身其中，才能让自身的活力涌动起来。最后，讨论了全民需要进行非遗保护与传承教育。非遗具有活态性，如何让全民参与保护和发展非遗成为相关部门迫切需要解决的难题。除了融入当代人的生活，让非遗在千家万户的日常生活中得到传承外，还必须重视非遗的全民基础理念学习，只有让民众认识非遗的重要性，愿意并积极参与各种文化活动，非遗才能一代一代传承下去。例如，可以借鉴日本的经验，增加非遗考级制度以及在公立学校相关学科老师的录用标准中加入必须持有某项非遗资格证书的要求，让儿童从小就接受非遗氛围的熏陶，积极参加各项传统文化活动。本章的创新点是对我国非遗保护提出的建议，主要包括：我国的非遗保护需要精准管理与施策，构建非遗名录的多层次分类、多层级保护体系，增加非遗代表性传承团体认定，新媒体时代下戏曲的创新和全民需要进行非遗保护与传承教育。

结语。在全书分析、研究和所得结论的基础上进行总结，虽然日本非遗研究历史悠久、经验丰富，但我国不能完全照抄日本的模式。在当前国际国内社会发展和非遗保护的新形势下，我国作为非遗大国，对非遗的保护和传承需综合考虑联合国教科文组织非遗保护的理念、理论，结合我国经济社会发展和非遗保护的具体实际，走出一条具有中国特色的非遗保护之路，为国际社会非遗保护制度的建设提供示范、模板和经验。

第一章

日本《文化遗产保护法》考述

联合国教科文组织的《非遗公约》第十三条第一项和第四项规定，为了确保其领土上的非遗得到保护、弘扬和展示，各缔约国应努力"制定一项总的政策，使非遗在社会中发挥应有的作用，并将这种遗产的保护纳入规划工作"①"采取适当的法律、技术、行政和财政措施"②。从这些保护工作原则中可以看出各国"应该从法律、政策、行政与财政等方面同时着手以建立适当的保护制度"③。从国际上看，对非遗的保护在主张民事保护的同时，更强调行政保护。④因此，本书着重从法律法规、政策措施与经济措施这三方面研究日本的非遗保护制度。

尼尔·麦考密克的法律制度理论认为，依靠作为法律体系一部分的规则，制度概念才和特定的规范体系发生关联。⑤可以看出法律是制度的主要形式，也体现了制度的系统性和严谨性。1950年，日本颁布《文化遗产保护法》，以法律的形式确立了非遗的重要地位。2003年，联合国教科文组织颁布《非遗公约》时，日本已经积累了半个世纪的经验，《文化遗产保护法》在此期间也历经不断修订，日本已经形成了相对较完整的文化遗产保护体系以及有其自身特色的保护发展规律。因此，本章首先研究日本非遗保护的法令依据《文化遗产保护法》的由来与法律基础、出台过程及修订和日本文化遗产保护体系的发展规律与影响。

---

① 联合国教科文组织：《保护非物质文化遗产公约》第十三条第一项，2003年。
② 联合国教科文组织：《保护非物质文化遗产公约》第十三条第四项，2003年。
③ 黄贞燕：《日韩无形文化财的保护制度》，台湾传统艺术总处筹备处2008年版，第35页。
④ 朱兵：《〈中华人民共和国非物质文化遗产法〉的主要内容与制度解读》，载《中国非物质文化遗产》2021年第1期。
⑤ 余涛：《论"制度"概念及作为制度事实的法——基于法律制度理论的分析框架》，载《民间法》2019年第1期。

第一节 《文化遗产保护法》的由来与法律基础

1949年，日本法隆寺发生火灾。以此为契机，1950年尚在战后废墟中的日本就颁布了《文化遗产保护法》，对文化遗产进行"统合式"的保护，同时在《文化遗产保护法》中首次以法律的形式规定了非遗的概念范畴。

一、"文化财"概念的由来

"文化财"是一个日语词，翻译过来即为"文化遗产"的意思。在日本1950年颁布的《文化遗产保护法》中，"文化财"这个词第一次被用于法律中，到目前为止在日本也被频繁地使用，那么这个词是从哪里来的呢？

根据木村博一发表的「文化財と社会科教育」、塚本学发表的「文化財概念の変遷と史料」、铃木良发表的「文化財の誕生」以及金井健发表的「日本の文化財保護とアメリカの歴史保存の相似と相違」这些文章考源，笔者认为"文化财"这个词有三个方面的来源。

第一，"文化财"这个词在日本国内被使用是在1939—1940年，在日本国家总动员的情况下使用了"生产财"这个词，与此相对应在精神文化方面则使用了"文化财"。①

第二，"文化财"是战前战中文化活动产生的结果。有些著作以"文化财"命名，如『文化財の配給』『粗悪な印刷文化財』等。1938年以后，"为了接收南京的图书和美术品，日本的图书馆员与军队人员用'文化财'这个词代替文物"②。另外，1949年，日本在文部省社会教育局设置

---

① 铃木良：「文化財の誕生」，『歷史評論』1996年第555号。
② 塚本学：「文化財概念の変遷と史料」，『国立歴史民俗博物館研究報告』1991年第35集。

了"文化財保存課"。

第三,"文化財"这个词是"cultural property"的翻译。如在1954年关于"文化財"保护的条约——*Hague Convention for the Protection of Cultural Property in the Event of Armed Conflict*①中第一次在国际条约中使用了"cultural property"这个词。另外,1970年联合国教科文组织通过的*The Convention on the Means of Prohibiting and Preventing the Illicit Import, Export and Transfer of Ownership of Cultural Property*②中也使用了"cultural property"这一术语。目前,日本文化厅官方网站中《文化遗产保护法》的英文版官方翻译也为*Act on Protection of Cultural Properties*③。

此外,还有两点值得注意。其一,涉及日本国内的文化遗产文件普遍用的是"文化財"这个词,而关于联合国教科文组织的相关文件则使用的是"文化遗产"这样的表达,这表明在日语中"文化財"与"文化遗产"两个词存在混用的情况,但"文化遗产"这个词在使用时更具有国际性,而"文化財"这个词更加本土化。④其二,"文化財"与"文化遗产"两个日语词在非遗体系中不能混用。尽管在1950年日本刚提出非遗的概念时,使用的是"無形文化財"这个词,但随着非遗定义的扩大,现在日本官方将"無形文化遺産(intangible cultural heritage)"与"無形文化財(intangible cultural property)"进行了区分,"無形文化財"(1950年《文化遗产保护法》中狭义的非遗概念)是"無形文化遺産"(广义的非遗概念)的一种。日本的非遗目前分为三类:(狭义的)无形文化遗产、无形民俗文化遗产和文化遗产保存技术。⑤

---

① 中文翻译:《关于在武装冲突下保护文化遗产的海牙公约》。

② 中文翻译:《关于采取措施禁止和防止非法进出口文化财和所有权非法转让的公约》。

③ 参见日本法律翻译官网(http://www.japaneselawtranslation.go.jp/law/detail/?vm=04&re=01&id=482 或https://wipolex.wipo.int/en/legislation/details/6935)。

④ 邓超:《日本文化财保护制度的历史审视》,华中师范大学硕士学位论文2011年,第6页。

⑤ 宮田繁幸:「日本の無形文化遺産と無形文化遺産保護条約」,国立文化財機構東京文化財研究所無形文化遺産部編『無形文化遺産の保護:国際的協力と日本の役割』,国立文化財機構東京文化財研究所無形文化遺産部,2001年。

二、日本《文化遗产保护法》的法规基础[①]

明治初期，随着日本近代社会的西化变革以及废佛毁释运动的发展，古寺院、工艺美术品、古书画等面临毁灭。为了应对这个危机，日本政府于1871年制定了《古器旧物保存法》，开创了以法律手段保护文化遗产的先河；1897年，颁布了《古社寺保存法》；1929年，颁布了《国宝保存法》取代前两部法律，进行文化遗产的保护。直到1950年，日本政府将《国宝保存法》与1919年颁布的《史迹名胜天然纪念物保存法》、1933年颁布的《关于重要美术品等保存的法律》整合成新的《文化遗产保护法》，其整个整合过程如图1-1所示。

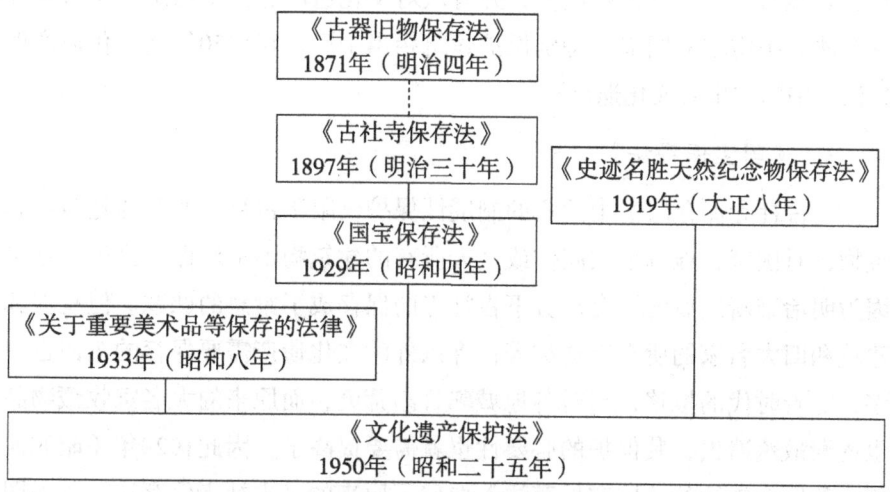

图1-1　日本《文化遗产保护法》的变迁

（一）《国宝保存法》的变迁

《国宝保存法》的前身是日本1871年颁布的《古器旧物保存法》和1897年颁布的《古社寺保存法》。其中，《古社寺保存法》首次进行了文化遗产的指定工作。

1. 《古器旧物保存法》

日本最早宣布对文化遗产进行保护的法规是1871年政府发布的《古器

[①] 本节的部分内容已发表，参见刘洋《日本非物质文化遗产的传承与保护经验》，载宋俊华编《中国非物质文化遗产保护发展报告（2019）》，社会科学文献出版社2020年版。本节内容根据作者在日本国立公文书馆查阅的资料翻译整理而成。

旧物保存法》的太政官布告。

日本在明治维新的制度改革、社会风俗习惯的急剧变革中，随着文明开化的风潮，产生了轻视传统文化，如丢失美术品、废弃历史建筑物等文化遗产的倾向，1868年（明治元年）3月颁布的神佛分离令成了制定《古器旧物保存法》的直接原因。日本政府于1871年（明治四年）5月发布了《古器旧物保存法》的太政官布告，命令制作并提交古器旧物目录以及收藏人的详细清单，这份清单可以说是文化遗产指定工作的雏形。

2. 《古社寺保存法》

根据《古器旧物保存法》古器旧物及收藏人的调查结果，1897年，日本颁布施行《古社寺保存法》，并首次对文化遗产进行了指定。《古社寺保存法》中指定的国宝及特别保护建筑相当于后来在1950年《文化遗产保护法》中的"重要文化遗产"。

3. 《国宝保存法》

《古社寺保存法》中国家的制度性保护仅限于古社寺所有的建筑物和宝物，对国家、地方公共团体或个人所有的建筑物不采取保存措施，这是因为明治维新以后的社会形势下古社寺的保存成了紧急的课题。但是城郭建筑和旧大名家的所有宝物类等社寺以外的文化遗产需要保存的东西也很多，随着时代的推移，当时各地城郭日渐荒废，而原来的大名家收藏物品也逐渐散落遗失，其保护的必要性也就需要提高了，因此1929年（昭和四年）新颁布施行的《国宝保存法》取代了原来的《古社寺保存法》（如图1-2所示）。这部法律扩大了文化遗产的保护范围，此外也不再使用"特别保护建筑"的称呼，统一称为"国宝"。

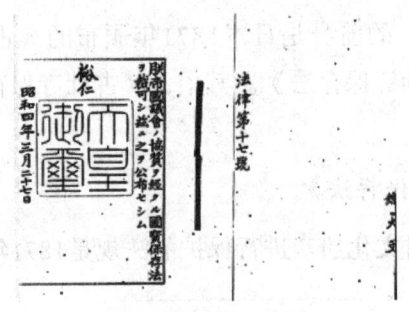

图1-2 《国宝保存法》

（资料来源：作者于2020年8月拍摄于日本国立公文书馆）

综上可以总结出，由于对文化遗产保护的范围不断扩大，实质上《国宝保存法》取代了《古器旧物保存法》与《古社寺保存法》。《古器旧物保存法》开创了以法律手段保护文化遗产的先河，《古社寺保存法》首先设置了国宝的指定制度，虽然此时指定文化遗产的规定与后来国家补助制度的法律体系不同，但实质上与之后的指定制度有着同样的意义。

（二）《史迹名胜天然纪念物保存法》

1911年（明治四十四年）3月，第二十七届帝国议会贵族院通过了《关于保存史迹及天然纪念物的建议》。1919年（大正八年），为了应对土地的开拓、道路的新建、铁路的开通、市区的修改、工厂的设置等国土开发的进展，第四十一次帝国议会提出了《史迹名胜天然纪念物保存法》（如图1-3所示），通过后于同年6月1日开始实施。该法规定除了对史迹等执行主管大臣指定制度外，在必要时地方长官还可以采取临时指定的措施。

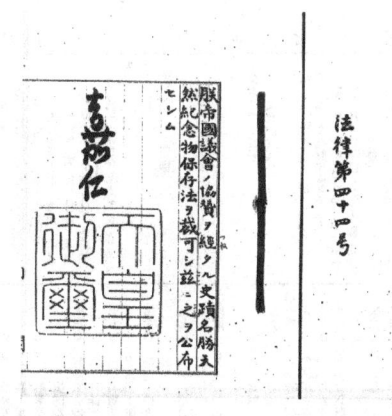

图1-3 《史迹名胜天然纪念物保存法》

（资料来源：作者于2020年8月拍摄于日本国立公文书馆）

（三）《关于重要美术品等保存的法律》

经过1931年（昭和六年）的"九·一八"事变、次年的上海事变以及禁止黄金出口、停止兑换黄金等事件，日本经济状态变得不稳定，随着日元贬值，未指定的古美术品等不断外流。为了应对这个危机，1933年（昭和八年）3月，日本制定了《关于重要美术品等保存的法律》（如图1-4所示），同年4月公布实施。

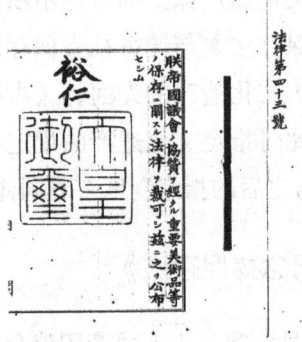

图1-4　《关于重要美术品等保存的法律》

（资料来源：作者于2020年8月拍摄于日本国立公文书馆）

《国宝保存法》《史迹名胜天然纪念物保存法》《关于重要美术品等保存的法律》，这三部法律在1950年被整合成《文化遗产保护法》，并刊登在《官报》上，如图1-5所示。

昭和25年5月30日　火曜日　　官　報　　第7012号　444

吏員をして、市町村の事務処理状況を、それぞれ実地につき調査させることができる。

第五十六條第一項中「第六号から第八号まで」を「第六号及び第七号」に改める。

附　則

この法律は、公布の日から施行し、昭和二十五年四月一日から適用する。

内閣総理大臣　吉田　茂
大蔵大臣　池田　勇人
厚生大臣　林　讓治

文化財保護法をここに公布する。

御名　御璽

昭和二十五年五月三十日
内閣総理大臣　吉田　茂

法律第二百十四号

文化財保護法

目次

第一章　総則（第一條―第四條）
第二章　文化財保護委員会
第一節　総則（第五條―第十五條）
第二節　事務局（第十六條―第十九條）
第三節　附属機関及び事務局出張所（第二十條―第二十四條）
第四節　職員（第二十五條・第二十六條）
第三章　有形文化財
第一節　重要文化財（第二十七條―第五十六條）
第一款　指定（第二十七條―第二十九條）
第二款　管理（第三十條―第三十四條）
第三款　保護（第三十五條―第四十七條）
第四款　公開（第四十八條―第五十三條）
第五款　調査（第五十四條・第五十五條）
第六款　雑則（第五十六條）
第二節　重要文化財以外の有形文化財（第五十七條―第六十六條）
第一款　埋蔵文化財（第五十七條―第六十五條）
第二款　有形文化財に関する技術的指導（第六十六條）
第四章　無形文化財（第六十七條・第六十八條）
第五章　史跡名勝天然記念物（第六十九條―第八十四條）
第六章　補則（第八十五條―第百五條）
第七章　罰則（第百六條―第百十二條）
附則（第百十三條―第百三十條）

第一章　総則

（この法律の目的）

第一條　この法律は、文化財を保存し、且つ、その活用を図り、もつて国民の文化的向上に資するとともに、世界文化の進歩に貢献することを目的とする。

（文化財の定義）

第二條　この法律で「文化財」とは、左に掲げるものをいう。

一　建造物、絵画、彫刻、工芸品、書跡、典籍、古文書、民俗資料その他の有形の文化的所産でわが国にとつて歴史上又は芸術上価値の高いもの及び考古資料（以下「有形文化財」という。）

二　演劇、音楽、工芸技術その他の無形の文化的所産でわが国にとつて歴史上又は芸術上価値の高いもの（以下「無形文化財」という。）

三　史跡、名勝及び天然記念物（以下「史跡名勝天然記念物」という。）

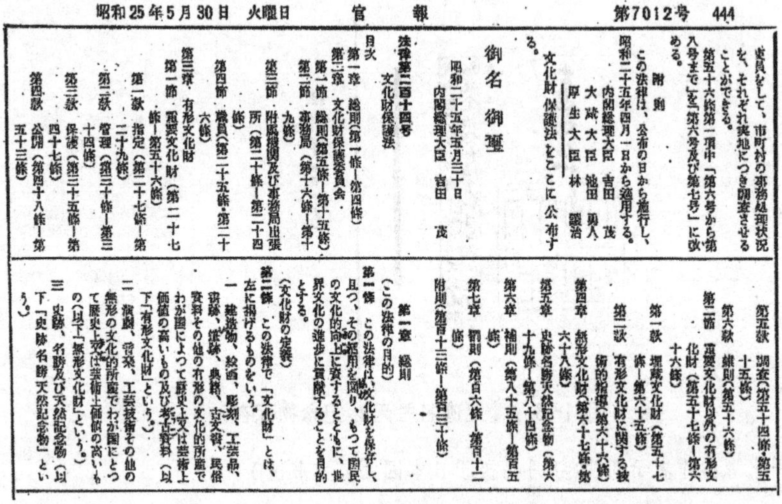

图1-5　1950年（昭和二十五年）5月30日日本《官报》第7012号刊登的《文化遗产保护法》

（资料来源：作者于2020年8月拍摄于日本国立公文书馆）

《文化遗产保护法》是日本战后重建与文化复兴的重要转折点，该法律实施后有两个重大的改变：①原有的“国宝”这一称呼改成“重要文化遗产”这一官方称呼；②首次提出了与今天的非遗十分相似的概念，具有划时代的意义。

三、从旧法的"国宝"到新法的"重要文化遗产"

《文化遗产保护法》施行后有两大改变，其中之一是原有的"国宝"这一称呼改成"重要文化遗产"这一官方称呼。前文也曾指出《古社寺保存法》首先设置了"国宝"的指定制度，那么《文化遗产保护法》施行后，之前指定的"国宝"是怎么处置的呢？

1897—1949年，根据《古社寺保存法》以及《国宝保存法》被指定为"国宝"的文化遗产仍称为"旧国宝"，但从1950年8月29日起自动成为《文化遗产保护法》施行后的"重要文化遗产"，其中"重要文化遗产"中地位特别重要的文化遗产也在新法意义下被指定为"国宝"。

（旧）国宝：截至1950年，建筑物1057件、美术工艺品5790件（其中绘画1153件、雕刻2118件、书迹1410件、考古资料91件）全部被指定为重要文化遗产。[①]

史迹名胜天然纪念物：截至1950年，1580件被指定，其中史迹603个、名胜205个、天然纪念物772个，被继续指定为史迹名胜天然纪念物。[②]

重要美术品：截至1950年，8258件被认定，包括美术工艺品7898件、建造物360件，被继续认定为重要美术品。[③]例如：

赤门：根据《国宝保存法》，1931年被指定为国宝，1950年 从（旧）国宝变成重要文化遗产。

姬路城：根据《史迹名胜天然纪念物保存法》，1928年被指定为史迹，1950年继续被指定为史迹，1956年被指定为特别史迹。根据《国宝保存法》，1931年1月19日大小天守4栋和渡橹4栋，12月14日门、塀等74栋被指定为（旧）国宝；1950年从（旧）国宝变成重要文化遗产；1951年大小天守4栋和渡橹4栋被指定为（新）国宝。

从对上述材料的研究中可以总结出，在1950年前后"国宝"的含义有所不同，为避免前后"国宝"两者意义的混同，往往将《文化遗产保护法》法中所谓的"国宝"俗称为"新国宝"。这里需要避免误解的是，并不存在"二战"前日本的"国宝"在战后被降级为"重要文化遗产"这一情况，实际上旧法中的"国宝"相当于新的《文化遗产保护法》中的"重要文化遗产"（文化遗产保护法附则第3条）。

---

① 《文化遗产保护法》法律第214号附则第三条，1950年5月30日。
② 《文化遗产保护法》法律第214号附则第五条，1950年5月30日。
③ 《文化遗产保护法》法律第214号附则第四条，1950年5月30日。

第二节 《文化遗产保护法》的出台过程及修订

《文化遗产保护法》在1950年颁布以后，经过多次修订，频繁的修订造就了日本在文化遗产保护领域的领先制度与实践优势。

一、《文化遗产保护法》的出台过程[①]

《文化遗产保护法》出台的背景是日本在战争中很多文化遗产被烧毁，另外由于战后的混乱，文化遗产进一步荒废。1949年1月29日，法隆寺金堂着火；1949年2月27日，松山城的国宝筒井门等建筑物被烧毁；同年6月5日，松前城的国宝天守被烧毁。以这些事件为契机，1950年，尚在战后废墟中的日本就颁布了《文化遗产保护法》。日本当时正处在"二战"后美军占领期间，文化上面临着全盘西化的危机，因此对非遗的保护就变成了面临西方强势文化的日本为捍卫民族文化身份、伸张文化权利的努力。[②]

《文化遗产保护法》从开始着手制定到颁布，中间经过了几次修改，根据内容的修订其名称也经过了几次改变，先后分别为：《国宝保存法》《文化遗产保存法》《文化遗产保护法》《重要文化遗产保护法》《文化遗产保护法》。第一次提名为《国宝保存法》，第二次提名为《文化遗产保存法》，第三次提名以及以后一直被确定为《文化遗产保护法》（见表1-1）。

表1-1 日本《文化遗产保护法》成立的过程

分类名	名称	条项数	日期	出典
参议院案1	《国宝保存法》	26条以下省略	不详	GHQ/SCAP文书 CIE（D）05203

[①] 本节的部分内容已发表，参见刘洋、[日]松田阳《经济振兴与日本文化遗产的活用思路》，载《文化遗产》2021年第2期。

[②] 宋俊华、王开桃：《非物质文化遗产保护研究》，中山大学出版社2013年版，第36页。

续表

分类名	名称	条项数	日期	出典
参议院案2	《文化遗产保存法试案》	全34条	不详	GHQ/SCAP文书 CIE（D）05211
参议院案3	《文化遗产保存法第二次试案》	44条以下省略	不详	GHQ/SCAP文书 CIE（D）05210
参议院案4	《文化遗产保存法第三次试案》	全72条	1949年4月21日	GHQ/SCAP文书 CIE（D）05211 CIE（D）05212
参议院案5	《文化遗产保存法第四次试案》	全74条	1949年4月25日	GHQ/SCAP文书 CIE（D）05211
参议院案6	《文化遗产保护法》	全74条	不详	GHQ/SCAP文书 CIE（D）05209 大冈资料6-11-71-73
参议院案7	《文化遗产保护法》	全75条	不详	大冈资料6-11-71-72
众议院案	《重要文化遗产法案纲要》	全89条	1949年9月26日	大冈资料6-11-71-72
参议院案8	《文化遗产保护法案》	全119条	1949年11月10日	GHQ/SCAP文书 CIE（D）05206 CIE（D）05207 CIE（D）05208
参议院案9	《文化遗产保护法案》	全130条	1949年2月16日	GHQ/SCAP文书 CIE（D）05203 CIE（D）05204 CIE（D）05205
文化遗产保护法	《文化遗产保护法》	全130条	1950年5月30日	1950年5月30日法律第214号

资料来源：境野飛鳥「GHQ／SCAP文書にみる文化財保護法の成立過程」，『日本歴史』2009年第9期。

从《文化遗产保护法》开始制定到颁布的过程变化可以总结出，《文化遗产保护法》把"国宝"变更为"文化遗产"是因为法律的对象除了国宝，还有重要文化遗产、史迹名胜天然纪念物、无形文化遗产等内容的扩充，而把"保存"变更为"保护"是因为在《文化遗产保护法》中除了规定文化遗产的保存外，文化遗产的活用相对以前占比更重，对法律实体而言，"保存"这个术语是狭隘的，同时为了表达通过政府、地方公共团体、国民的一致努力去保护文化遗产的基本意图，得出了采用"保护"这一词语是适当的结论，所以第三次提案为"文化遗产保护法"。由此可以看出，日本文化遗产保护对象包括物遗和非遗，"保护"的含义为"保存"加上"活用"。

二、与非遗有关的修订①

《文化遗产保护法》在1950年颁布以后，经过多次修订，截至2019年历经40多次修订和补充，其中有7次整体修订（见表1-2）。虽然《文化遗产保护法》进行了多次修订，但总体框架基本没变。2018年的日本第196次国会中，日本再一次修订了《文化遗产保护法》（2018年6月8日号外法律第42号）②，并于2019年4月1日开始施行。此次修订《文化遗产保护法》的目的是促进地区文化遗产的计划性保存活用以及强化地方文化遗产保护行政的推动力。

表1-2 日本《文化遗产保护法》发布及修订情况

序号	时间	法律号	说明
1	1950-05-30	法律第214号	《文化遗产保护法》颁布
2	1951-12-24	法律第318号	《文化遗产保护法》第一次修订
3	1952-07-31	号外法律第272号	《文化遗产保护法》第二次修订
4	1953-08-10	法律第194号	
5	1953-08-15	法律第213号	
6	1954-05-29	法律第131号	《文化遗产保护法》第三次修订
7	1956-06-12	法律第148号	

---

① 本节的部分内容已发表，参见刘洋《日本非物质文化遗产的传承与保护经验》，载宋俊华编《中国非物质文化遗产保护发展报告（2019）》，社会科学文献出版社2020年版。

② 《文化遗产保护法（2018年6月8日号外法律第42号）》详细内容见附件四作者翻译的中文版。

续表

序号	时间	法律号	说明
8	1956-06-30	法律第163号	
9	1958-04-25	号外法律第866号	
10	1959-04-20	号外法律第148号	
11	1961-06-02	法律第111号	
12	1962-05-16	法律第140号	
13	1962-09-15	号外法律第161号	
14	1965-03-31	号外法律第36号	
15	1968-06-15	号外法律第99号	
16	1971-05-31	法律第88号	
17	1971-06-01	号外法律第96号	
18	1972-06-03	法律第52号	
19	1975-07-01	法律第49号	《文化遗产保护法》第四次修订
20	1983-12-02	号外法律第78号	
21	1993-11-12	号外法律第89号	
22	1994-06-29	号外法律第49号	
23	1994-11-11	号外法律第97号	
24	1996-06-12	号外法律第66号	《文化遗产保护法》第五次修订
25	1999-07-16	号外法律第87号	
26	1999-07-16	号外法律第102号	
27	1999-12-22	号外法律第160号	
28	1999-12-22	号外法律第178号	
29	1999-12-22	号外法律第179号	

续表

序号	时间	法律号	说明
30	2000-05-19	号外法律第73号	
31	2002-02-08	号外法律第1号	
32	2002-07-03	号外法律第82号	《文化遗产保护法》第六次修订
33	2004-05-28	号外法律第61号	《文化遗产保护法》第七次修订
34	2004-06-09	号外法律第84号	
35	2006-05-31	号外法律第46号	
36	2006-06-15	号外法律第73号	
37	2007-03-30	号外法律第7号	
38	2011-05-02	号外法律第37号	
39	2014-06-04	号外法律第51号	
40	2014-06-13	号外法律第69号	
41	2018-06-08	号外法律第42号	《文化遗产保护法》、地方教育行政的组织及运营有关法律一部分的修订
42	2020-04-17	号外法律第18号	
43	2020-06-10	号外法律第41号	

资料来源：根据日本政府法律官方网站提供的资料整理而成，见日本法令索引https://hourei.ndl.go.jp/#/detail?lawId=Wfvv7TnXxos2c0RWgZLXAQ%3D%3D。
注：数据截至2020年12月。

本书的研究主题为日本非遗的保护制度，因此本节将着重研究《文化遗产保护法》中与非遗有关的几次修订。

（一）1950年，《文化遗产保护法》颁布

1950年出台的《文化遗产保护法》明确分列出"无形文化遗产"这一新类别。此法律将文化遗产分成三类："有形文化遗产""无形文化遗

产"和"史迹名胜天然纪念物",其中无形文化遗产是指"演剧、音乐、工艺技术以及其他在历史及艺术上价值高的无形的文化事象"①。法律指出在全国范围内对有形文化遗产进行甄选,并对"重要文化遗产"予以指定,"重要文化遗产"中特别突出者被指定为国宝。对"无形文化遗产"的指定工作是在《文化遗产保护法》出台4年后,即1954年才开始实施的,并在1955年第一次进行了重要无形文化遗产保持者的认定工作。

(二)1954年,《文化遗产保护法》第三次修订

1954年,《文化遗产保护法部分修正案》将文化遗产分为四类:"有形文化遗产""无形文化遗产""民俗资料"和"纪念物"。此次修订最大的变化就是把"民俗资料"从"有形文化遗产"的类别中分出来,列为独立的一类别,定义是:"衣食住、生产、信仰、岁时节令等风俗习惯以及相应的服装、器具、住宅等对理解我国国民生活的变迁不可或缺的事项。"②从这个定义来看,民俗资料中包含了无形和有形的两个部分。此时,对于无形文化遗产中重要的保护对象可以指定为重要无形文化遗产,而对于民俗资料中的无形部分,仅仅是从众多的无形民俗资料中挑选出较重要的保护对象,进行严格的记录。

在传承人的认定上,当时专家们认为无形文化遗产中的民俗艺能部分,特定的作者、演出家、演技者、演奏者等个人的特征不明显,这样就需要进行保持团体认定。1954年6月22日,文化遗产保护委员会事务局长在对各都道府县教育委员会教育长发布的通知中做了以下规定:"保持者是重要无形文化遗产的体现者。其数量不仅限于一人,也有多个的情况。但是保持者是体现者,所以只要自然人,团体是不可能的。"无形文化遗产认定是必须指定个人来作为保持者认定。但是没有个性的民俗艺能如果必须指定个人就会产生矛盾。所以,1954年12月25日,文化遗产保护委员会告示第55号,对保持者的认定基准又做了如下的规定:"重要无形文化遗产中被指定的艺能上的保持者,个人表现特征很薄弱,如果保持者人数多,就可以将这些人的代表作为保持者认定。"虽然这时候专家学者们已

---

① 王晓葵:《日本非物质文化遗产保护法规的演变及相关问题》,载《文化遗产》2008年第2期。

② 王晓葵:《日本非物质文化遗产保护法规的演变及相关问题》,载《文化遗产》2008年第2期。

经开始认识到认定多数保持者的方法，但是保持者只限于自然人。

（三）1975年，《文化遗产保护法》第四次修订

1975年，文部省再次对《文化遗产保护法》进行了修订，在民俗资料中正式加入了民俗艺能并改称为民俗文化遗产，这就意味着将原来的民俗文化遗产的定义扩大到有形民俗文化遗产和无形民俗文化遗产。①

1975年9月30日，在关于传承人的认定上，文化厅次长在对各都道府县教育委员会发布的通知中，对无形民俗文化遗产保持者的认定做了如下说明："无形的民俗文化遗产，有衣食住、农事、信仰、全年活动等的风俗习惯和民俗艺能，这些都是与国民生活密切相关的，认定无形文化遗产的保持者是不符合实际情况的，所以决定不采取重要无形民俗文化遗产的保持者或保持团体的认定制度。"②这是无形民俗文化遗产认定的一个变化，在无形民俗文化遗产被单列出来后，没有了保持者和保持团体的认定，无形文化遗产则采用保持者和保持团体的认定。

另外，1975年根据《文化遗产保护法》的修订，增加了文化遗产保存技术这一新的类别，法律规定文部科学大臣可以选定为保存文化遗产所必需的传统技术或技能来采取保存措施，并第一次认定其保存者及保存团体。

从《文化遗产保护法》的整个修订过程中，可以总结出六大改变：第一，从保护物遗逐渐扩展到保护非遗；第二，从古社寺、器物、艺术等的审美文化逐渐扩展到风俗习惯、民俗艺能和技术等的民俗文化；第三，从非遗传承人的各个认定扩展到传承团体认定；第四，保护由国家主导逐渐发展为国家与地方公共团体主导，各种社区组织、非政府组织等相互协作；第五，由组织传承和保护逐渐发展为活用于城市建设中，在地区社会的基础上进行传承以谋求地区的振兴；第六，日本的《文化遗产保护法》从1950年制定以来，一直随着时代的变迁与外界的影响而不断地进行修订，近些年来也有将新事物确定为文化遗产的倾向。

---

① 王晓葵：《日本非物质文化遗产保护法规的演变及相关问题》，载《文化遗产》2008年第2期。

② 日本文化厅次长对各都道府县教育委员会的通知，1975年9月30日。

第三节 日本文化遗产保护体系的发展规律与影响

如上节所述，日本在1950年就有了非遗的保护制度，也是世界上最早通过法律的形式确立非遗重要地位的国家。2003年，联合国教科文组织颁布《非遗公约》时，日本已经积累了半个世纪的经验，因此在联合国教科文组织制定非遗的概念与保护制度的过程中，日本的经验发挥了一定的影响力。

一、日本文化遗产保护体系的发展规律

从《文化遗产保护法》的法律基础的变迁、出台过程以及后来经历的40多次修订，如此频繁的修订造就了日本在文化遗产保护领域的领先制度与实践优势。从这个发展过程可以总结出日本非遗的保护制度并非一蹴而就的，而是基于保护经验的积累不断进行改变的。

首先，日本文化遗产保护体系经过长年的发展与实践，有着自己的一套发展规律，这种规律是"认识—讨论—立法—保护—再认识"[①]。日本人首先会认识到保护文化遗产的重要性，然后对文化遗产的保护进行讨论，再进行立法使文化遗产的保护更加系统和严谨，接着进行文化遗产保护实践，随着保护工作的深入，在总结先前经验的基础上得出新的认识，如此循环往复。例如，在保护工作中日本人发现，仅仅保护文化遗产是不够的，于是提出了非遗这一新的类别，然后在《文化遗产保护法》中确立了非遗的范畴并进行保护，随着不断的保护实践，再重新认识、检讨、完善非遗的范围与类型。日本文化遗产项目名录、非遗代表性传承人等制度的制定都是遵循这样的发展规律。

其次，日本这一套文化遗产发展规律也不是与世隔绝的，会借鉴他国

---

① 李致伟：《通过日本百年非物质文化遗产保护历程探讨日本经验》，中国艺术研究院博士学位论文2014年，第18页。

做得好的地方，但又绝不是简单的模仿。"二战"之后日本开始进行模仿创新之路，日本人很擅长把外来的新观念进行改造和内化，然后在吸收创意的实践中重塑标准融入自己的创新，形成自己的风格，再成功地对外输出。例如，1996年日本借鉴了欧美对文化遗产的登录制度，修改了《文化遗产保护法》，最开始日本引进的登录制度也只是应用于文化遗产上，但日本人在不断的保护实践中将其内化和改造，活用在地方级的非遗名录制度上。此外，日本文化遗产的登录制度有较多的弹性和变通性，可以调动普通群众参与非遗保护的积极性，达到了青出于蓝而胜于蓝的效果。

最后，日本在制定文化遗产保护制度时是循序渐进的。鲁思·本尼迪克特（Ruth Benedict）在《菊与刀》（*The Chrysanthemum and the Sword*）这本书中认为日本人的性格保守、内敛，但一旦爆发又非常可怕。一个民族经过漫长的岁月洗礼所形成的价值观在一时间是不会轻易改变的，因此日本人在制定文化遗产保护制度时并不激进，而是循序渐进。例如，近代遗产被指定为重要文化遗产的事例。1990年，日本政府先对近代遗产进行综合调查；1996年，用比较缓和的登录制度对近代遗产进行登录；2006年，确立了近代遗产的指定制度。另外，文化遗产活用的政策也是经历了三个阶段的变化："公开、普及、教育""应用于城市建设""追求经济效益"。在活用文化遗产以追求经济效益前，整个文化振兴总体规划中关于文化遗产不使用"经济""雇佣"等直接的词汇，而是先用"城市建设"这一轮廓不明的词语来说明文化遗产的活用。

日本人极端矛盾的性格反映在制定文化政策上显得既拘谨又创新。极端保守的日本人没有轻易地改变自己的文化遗产体系，整体还是对文化遗产进行"统合式"的保护。即便如此保守，日本还是善于在制度建设中求变创新，表现出鲜明的双重性。在保护文化遗产上如今也不再徘徊，转向活用文化遗产以振兴经济。

二、《文化遗产保护法》对《非遗公约》的影响

2003年，联合国教科文组织颁布《非遗公约》时，日本已经积累了半个世纪的非遗保护经验。当时担任联合国教科文总干事长的是日本人松浦晃一郎，因此日本的经验在联合国教科文组织制定非遗的概念与保护制度

时发挥了一定的影响力。

2003年颁布的《非遗公约》在拟定时日本扮演了指导性的角色。首先，"intangible cultural heritage"原本是从日本的"无形文化财"这个词翻译过来的。另外，在《非遗公约》正式生效以后，日本在保护实践的推进上也起着关键性的作用。虽然《非遗公约》已经提出了保护的原则，但是接下来如何转化成具体的行政方案，日本半个多世纪的经验是非常重要的参考。

从另一个方面看，《非遗公约》的生效也为日本的非遗保护带来新的挑战。第一，保护的原则不同。联合国教科文组织的《非遗公约》更重视文化的多样性，而日本的非遗指定标准则重视历史、审美的价值与重要性。第二，《非遗公约》的非遗概念比日本的非遗概念更为宽泛。《非遗公约》里所列举的语言、有关自然界与宇宙的知识与实践均不在日本的非遗保护体系之内。第三，上节提到日本的文化遗产发展规律不是与世隔绝的，《非遗公约》颁布后对日本的文化遗产体系也产生了影响。日本对于文化遗产一直采取的是"统合式"立法，最开始并没有单独分出非遗的保护体系。日本成为联合国教科文组织的《非遗公约》的缔约国后，必须遵守《非遗公约》的规定，履行《非遗公约》的义务。因此，日本国内也将非遗从"统合式"的文化遗产体系框架下剥离出来，进行非遗的概念、分类、名录制度、传承人认定等的研究与探讨。

小　结

法律是制度的主要形式，也体现了制度的系统性和严谨性。因此，本章研究了日本非遗保护的法令依据《文化遗产保护法》的由来与法律基础、出台过程及修订和日本文化遗产保护体系的发展规律与影响。

日本政府在1871年就颁布了《古器旧物保存法》，开创了以法律手段保护文化遗产的先河。1950年，《文化遗产保护法》首次以法律的形式规定了与今天的非遗十分相似的概念。日本《文化遗产保护法》从着手开始制定到颁布，中间经过了几次修订，先后分别为：《国宝保存法》《文化遗产保存法》《文化遗产保护法》《重要文化遗产保护法》《文化遗产保护法》。从整个过程可以总结出，把"国宝"变更为"文化遗产"是因为法律的对象除了国宝，还有重要文化遗产、史迹名胜天然纪念物、无形文化遗产等内容的扩充，而把"保存"变更为"保护"是因为在《文化遗产保护法》中除了规定文化遗产的保存外，文化遗产的活用相对以前占比更重，所以第三次提名为《文化遗产保护法》。可以看出日本文化遗产体系的保护对象包括物遗和非遗，"保护"的含义为"保存"加上"活用"。

从《文化遗产保护法》的变迁可以总结出六大改变：第一，从保护物遗逐渐扩展到保护非遗；第二，从古社寺、器物、艺术等的审美文化逐渐扩展到风俗习惯、民俗艺能和技术等的民俗文化；第三，从非遗传承人的各个认定扩展到传承团体认定；第四，保护由国家主导逐渐发展为国家与地方公共团体主导，各种社区组织、非政府组织等相互协作；第五，由组织传承和保护逐渐发展为活用于城市建设中，在地区社会的基础上进行传承以谋求地区的振兴；第六，日本的《文化遗产保护法》从1950年制定以来，一直随着时代的变迁与外界的影响而不断地进行修订，近些年来也有将新事物确定为文化遗产的倾向。

日本文化遗产保护在半个多世纪的实践过程中不断修改认定标准，至今为止共修订了40多次，从这个发展过程中可以发现日本文化遗产保护体系有着自己的一套发展规律，这种规律即"认识—讨论—立法—保护—再认识"[1]，随着保护工作的深入，日本人在总结先前经验的基础上得出新的认识。而且日本这一套文化遗产发展规律也不是与世隔绝，而是会借鉴别人做得好的地方。"二战"之后日本开始进行模仿创新之路，日本人很擅长把外来的新观念进行改造和内化，然后在吸收创意的实践中重塑标准融入自己的创新，形成自己的风格，再成功地对外输出。另外，一个民族经过漫长的岁月洗礼所形成的价值观在一时间是不会轻易改变的，因此日本人在制定文化遗产保护制度时并不激进，而是循序渐进。

日本在《文化遗产保护法》中对文化遗产进行有形和无形的划分方法，拓宽了文化遗产的保护范围。[2]虽然日本的非遗保护制度对其他国家乃至联合国教科文组织都曾产生过重大影响，但《非遗公约》的生效也为日本的非遗保护带来新的挑战，如二者对非遗保护的原则不同和《非遗公约》的非遗概念比日本的非遗概念更为宽泛等。

---

[1] 李致伟：《通过日本百年非物质文化遗产保护历程探讨日本经验》，中国艺术研究院博士学位论文2014年，第18页。

[2] 古成：《日本非物质文化遗产保护的特色和经验》，载《中国文化报》2008年3月12日。

第二章

非遗代表性项目名录与代表性传承人认定研究

日本对于文化遗产采取的是"统合式"立法，即不分物遗与非遗，全部基于《文化遗产保护法》统一管理，因此本章先对整体进行简单研究，再深入对非遗保护制度最核心的部分"非遗代表性项目名录"①和"非遗代表性传承人"②制度进行研究。之前学者对日本的非遗代表性项目名录和非遗代表性传承人制度已进行大量的研究，故本书更偏重对日本非遗代表性项目名录的指定、选定、登录制度进行比较研究，并创新性地研究了地方级对非遗登录制度的活用、指定重要无形文化遗产时的附加指定要件，"构成上的重要要素"也可以单独被指定为重要无形文化遗产等。

---

① 日本文化厅官网将文化遗产名录分为指定、选定、登录制度，笔者认为我国非遗代表性项目名录与日本的指定、选定、登录制度并非一致，但因为本书为中文出版物，同时为了和我国非遗代表性项目名录制度进行比较研究，故本书将日本的指定、选定、登录制度在标题上称为非遗代表性项目名录制度，在本章第三节会详细论述。

② 日本文化厅官网将非遗传承人的认定分为各个认定、综合认定和保持团体认定，笔者认为我国非遗代表性传承人认定与日本非遗的各个认定、综合认定和保持团体认定并非一致，但因为本书为中文出版物，同时为了和我国的非遗代表性传承人认定进行比较研究，故本书将日本非遗的各个认定、综合认定和保持团体认定在标题上称为非遗代表性传承人认定，在本章第四节会详细论述。

第一节　日本文化遗产的分类

从上一章日本文化遗产体系的变迁过程可以总结出日本非遗的保护制度并非一蹴而就，而是基于保护经验的积累不断进行改变的。因此，日本文化遗产的分类也是随着保护范围的扩大而进行了数次改变。

一、日本文化遗产分类与新的类型倾向

在日本文化厅官网中，文化遗产的定义为：

> 文化財は，我が国の長い歴史の中で生まれ，はぐくまれ，今日まで守り伝えられてきた貴重な国民的財産です。このため国は，文化財保護法に基づき重要なものを国宝，重要文化財，史跡，名勝，天然記念物等として指定，選定，登録し，現状変更や輸出などについて一定の制限を課す一方，保存修理や防災施設の設置，史跡等の公有化等に対し補助を行うことにより，文化財の保存を図っています。また，文化財の公開施設の整備に対し補助を行ったり，展覧会などによる文化財の鑑賞機会の拡大を図ったりするなど文化財の活用のための措置も講じています。①

意思为："文化遗产是在漫长的历史长河中诞生、流传至今的宝贵的国民遗产。因此，国家以《文化遗产保护法》为基础将重要的东西作为国宝、重要文化遗产、历史遗址、名胜、天然纪念物等进行指定、选定、登录，一方面对变更现状和出口等施加一定的限制，另一方面通过对保存修理和防灾设施的设置、历史遗址等的公有化等进行补助，来谋求文化遗产

---

① 见日本文化厅官网定义（https://www.bunka.go.jp/seisaku/bunkazai/index.html）。

的保存。此外，还对文化遗产的公开设施进行了补助，通过展览会等扩大了文化遗产鉴赏机会等，为有效活用文化遗产而采取措施。"①

（一）日本文化遗产的分类

前文提到日本文化遗产保护体系有着自己的一套发展规律，这种规律是"认识—讨论—立法—保护—再认识"②，经过近半个世纪的实践与再认识，日本文化遗产的定义也是随着保护范围的扩大而扩大（如图2-1所示），同时在《文化遗产保护法》中也进行了几次修订。如：有形文化遗产、无形文化遗产③、纪念物、民俗文化遗产的定义时间是1950年；民俗文化遗产在1950年是有形文化遗产的一种类型，1954年划分为民俗资料，1975年分为有形民俗文化遗产与无形民俗文化遗产；传统建筑物群和文化遗产保存技术的定义时间是1975年；文化景观的定义时间是2004年，2005年在法律上又进行了内容改正（见表2-1）。

表2-1 日本文化遗产种类在法律中的定义时间

种类	定义时间	说明
有形文化遗产	1950年	
无形文化遗产	1950年	
民俗文化遗产	1950年有形文化遗产的一种类型	1954年民俗资料→1975年
纪念物	1950年	
文化景观	2004年法律改正→2005年	
传统建筑物群	1975年	
文化遗产保存技术	1975年	

---

① 根据日本文化厅官网的定义翻译。
② 李致伟：《通过日本百年非物质文化遗产保护历程探讨日本经验》，中国艺术研究院博士学位论文2014年，第18页。
③ 因为本书为中文出版物，中文中并没有"文化财"这样的表达形式，所以全文采取中文翻译的形式。虽然全书将"无形文化财"翻译为"无形文化遗产"，但这里是狭义的无形文化遗产。因为在1950年出台的《文化遗产保护法》中"无形文化财"类似今天非遗的概念，在现在的日本文化遗产体系中，"无形文化财"仅是非遗的一种，日本的非遗（广义的无形文化遗产）分为三类："无形文化财"（狭义的无形文化遗产）、"无形民俗文化财"（无形民俗文化遗产）和"文化财保存技术"（文化遗产保存技术）。

续表

种类	定义时间	说明
埋藏文化遗产	1950年	

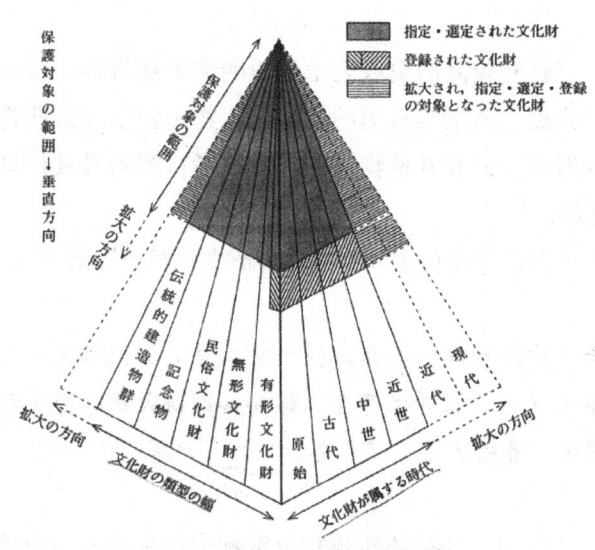

图2-1 文化遗产范围的扩大

（资料来源：川村恒明、根木昭、和田勝彦『文化財政策概論:文化遺産保護の新たな展開に向けて』，東海大学出版会，2002年，P.221）

现行的日本《文化遗产保护法》将文化遗产分为"有形文化遗产""无形文化遗产""民俗文化遗产""纪念物""文化景观""传统建筑群"，除此之外，埋藏在地下的文物被称为"埋藏文化遗产"，文化遗产的保存、修理所需的传统技术和技能被称为"文化遗产的保存技术"而作为保护对象。①日本文化遗产体系如图2-2所示。

1. 有形文化遗产

在日本《文化遗产保护法》中，"有形文化遗产"的定义为：

建造物、絵画、彫刻、工芸品、書跡、典籍、古文書その他の有

---

① 日本文化厅官网分类，见日本文化厅官网（https://www.bunka.go.jp/seisaku/bunkazai/shokai/）。

形の文化的所産で我が国にとって歴史上又は芸術上価値の高いもの（これらのものと一体をなしてその価値を形成している土地その他の物件を含む。）並びに考古資料及びその他の学術上価値の高い歴史資料）。①

意思为："具有较高历史或艺术价值的诸如建筑物、绘画、雕塑、工艺品、书法、典籍、古书等有形的文化衍生物（包括与这些物件成为一体而成就了其价值的土地和其他物件），以及考古资料及其他具有较高学术价值的历史资料。"②

在1897年《古社寺保存法》中，"有形文化遗产"的定义为：

社寺ノ建造物及宝物類ニシテ特ニ歴史ノ証徴又ハ美術ノ模範トナルヘキモノハ古社寺保存会ニ諮詢シ内務大臣ニ於テ特別保護建造物又ハ国宝ノ資格アルモノト定ムルコトヲ得。③

意思为："寺院、神社的建筑物及宝物中特别是有历史象征或美术典范的物品，可向古社寺保存会咨询，由内务大臣指定为特别保护建筑物或国宝。"

在1929年《国宝保存法》中，"有形文化遗产"的定义为：

建造物、宝物其ノ他ノ物件ニシテ特ニ歴史ノ証徴又ハ美術ノ模範ト為ルベキモノハ主務大臣国宝保存会ニ諮問シ之ヲ国宝トシテ指定スルコトヲ得。④

意思为："建筑物、宝物及其他物件中，特别是可作为历史象征或美术典范的物品，可向主管大臣国宝保存会咨询指定为国宝。"

在1950年《文化遗产保护法》中，"有形文化遗产"的定义为：

---

① 日本《文化遗产保护法》（2018年6月8日号外法律第42号）第一章第2条第1项。
② 根据官网的定义翻译。
③ 1897年《古社寺保存法》第4条。
④ 1929年《国宝保存法》第1条。

> 建造物、絵画、彫刻、工芸品、書跡、筆跡、典籍、古文書、民俗資料その他の有形の文化の所産でわが国にとって歴史上又は芸術価値の高いもの及び考古資料。①

意思为:"具有很高历史或艺术价值的物品或者考古资料,诸如建筑物、绘画、雕刻、工艺品、书法、笔迹、典籍、古书、民俗资料等有形的文化衍生物。"

从上述的一系列法律文件表述中划有标记的内容可以得到结论,有形文化遗产一直强调一定是具有较高的历史价值与艺术价值。同时,在1950年的《文化遗产保护法》中,有形文化遗产的定义增加了民俗资料这个类别。

2. 无形文化遗产

在日本《文化遗产保护法》中,"无形文化遗产"的定义为:

> 演劇、音楽、工芸技術その他の無形の文化の所産で我が国にとって歴史上又は芸術上価値の高いもの。②

意思为:"具有较高历史或艺术价值的诸如戏剧、音乐、工艺技术等无形的文化表现形式。"③

"无形文化遗产"这个概念首次在1950年的《文化遗产保护法》中由日本提出,无形文化遗产是人的"技艺"本身,具体地说是由个人或个人的集体来体现的。

3. 民俗文化遗产

在日本《文化遗产保护法》中,"民俗文化遗产"的定义为:

> 衣食住、生業、信仰、年中行事等に関する風俗慣習、民俗芸能、民俗技術及びこれらに用いられる衣服、器具、家屋その他の物件で我が国民の生活の推移の理解のため欠くことのできない

---

① 日本《文化遗产保护法》(1950年《文化遗产保护法》)第2条第1项。
② 日本《文化遗产保护法》(2018年6月8日号外法律第42号)第一章第2条第2项。
③ 根据官网的定义翻译。

もの。①

意思为:"有关衣食住、职业、信仰、年中节日等方面的风俗习惯、民俗艺能、民俗技术及用于这些方面的衣服、器具、房屋等对我们理解国民生活的发展历程所不可缺少的表现形式。"②

"民俗文化遗产"这个概念也是由日本第一次提出,在1950年的《文化遗产保护法》中为有形文化遗产的一种。因为在重要文化遗产指定时没有民俗资料,所以在1954年将民俗资料从有形文化遗产的类别中分离出来,同时增加无形民俗资料的范围;在1975年的《文化遗产保护法》中更新为民俗文化遗产。

4. 纪念物

在日本《文化遗产保护法》中,"纪念物"的定义为:

> 貝づか、古墳、都城跡、城跡、旧宅その他の遺跡で我が国にとって歴史上又は学術上価値の高いもの、庭園、橋梁、峡谷、海浜、山岳その他の名勝地で我が国にとって芸術上又は観賞上価値の高いもの並びに動物(生息地、繁殖地及び渡来地を含む。)、植物(自生地を含む。)及び地質鉱物(特異な自然の現象の生じている土地を含む。)で我が国にとって学術上価値の高いもの。③

意思为:"对我国而言,具有较高历史价值或学术价值的诸如贝塚、古坟、都城遗址、城墙、旧宅等遗址;具有较高艺术价值或观赏价值的诸如庭院、桥梁、峡谷、海滨、山岳等名胜地和具有较高学术价值的动物(包括生息地、繁殖地及传播地)、植物(包括生长地)及地质矿物(包括产生独特自然现象的土地)等。"④ "纪念物"的定义在1950年的《文化遗产保护法》中提出。

---

① 日本《文化遗产保护法》(2018年6月8日号外法律第42号)第一章第2条第3项。
② 根据官网的定义翻译。
③ 日本《文化遗产保护法》(2018年6月8日号外法律第42号)第一章第2条第4项。
④ 根据官网的定义翻译。

5. 文化景观

在日本《文化遗产保护法》中，"文化景观"的定义为：

> 地域における人々の生活又は生業及び当該地域の風土により形成された景観地で我が国民の生活又は生業の理解のため欠くことのできないもの。①

意思为："由该地区人们的生活或生计以及该地区的气候所形成的景观——对于理解国民生活和生计是不可或缺的。"②

6. 传统建造物群保存地区

在日本《文化遗产保护法》中，"传统建造物群保存地区"的定义为：

> 周囲の環境と一体をなして歴史的風致を形成している伝統的な建造物群で価値の高いもの。③

意思为："与周围环境和谐统一，形成历史自然风景的具有较高价值的传统建筑群。""传统建造物群保存地区"的定义在1975年的《文化遗产保护法》中提出。④

7. 其他文化遗产

（1）文化遗产保存技术。在日本《文化遗产保护法》中，"文化遗产保存技术"的定义为：

> 文化財の保存のために欠くことのできない伝統的な技術又は技能。⑤

---

① 日本《文化遗产保护法》（2018年6月8日号外法律第42号）第一章第2条第5项。
② 根据官网的定义翻译。
③ 日本《文化遗产保护法》（2018年6月8日号外法律第42号）第一章第2条第6项。
④ 根据官网的定义翻译。
⑤ 日本《文化遗产保护法》（2018年6月8日号外法律第42号）第十章第147条。

意思为:"为保存文化遗产而不可或缺的传统技术或技能。"① 1975年,《文化遗产保护法》修订,设立了该文化遗产的范围。

(2)埋藏文化遗产。在日本《文化遗产保护法》中,"埋藏文化遗产"的定义为:

土地に埋蔵されている文化財。②

意思为:"被埋藏在地下的文化遗产。"③ 主要指被称为遗迹的地方。

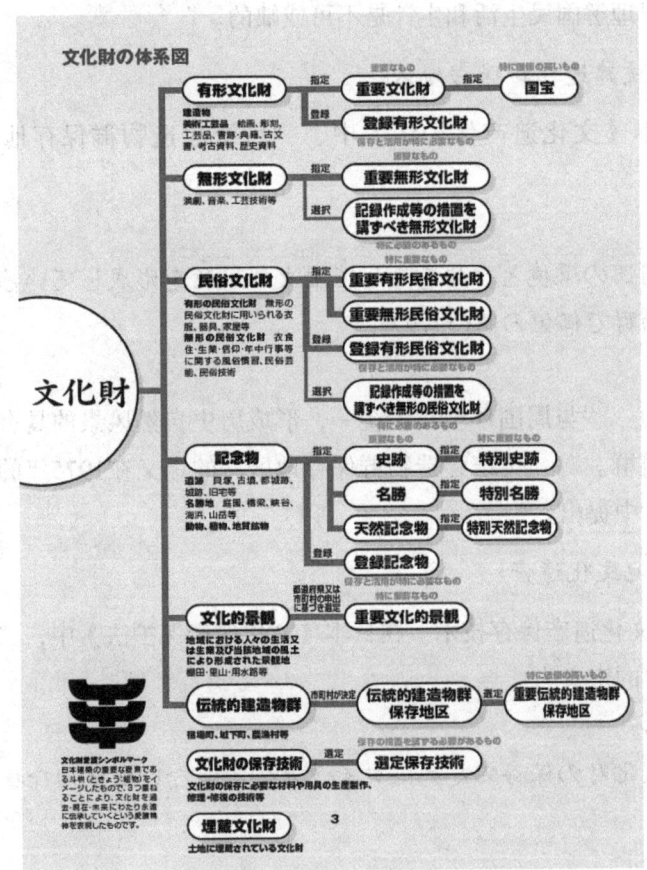

图2-2 日本文化遗产体系图

(资料来源:日本文化厅官网,见https://bunka.nii.ac.jp/heritages/classification)

---

① 根据官网的定义翻译。
② 日本《文化遗产保护法》(2018年6月8日号外法律第42号)第六章第92条。
③ 根据官网的定义翻译。

（二）文化遗产分类的新倾向

随着"近代遗产""产业遗产""近代产业遗产"这些词语的普及，近些年来，《文化遗产保护法》倾向于将新事物确定为文化遗产。具体如下：

1996年，《文化遗产保护法》修订时在重要文化遗产（历史资料分类）的指定基准中追加了"科学技术"。

20世纪90年代，日本政府对在社会变化中急速消失的近代建筑物进行调查，以明确其特点和特征，基于调查结果发现被指定为"重要文化遗产"的近代建筑物也在增加。1990年，文化厅开展了各都道府县"近代遗产综合调查"。1996年，《文化遗产保护法》修订时以近代建筑物为主要对象，进而"登录文化遗产"的制度被确立。2006年，两个战后建筑首次被指定为重要文化遗产。到目前为止，日本共指定4个战后建筑为重要文化遗产，特别是国立西洋美术馆本馆被指定为国重要文化遗产时距离竣工还未满50年。

（1）世界和平纪念圣堂（1954年竣工，村野藤吾设计）2006年被指定为国重要文化遗产。

（2）广岛和平纪念资料馆（1955年竣工，丹下健三设计）2006年被指定为重要文化遗产。

（3）日土小学校（1958年竣工）2012年被指定为国重要文化遗产。

（4）国立西洋美术馆本馆（1959年竣工）2007年被指定为国重要文化遗产。

从上述的材料中可以看出，日本倾向于将新事物确定为文化遗产类型。首先，增加新的类型，1996年指定基准追加了"科学技术"。另外，重要文化遗产指定的年份距今不再像以前那么遥远，而是距今越来越近。1990年进行近代遗产综合调查，1996年先用比较缓和的登录制度对近代遗产进行登录，2006年直接确立了近代遗产的指定制度。

二、日本非遗的分类

1950年，《文化遗产保护法》的制定与颁布，标志着日本对非遗的保护进入了一个新的阶段。日本用立法的方式将文化遗产划分为有形和无形，拓宽了文化遗产的保护范围，在世界范围内提供了关于保护和传承非遗的新方法，极大地促进了文化的传承。①

在第一章第二节中已经梳理了日本《文化遗产保护法》中非遗定义和分类的变化。目前，在日本的文化遗产体系中非遗分为三类：（狭义的）无形文化遗产、无形民俗文化遗产和文化遗产保存技术②，日本的官方网站将其定义如下：

（狭义的）无形文化遗产：指那些具有较高历史价值或艺术价值的诸如戏剧、音乐、工艺技术等无形的文化表现形式。③

无形民俗文化遗产：指一般民众传承的非遗，有关衣食住、职业、信仰、年中节日等方面的风俗习惯、民俗艺能和民俗技术。④

文化遗产保存技术：包括三个方面，有形文化遗产的修理、复旧、复原、摹写、模仿制造等技术；技能、有形文化遗产修理所需材料的生产、制造，用具的制作修理等技术；技能、舞台艺术、工艺技术、民俗舞台艺术等所需用具的制作、修理以及材料的生产、制造等技术。⑤

2003年，联合国教科文组织颁布的《非遗公约》将非遗分为以下五个方面："口头传统和表现形式，包括作为非物质文化遗产媒介的语言；表演艺术；社会实践、仪式、节庆活动；有关自然界和宇宙的知识和实践；传统手工艺。"⑥2003年，联合国教科文组织颁布《非遗公约》后，日本将"intangible cultural heritage"翻译为"無形文化遺産"。按照现行的日本文化遗产体系可以看出日本的非物质文化遗产（intangible cultural heritage）⑦

---

① 古成：《日本非物质文化遗产保护的特色和经验》，载《中国文化报》2008年3月12日。

② 宫田繁幸：「日本の無形文化遺産と無形文化遺産保護条約」，国立文化財機構東京文化財研究所無形文化遺産部編『無形文化遺産の保護：国際的協力と日本の役割』，国立文化財機構東京文化財研究所無形文化遺産部，2001年。

③ 根据日本文化厅官网的定义翻译（https://www.bunka.go.jp/seisaku/bunkazai/shokai/mukei/）。

④ 根据日本文化厅官网的定义翻译（https://www.bunka.go.jp/seisaku/bunkazai/shokai/minzoku/）。

⑤ 根据日本文化厅官网的定义翻译（https://www.bunka.go.jp/seisaku/bunkazai/shokai/hozongijutsu/）。

⑥ 联合国教科文组织：《保护非物质文化遗产公约》第二条第二项，2003年。

⑦ 日本官方翻译为"無形文化遺産"。笔者认为我国的非遗范围与日本的无形文化遗产范围并非一致，但因为本书为中文出版物，考虑到联合国教科文组织对其中文官方翻译为"非物质文化遗产"，故本书统一将日本的"無形文化遺産"翻译为"非物质文化遗产"。

分为三类：（狭义的）无形文化遗产（intangible cultural property）、无形民俗文化遗产（intangible folk cultural property）和文化遗产保存技术（selected conservation technique）。从分类可以看出《非遗公约》的非遗概念比日本的非遗概念更为宽泛，《非遗公约》里所列举的语言、有关自然界与宇宙的知识与实践不在日本的非遗保护体系之内。

第二节 日本文化遗产的项目名录制度

从日本文化遗产的体系图中可以总结出，目前日本文化遗产的项目名录主要有指定制度、选定制度和登录制度，均包括工作程序和操作标准。

一、文化遗产工作程序及分级保护体系

（一）文化遗产指定、选定、登录程序

日本文化遗产项目名录指定、选定、登录程序包括六个步骤，如图2-3所示。

（1）文部省科学大臣向文化审议会提出咨询。

（2）文化审议会委托有关的专门调查会对候补的指定对象进行调查。专门调查会组织专家、学者对候补的指定对象进行严谨的调查研究，并在规定日期内完成书面的调查报告。

（3）文化审议会对候补的指定对象进行集中审议。

（4）文化审议会向文部省科学大臣提出审议报告。

（5）文部省科学大臣决定是否进行指定，一经指定即需发表官方告示，同时通知被指定的文化遗产所有者。

（6）向文化遗产所有者颁发指定证书。

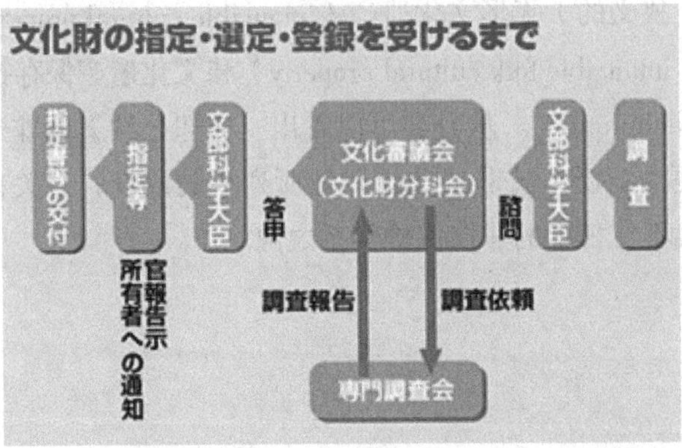

图2-3 日本文化遗产项目名录指定、选定、登录程序

（资料来源：日本文化厅官网，见https://www.bunka.go.jp/seisaku/bunkazai/shokai/gaiyo/）

（二）日本文化遗产名录制度

1. 指定制度

指定制度主要是针对文化遗产体系中的"重要文化遗产""重要无形文化遗产""重要有形民俗文化遗产""重要无形民俗文化遗产""史迹名胜天然纪念物"以及"特别史迹名胜天然纪念物"部分。

2. 选定制度

对于"重要文化景观""重要传统建筑物群保存地区"和"文化遗产保存技术"，日本政府没有采用"指定"制度，而是采用"选定"制度。"指定和选定的主要区别是政府和地方的责权不同。指定制度时，中央政府发挥主导和决定性的作用；选定制度时，地方政府的积极性和贡献得到了较好的尊重。"[①]

3. 登录制度

日本政府根据1996年的《文化遗产保护法》的修订而设立了登录制度。"有些未能被国家和地方政府指定为重要文化遗产，但又有一定的保存或者活用价值的文化遗产"[②]，则可以被登录。

---

① 周超：《日本文化遗产保护法律制度及中日比较研究》，中国社会科学出版社2017年版，第74页。

② 周超：《日本文化遗产保护法律制度及中日比较研究》，中国社会科学出版社2017年版，第79页。

文化遗产的登录制度可以看成是申报备案制，登录制度的基本程序和指定制度基本一致，但登录制度并不是对指定制度的取代，而是对指定制度的补充。指定制度是将特别重要、突出和具有价值的文化遗产筛选出来进行指定，登录文化遗产则更倾向于将与普通老百姓的生活密切相关的项目进行登录，因此登录制度可以极大地提高百姓对文化遗产的关心度。

（三）项目名录分级保护体系及名录数据

与我国的非遗代表性项目名录制度一样，日本对非遗也是进行分级保护，指定分为国家、县、市町三级，其中县、市町也可以统称为地方级。现将日本国家级与地方级的文化遗产保护职责整理如下（见表2-2）。

表2-2　日本国家级与地方级的文化遗产保护职责区分

	国家级	地方级（县、市町）
法规与条例	制定文化遗产保护法	制定文化遗产保护条例
指定、选定、登录	根据《文化遗产保护法》将文化遗产诸类型中重要者指定、选定、登录为重要文化遗产	根据条例，在国家指定文化遗产之外，可以就地方文化遗产诸类型中重要者指定、选定、登录为重要文化遗产
文化遗产的管理	对指定为重要文化遗产的所有者可以施行有关重要文化遗产之管理、修理、公开之指示、命令或劝告	对指定为重要文化遗产所有者可以施行有关重要文化遗产之管理、修理、公开之指示、命令或劝告
	可以就指定文化遗产进行现状变更的规制、输出的限制、恢复原状的命令等	可以就指定文化遗产进行现状变更的规制、输出的限制、恢复原状的命令等
		以管理者的身份进行国家指定文化遗产的管理与修理等
补助	有关指定文化遗产的管理、修理、公开等工作，可以对所有者或者管理者进行补助	有关指定文化遗产的管理、修理、公开等工作，可以对所有者或者管理者进行补助
	有关文化遗产的公有化，可以对地方公共团体进行补助	
	可以设定有关指定文化遗产之课税上的特例措施	

续表

	国家级	地方级（县、市町）
推动措施	设置、经营博物馆、剧场等文化遗产公开设施以及文化遗产研究所	设置、经营以文化遗产之保存与公开为目的的设施
		推动有关地方文化遗产的保护活动、学习活动、传承活动等

注：本表整理归纳的为一般情况，各县市町根据实际情况有所差异。

截至2020年5月1日，日本国家和地方指定与选定的文化遗产总数见表2-3。

表2-3　日本国家和地方的文化遗产指定与选定件数

文化遗产种类		国家/件	都道府县/件	市町村/件
有形文化遗产	建造物	2509	2525	9644
	美术工艺品	10772	10539	47442
无形文化遗产	艺能	37	32	316
	工艺技术	39	120	222
	其他	0	10	73
民俗文化遗产	有形	223	761	4955
	无形	318	1679	6363
纪念物	史迹/遗迹	1847	2995	12841
	名胜	422	287	880
	动物·植物·地质矿物（天然纪念物）	1031	3007	10963
文化景观		65	10	11
传统建筑物群保存地区		120	3	109
保存技术		75	26	20
合计		17458	21994	93839

注：国家数据统计的截止时间为2019年12月1日，地方数据统计的截止时间为2019年5月1日。

二、地方级非遗代表性项目名录对登录制度的活用

日本国家级的非遗代表性项目名录只有指定、选择和选定制度。但笔者在对地方级的非遗进行调查时发现,地方级的非遗代表性项目名录可以进行登录,并且项目名录是按照1975年《文化遗产保护法》划分的四类进行指定和登录,其分类为:有形文化遗产、无形文化遗产、史迹名胜天然纪念物与民俗文化遗产(见表2-4)。

表2-4 神奈川县相模原市指定和登录文化遗产目录

种类	种别	市指定/件	市登录/件	县指定/件	国家指定 国家级重要/件	国宝/件	国家登录/件	合计
有形文化遗产	建造物 建造物	7	13	3	1		10	34
	美术工艺品 绘画	2	3					5
	雕刻	14						14
	工艺品			1	2			3
	字迹、典籍、文书	4						4
	考古资料	12		2				14
	历史资料	10	12					22
无形文化遗产	艺能、工艺技术							
史迹名胜天然纪念物	史迹	6	17	4				27
	名胜		1					1
	天然纪念物	1	3	5	3			12
民俗文化遗产	无形民俗文化遗产	3	7	3				13
	有形民俗文化遗产	1	26					27
合计		60	79	17	10		10	176

资料来源:日本神奈川县相模原市教育委员会生涯学习文化遗产课提供。

日本地方政府工作人员认为，通过登录制度可以极大地加强全体国民对文化遗产的关注，由民众自主地对文化遗产进行保护和活用。①登录是一种比较缓和的文化遗产保护制度。在国家级的保护制度中，登录制度基本不涉及非遗，因为可以活用，有较多的弹性和变通性，为了加强普通群众对文化遗产的关注，可以看到在地方级的目录中，非遗也是可以进行登录的。

第三节 日本非遗代表性项目名录制度②

日本的非遗分为三类：（狭义的）无形文化遗产、无形民俗文化遗产和文化遗产保存技术。③本节将从这三种分类的维度来研究一下日本非遗代表性项目名录制度。先前的学者对日本的非遗代表性项目名录已进行过大量的研究，故本书更偏重日本非遗代表性项目名录中指定、选定、登录制度的比较研究，主要探讨文化遗产审议委员会为了让具有传统艺术价值的"型"能保存和传习下去，在指定时设置的指定要件与"构成上的重要要素"也可以单独被指定为"重要无形文化遗产"。

一、指定及选择作为"应该采取记录等措施的无形文化遗产"的区别

根据日本《文化遗产保护法》的规定，相关部门不定期地从无形文化

---

① 受访者：神奈川县相模原市教育委员会文化遗产保护课主任长泽有史，访谈时间：2018年10月16日，地点：日本神奈川县相模原市教育委员会文化遗产保护课。
② 本节的部分内容已发表，参见刘洋《日本非物质文化遗产的传承与保护经验》，载宋俊华编《中国非物质文化遗产保护发展报告（2019）》，社会科学文献出版社2020年版。
③ 宮田繁幸：「日本の無形文化遺産と無形文化遺産保護条約」，国立文化財機構東京文化財研究所無形文化遺産部編『無形文化遺産の保護：国際的協力と日本の役割』，国立文化財機構東京文化財研究所無形文化遺産部，2001年。

遗产中甄选出具有代表性的项目并指定其为"重要无形文化遗产"。无形文化遗产具有缺乏物化的特点，就需加强实地的调查和记录，因此那些没有被指定为重要无形文化遗产，但对了解日本传统艺能和工艺技术及其变迁等具有重要意义、有必要予以记录和公开的，则选择作为"应该采取记录等措施的无形文化遗产"，再由国家或地方公共团体（地方政府）予以必要的调查、记录和公开。①

截至2018年12月1日，日本国家级重要无形文化遗产指定和选择情况见表2-5。

表2-5　日本国家级重要无形文化遗产指定和选择情况

类别	种别	指定件数	选择件数	类别	种别	指定件数	选择件数
艺能	雅乐	1	0	工艺技术	陶艺	11	15
	能乐	6	1		染织	21	14
	文乐	4	0		漆器工艺	6	7
	歌舞伎	5	10		金器工艺	5	10
	组舞	3	0		竹木工艺	2	2
	音乐	26	56		玩偶	2	1
	舞蹈	3	0		牙雕工艺	0	0
	演艺	2	5		手工和纸	6	7
	其他	0	0		截金	0	1
					其他	0	3

资料来源：日本文化厅官网，见https://www.bunka.go.jp/seisaku/bunkazai/shokai/yukei_bijutsukogei/。

（一）重要无形文化遗产的指定基准

有关重要无形文化遗产的指定基准，另有《重要无形文化遗产的指定与保持者及保持团体的认定基准》，指定的基准如下：

"无形文化遗产是指人的技艺本身，具体地说，是由个人或集体来体

---

① 冯彤：《日本非物质文化遗产传承人制度》，载《民族艺术》2010年第1期。

现的，从无形文化遗产中甄选出具有代表性的指定为国家级重要无形文化遗产。"

1. 艺能方面

（1）音乐、舞蹈、戏剧及其他艺能中符合下列各项之一：

a）具有很高艺术价值的；

b）在艺能历史上占有重要地位的；

c）具有很高的艺能价值或是在艺能历史上占有重要地位并且具有显著的流派或是地方特色。

（2）前项艺能之成立、构成上的重要要素之技法中特别优秀者。

2. 工艺技术方面

（1）陶艺、染织、漆艺、金属以及其他工艺技术中符合下列各项之一：

a）具有很高艺术价值的；

b）在工艺史上占有特别重要地位的；

c）具有很高的艺术价值或是在工艺史上占有重要地位并且具有显著地方特色。

（2）前项工艺技能之成立、构成上的重要要素之技法中特别优秀者。①

这里笔者要特别说明的是，指定基准中划线的第二条，"前项艺能（工艺技能）之成立、构成上的重要要素之技法中特别优秀者"。以艺能为例，也就是说艺能相关的指定对象包括艺能本身与其相关技法。例如歌舞伎是一种综合音乐与表演的艺能，因此歌舞伎被指定为国家重要无形文化遗产，但歌舞伎"构成上的重要要素"，女方、歌舞伎的长呗等也可以单独被指定为重要无形文化遗产。同时，重要无形文化遗产指定的认定保持者或者保持团体是必要条件，因此这一基准也和认定保持者或者保持团体一致，歌舞伎在日本国家级的非遗认定中整体为团体认定，而其中"构成上的重要要素"，例如剧本、乐器、演员（包括主角与配角）分别为个人认定的形式，即各个认定（见表2-6）。

---

① 1954年日本文化遗产保护委员会告示第55号，1975年文部省告示第154号改正。

表2-6　歌舞伎指定与认定情况

种别	指定时间	认定区分	保持者信息	艺名	认定时间	认定次数及区分	综合认定作用	团体信息	代表者	认定时间
歌舞伎	1965-04-20	综合认定						社团法人伝统歌舞伎保存会	林宏太郎（坂田藤十郎）	1965-04-20
歌舞伎音楽竹本	2019-10-25	各个认定	柳瀬信吾	竹本葵太夫	2019-10-25	第66次新規	竹本			
歌舞伎女方	2012-10-04	各个认定	守田伸一	坂東玉三郎	2012-10-04	第59次新規	俳優			
歌舞伎音楽長唄	1998-06-08	各个认定	宮澤雅之	杵屋淨貢	2007-09-06	第54次追加	長唄（三味線）			
			川原壽夫	鳥羽屋里長	2002-07-04	第49次追加	長唄（唄）			
歌舞伎立役	1960-04-19	各个认定	波野辰次郎	中村吉右衛門	2011-09-05	第58次追加	俳優			
			片岡孝夫	片岡仁左衛門	2015-10-01	第62次追加	俳優			
			林宏太郎	坂田藤十郎	1994-06-27	第41次追加	俳優			
			寺嶋秀幸	尾上菊五郎	2003-07-10	第50次追加	俳優			
歌舞伎脇役	1997-06-06	各个认定	河野均	中村東蔵	2016-09-30	第63次追加	俳優			
			山中宗雄	澤村田之助	2002-07-08	第49次追加	俳優			

续表

种别	指定时间	认定区分	保持者信息	艺名	认定时间	认定次数及区分	综合认定作用	团体信息	代表者	认定时间
歌舞伎脇役	1997-06-06	各个认定	片岡彦人	片岡秀太郎	2019-10-25	第66次追加	俳優			

资料来源：根据日本文化厅官网及各都道府县官网数据整理而成，见https://kunishitei.bunka.go.jp/bsys/index。

（二）无形文化遗产的选择基准

有关无形文化遗产的选择基准，另有《应当进行记录等措施的无形文化遗产之选择基准》，选择的基准如下：

1. 艺能方面

音乐、舞蹈、戏剧等艺能以及这些艺能的成立、构成上之重要要素的技法之中，对于了解日本艺能变迁过程具有重要性者。

2. 工艺技术方面

陶瓷、染织、漆艺、金工等工艺技术之中，对了解日本工艺技术变迁过程具有重要性者。[1]

（三）无形文化遗产"指定"与"选择"的区别

日本对于无形文化遗产的项目名录制度有"指定"与"选择"的区别，那么具体的区别是什么呢？经过对比分析研究，主要有三点。

第一，从制度上来看，重要无形文化遗产的指定与选择的区别在于指定与选择的基准不同。重要无形文化遗产的指定基准是无形文化遗产的艺术价值、在艺能史或者工艺史上的重要性；选择基准则强调的是无形文化遗产中对于了解艺能或者工艺技术发展过程的重要性，具有资料性价值而且有必要加以记录者。

第二，重要无形文化遗产指定的同时认定保持者或者保持团体是必要

---

[1] 1954年日本文化遗产保护委员会告示第56号。

条件。如果无法认定适当的保持者或者保持团体,即使具有艺术价值或者重要性,也只能以选择无形文化遗产的方式加以保存。①

第三,重要无形文化遗产与选择无形文化遗产的行政权力与行政资源也有所不同,见表2—7。

表2—7 重要无形文化遗产与选择无形文化遗产的行政权力区别

	重要无形文化遗产	选择无形文化遗产
行使者	指定/文部科学大臣	选择/文化厅厅长
保持者(保持团体)认定制度	有	无
官报公告	需要	不需要(仅在文化厅发表的相关资料中加以公告)
保持者义务	姓名、住址如有变更,必须在20天内通知文化厅长官。如有死亡,则其继承者有义务在20天内通知文化厅长官	无
记录	文化厅厅长认为有必要时可以自行实施。文化厅厅长对记录所有者可以给予公开之劝告	文化厅厅长可自行进行记录工作
公演或者展示	文化厅厅长对保持者与保持团体可以给予公开之劝告	文化厅厅长可自行推动保存与公开等工作
培养传承者	文化厅厅长认为有必要时可自行实施	未规定
补助	对保持者、保持团体或地方政府等适认保存工作者,可补助部分保存上所需费用。相关记录公开所需费用,依据文部科学省令之规定,可以负担全部或一部分	没有规定针对公开或传承的补助制度。记录的制作、保存与公开等所需经费,中央可以对适认者提供部分经费的补助
提供建议或者劝告	可	未规定
解除	可	未规定

资料来源:黄贞燕《日韩无形文化财的保护制度》,台湾传统艺术总处筹备处2008年版,第119—120页。

---

① 黄贞燕:《日韩无形文化财的保护制度》,台湾传统艺术总处筹备处2008年版,第118页。

二、重要无形文化遗产的指定要件及意义

非遗是指人的"技艺"本身,具体地说是由个人或个人的集体来体现的。非遗的保护及传承皆需要"人"。那么什么是非遗中必须保留的部分?什么又是允许"人"自由发挥的部分呢?下面以歌舞伎为例,在歌舞伎界中有"型"与"形"观念的区分,在歌舞伎中演员的表演方式、舞台、音乐、服装等都积累了具有艺术价值的、典型的做法,这些被称为歌舞伎的"型"。"形"则是允许个别保持者诠释的部分。非遗具有与时俱进的特点,随着时代的变化而变化。相关专家学者注意到,从20世纪开始,歌舞伎固有的典型表演形式开始有些许变化,针对此情形,在歌舞伎被指定为重要无形文化遗产时,同时也被附加了指定要件,见表2-8。

表2-8 日本国家级指定重要无形文化遗产歌舞伎指定要件

个案	国家级指定重要无形文化遗产
文化遗产种类:重要无形文化遗产	歌舞伎
种别1:艺能	
指定时间	1965年指定为国家级重要无形文化遗产
	2005年入选人类非遗代表作名录
指定要件	一、演员:演出要角必须大部分为社团法人传统歌舞伎保存会会员 二、演目:传统的演目或是等同传统演目的内容 三、演技演出:以传统的演技和演出为基础 1. 必须是样式化的演技和台词 2. 必须是女方的演出 3. 音乐是以传统的歌舞伎音乐的格式进行 4. 拍子木与付拍子必须是以传统的歌舞伎格式进行 5. 装扮(衣饰、发型、化妆)必须是传统的歌舞伎型制 6. 大道具、小道具必须是传统的歌舞伎的型制 7. 原则上必须是传统歌舞伎格式的舞台机制

资料来源:钱永平《UNESCO保护非物质文化遗产公约述论》,中山大学出版社2013年版,第276—277页。

在日本《文化遗产保护法》中并未见重要无形文化遗产的指定要件这一规定,但是实际上为了使保护明细化,有时会在被指定的对象上附加一些条件。文化遗产分科会第四专门调查会负责审议无形文化遗产的指定与保持者及保持团体的认定,如果委员们认为指定对象有附加条件的必要,则决议指定与认定时检讨指定要件的内容。根据笔者查阅的资料,大部分

的指定重要无形文化遗产并没有附加指定要件,但是针对个别无形文化遗产会附上相关条件。

日本的非遗保护制度虽然并不致力于限定某项艺能的表现形式或者发展方向,但是让具有传统艺术价值的"型"能保存和传习下去是非遗保护制度的重点,这样就有必要通过附加条件,即指定要件来予以明确化。

三、指定及选择作为"需要采取记录等措施的无形民俗文化遗产"的区别

和无形文化遗产的指定制度一样,相关部门会从无形民俗文化遗产中甄选出具有代表性的项目并指定为国家级"重要无形民俗文化遗产"。另外,文化厅会将重要无形民俗文化遗产以外的无形民俗文化遗产中相对特殊的选择为"需要采取记录等措施的无形民俗文化遗产",对其进行必要的调查和文字或影像记录,并对地方公共团体进行的调查事业和记录制作事业进行补助。截至2018年12月1日,日本国家级重要无形民俗文化遗产指定和选择情况见表2-9。

表2-9 日本国家级重要无形民俗文化遗产指定和选择情况

类别	种别	指定件数	选择件数	类别	种别	指定件数	选择件数
风俗习惯	生产生活	7	49	民俗艺能	神乐	35	67
	人生礼仪	6	15		田乐	25	44
	娱乐竞技	10	14		风流	35	123
	民俗知识	2	12		故事表演	5	8
	时令节庆活动	35	55		延年	7	14
	祝祭(信仰)	69	105		外来表演艺术	36	79
	其他	0	0		其他	16	36
民俗技术	生产生活	14	8				
	衣食住	2	1				
	其他	0	0				

资料来源:日本文化厅官网,见https://www.bunka.go.jp/seisaku/bunkazai/shokai/yukei_bijutsukogei/。

以选择的无形民俗文化遗产为对象，特别是有可能发生变化、衰退的文化遗产。关于这一点，计划通过影像和报告书进行记录，以确保记录的保存，见表2-10、表2-11。

表2-10　影像记录

地域	名称	分类	选择时间
福島県会津若松市冬木沢	冬木沢参りの習俗	风俗习惯	1999年12月3日
石川県	能登のキリコ祭り	风俗习惯	1997年12月4日
岐阜県	飛騨の絵馬市の習俗	风俗习惯	1998年12月1日
愛知県	愛知のオマント	风俗习惯	2004年2月6日
鳥取県、島根県	伯耆の荒神祭・出雲の荒神祭	风俗习惯	2009年3月11日
徳島県	阿波の襖カラクリの習俗	风俗习惯	1999年12月3日
香川県	讃岐の馬節供	风俗习惯	1996年11月28日
鹿児島県	薩摩の馬踊りの習俗	风俗习惯	2002年2月12日

资料来源：日本文化厅官网，见https://www.bunka.go.jp/seisaku/bunkazai/shokai/minzoku/mukei_kiroku/。

表2-11　制作报告书

地域	名称	分类	选择日期
青森県	青森县南部地方送虫	风俗习惯	2004年2月6日
秋田県北秋田市，北秋田郡上小阿仁村	阿仁地方的万灯火	风俗习惯	2005年2月21日
茨城県鹿嶋市	鹿島みろく	民俗艺能	2009年3月11日
長野県	下伊那的かけ舞	民俗艺能	1999年12月3日
静岡県、愛知県	东海地方的大凧揚げ习俗	风俗习惯	1992年2月25日
奈良県吉野郡大塔村	篠原舞	民俗艺能	1971年4月21日
鳥取県、島根県	山阴的大凧揚げ习俗	风俗习惯	1994年12月13日

续表

地域	名称	分类	选择日期
長崎县	五岛神乐	民俗艺能	2002年2月12日
長野县松本市	松本的ミチノクチ制作习俗	民俗习惯	1998年12月1日
大分县	大分的馒绘习俗	民俗习惯	1996年11月28日
大分县日田市	大原八幡宫米占卜行事	民俗习惯	1999年12月3日
青森县上北部おいらせ町上久保	气比神社的绘马市习俗	民俗习惯	2009年3月11日
長野县	伊那谷的八日行事1—3章 伊那谷的八日行事4—5章	民俗习惯	2011年3月9日
愛知县	尾张・三河花のとう1—3章 尾张・三河花のとう4—6章	民俗习惯	1996年11月28日
長崎县对馬市	命婦の舞	民俗艺能	1997年11月28日
群馬县吾妻郡高山村尻高	尻高人形	民俗艺能	1978年1月31日

资料来源：日本文化厅官网，见https://www.bunka.go.jp/seisaku/bunkazai/shokai/minzoku/mukei_kiroku/。

（一）重要无形民俗文化遗产的指定基准

重要无形民俗文化遗产的指定基准另有《重要无形民俗文化遗产的指定基准》，指定的基准如下。

1. 风俗习惯

符合以下任一项，且特别重要者：

（1）其由来与内容等能显示日本国民一般生活文化之特色，且为其中典型者；

（2）年中行事、祭礼、法会等举行的活动而能显示艺能之基础者。

2. 民俗艺能

符合以下任一项,且特别重要者:

(1)显示艺能的发生或成立者;

(2)显示艺能的变迁过程者;

(3)显示地方特色者。

3. 民俗技术

符合以下任一项,且特别重要者:

(1)显示技术的发生或者成立者;

(2)显示技术的变迁过程者;

(3)显示地方特色者。①

(二)无形民俗文化遗产的选择基准

无形民俗文化遗产的选择基准另有《应当进行记录的无形民俗文化遗产之选择基准》,选择的基准如下。

1. 风俗习惯

符合以下任一项,且具重要性者:

(1)其由来与内容等能显示日本国民一般生活文化之特色,且为其中典型者;

(2)年中行事、祭礼、法会等举行的活动而能显示艺能之基础者。

2. 民俗艺能

符合以下任一项,而特别重要者:

(1)显示艺能的发生或成立者;

(2)显示艺能的变迁过程者;

(3)显示地方特色者。

3. 民俗技术

符合以下任一项,而特别重要者:

(1)显示技术的发生或者成立者;

(2)显示技术的变迁过程者;

---

① 1954年日本文部省告示第156号,2005年改正。

（3）显示地方特色者。

4. 无形民俗文化遗产之中，虽不及前三项标准，但在理解重要有形民俗文化遗产的特质上特别有其必要者。

5. 符合前四项标准之他民族无形文化文化遗产，而与日本国民生活文化之关联特别重要者。①

（三）无形民俗文化遗产"指定"与"选择"的区别

与无形文化遗产一样，日本对于无形民俗文化遗产的项目名录制度有"指定"与"选择"的区别，经过对比分析研究，笔者认为主要有两点区别。

第一，从制度上来看，重要无形民俗文化遗产与选择无形民俗文化遗产的区别在于指定和选择的基准不同。第二，重要无形民俗文化遗产与选择民俗无形文化遗产的行政权力与行政资源也有所不同，见表2-12。

表2-12 重要无形民俗文化遗产与选择无形民俗文化遗产的行政权力区别

	重要无形民俗文化遗产	选择无形民俗文化遗产
行使者	指定／文部科学大臣	选择／文化厅厅长
保护团体的组成	法令未明文规定，但行政之需实际上存在	法令未明文规定，但行政之需实际上存在
记录	文化厅厅长认为有必要时可以自行实施；文化厅厅长对记录所有者可以给予公开之劝告	文化厅厅长可自行进行记录工作
公开	未规定	文化厅厅长可自行推动保存与公开等工作
培养传承者	未规定	未规定
补助	对地方政府或其他保护工作之适认者，可补助部分保存上所需费用；可补助文化遗产公开所需费用	记录的制作、文化遗产的保存与公开等所经费，中央可以对适认者提供部分经费的补助
提供建议或者劝告	可	未规定
解除	可	未规定

资料来源：黄贞燕《日韩无形文化财的保护制度》，台湾传统艺术总处筹备处2008年版，第129页。

---

① 1954年日本文化遗产保护委员会告示第59号。2005年改正。

四、"选定"与"指定"的区别

根据《文化遗产保护法》的规定,对文化遗产保存技术则进行选定,被评为"选定保存技术"的项目,需要把该技术记录下来,不涉及机密的记录文本、影像必须公开。日本为了保护选定保存技术,在制作记录和培养传承者的同时,还在对保持者、保存团体等进行的技术磨炼、传承者培养等事业上提供必要的援助。截至2018年12月1日,日本国家级文化遗产保存技术选定情况见表2-13。

表2-13 日本国家级文化遗产保存技术选定情况

类别	种别	选定件数
选定保存技术	有形	45
	无形	30
	有形·无形文化遗产有关系	3

资料来源:日本文化厅官网,见https://www.bunka.go.jp/seisaku/bunkazai/shokai/shitei.html。

(一)选定保存技术的基准

文化遗产保存技术的选定基准另有《文化遗产保存技术的选定与保持者及保存团体的认定基准》,指定的基准如下:

(1)有关有形文化遗产、有形民俗文化遗产(具体如文资法的民俗文物)之保存技术。指这些文化遗产之——

a)修理、复旧、复原、摹写、模造等之技术与技能;

b)修理所需之材料的生产、制造,用具的制作、修理等的技术与技能。

(2)无形文化遗产及无形民俗文化遗产之保存技术与技能。指这些表演或者活动中所使用之用具的制作、修理以及材料的生产、制造等技术与技能。[1]

从上述的基准可以看出选定保存技术分成依据有形的文化遗产与无形的文化遗产的保存与修理需要,分别规定保存技术的选定基准。

---

[1] 1950年日本文部省告示第166号。

(二)非遗"选定"与"指定"的区别

日本非遗体系中的无形文化遗产、无形民俗文化遗产和文化遗产保存技术是通过"指定""选择""选定"三种保护制度来区分保护的。前文已经分析了无形文化遗产与无形民俗文化遗产"指定"与"选择"的区别,现分析一下"指定"与"选定"的区别。

指定:主管机构对于已经被指定的无形文化遗产施行有关管理、保护、公开、调查等规制或支援。经指定的无形文化遗产所有者或者管理者,也被赋予不同的通知义务,而且由行政罚则或者刑事罪罚来确保其保护效力。

选定:主管机构可以对已经选定的文化遗产保存技术提供补助或者其他所需协助,同时经选定的文化遗产保存技术保持者或者管理者被赋予若干通知的义务。

也就是说,"指定"与"选定"的区别在于"两者的作用对象不同,补助与支援的内容不同,政府与地方的责权也不同。指定制度中,中央政府发挥主导和决定性作用;选定制度中,地方政府的积极性和贡献得到了较好的尊重"①。

五、选择非遗的保护手法——影音记录的目的及重要性

众所周知,没有被指定为重要无形文化遗产的项目,但具有重要意义、有必要予以记录和公开的,则被选择为"应该采取记录等措施的无形文化遗产",对于无形民俗遗产而言,则被选择作为"需要采取记录等措施的无形民俗文化遗产"。可见为了保护非遗,影音记录是一件有深刻意义的事情,不仅仅使用文字将其记录下来。非遗是广大群众在长期生产生活实践中形成并传承下来的,随着社会的变化而变化,无法像有形文化遗产那样原封不动地保存下来。②萧放在《健全非物质文化遗产保护体系是新

---

① 周超:《日本文化遗产保护法律制度及中日比较研究》,中国社会科学出版社2017年版,第74页。

② 俵木悟:「無形民俗文化財映像記録の有効な保存・活用のための提言」,国立文化財機構東京文化財研究所編『無形文化遺産研究報告1』,国立文化財機構東京文化財研究所無形文化遺産部,2006年。

时代非遗保护传承工作的关键》一文中也指出健全非遗保护传承工作体系包括完善记录体系。①此节将分析日本对非遗进行影像记录的目的与意义。

（一）影像记录制作的目的

在制作非遗项目的影像记录时最重要的是要明确制作目的。推进方法、摄影、编辑的手法等，根据目的不同而不同。目的的明确化是影响记录的大前提，如果目的不明确就很难预测以后如何利用作品。日本非遗的影像记录一般有三个目的。

1. 记录保存

保留非遗存在时的姿态，作为留给后世的资料而使用影像记录。如前所述，一方面，非遗具有与时俱进的特点，随着时代的变化而变化。另一方面，其独特的样式具有历史性或地域性的特点，作为了解百姓生活变化的重要因素，其被指定或选定为非遗。记录了当时百姓生活面貌的影像记录，可以为后世的人们了解前人生活文化的某个时刻的面貌提供珍贵的资料。向后世传达如此广泛的信息，比其他种类的记录更为重要，所以包括周边的事项在内，要尽可能广泛地进行多方面的记录，原则上要求在实际进行的时间或空间中，对全部演出项目及周边事象进行收录。②

2. 传承、培养继承者

帮助当地非遗的传承，特别是将影像记录作为教材用于培养后继者。非遗是从人到人，通过口传传承下来的。但是，这种传承一旦中断，若当事者们希望其复活，影像记录就会成为再现非遗的珍贵来源，为此关于用身体表现的"技能"，需要详细地记录。③另外在传承者的协助下，也应该在影像记录中反映一般与技艺本身同时被传达的知识，例如体现技艺的诀窍和用心等。

---

① 萧放：《健全非物质文化遗产保护体系是新时代非遗保护传承工作的关键》，载《中国非物质文化遗产》2021年第5期。
② 俵木悟：「無形民俗文化財映像記録の有効な保存・活用のための提言」，国立文化財機構東京文化財研究所編『無形文化遺産研究報告1』，国立文化財機構東京文化財研究所無形文化遺産部，2006年。
③ 俵木悟：「無形民俗文化財映像記録の有効な保存・活用のための提言」，国立文化財機構東京文化財研究所編『無形文化遺産研究報告1』，国立文化財機構東京文化財研究所無形文化遺産部，2006年。

3. 宣传、普及

通过观看影像记录，让更多的人对非遗产生兴趣和关心，进而培养人们重视对非遗的态度。与前两个目的不同的是，要更有效地发挥其作用必须考虑对视听者来说所呈现的效果，为此影像记录要有重点紧凑地归纳，为了促进理解有效地使用旁白、字幕、音乐等的方法。

但实际上以上的目的并不能被严格地区分，只是相对会有重点。记录者不能频繁地做记录，而是带着明确的目的去做记录。预算与制作时间有限，为了制作更好的影像记录，明确制作的主要目的是非常重要的。[①]

（二）非遗保护影音记录的重要性

在保护非遗时，记录是一个非常重要的手段。用影音来记录相对于其他的记录手法有一些好处，其中最重要的是，像身体的动作这样的视觉图像，可以根据时间的进展以"动作"的形式被整理和再现。另外，在画面的范围内不仅可以记录中心的"动作"，还可以同时记录周围的事物和背景。但是在保护的最开始时，当时的记录主要是在当地进行田野调查的基础上进行文书的记录。调查报告书的制作不仅是非遗保护制度的要求，作为以某种形式记录非遗的基础手法和技巧积累的作用也很大，现在也丝毫无损其重要性。[②]

关于影像记录，如果其制作的年代久远，可以说是珍贵的影像记录。但现在，人们对影像记录的质量要求有了很大的提高。因为以前的影像几乎都是用胶卷来记录的，考虑到制作成本，要寻求更高质量的内容是很困难的。随着连续摄影的时间长度、录音的清晰度、照相机的可移动性、编辑和复制的容易度、再生环境的普及度以及全部花费的成本等各种要求的提高，视频的出现对制作影像的方式产生了很大的影响。目前，互联网以及数字技术的发展使记录的手段越来越多，成本越来越低，为非遗的影音记录带来了更多的发展空间和发展机遇。[③]

---

① 国立文化財機構東京文化財研究所編：『無形の民俗文化財映像記録作成小協議会報告書「無形民俗文化財映像記録作成の手引き」』，国立文化財機構東京文化財研究所無形文化遺産部，2008年。

② 俵木悟：『文化財／文化遺産としての民俗芸能：無形文化遺産時代の研究と保護』，勉誠社，2018年，p.132。

③ 俵木悟：『文化財／文化遺産としての民俗芸能：無形文化遺産時代の研究と保護』，勉誠社，2018年，p.136。

第四节　日本非遗代表性传承人认定制度[①]

在日本非遗代表性传承人认定分为各个认定、综合认定和保持团体认定。可以看出日本的非遗代表性传承人认定分为个人和团体两种形式。日本的非遗分为三类：（狭义的）无形文化遗产、无形民俗文化遗产和文化遗产保存技术。[②]本节将从这三种分类的维度来研究日本非遗代表性传承人认定制度。之前学者对日本的非遗代表性传承人认定已进行大量的研究，故本书对日本非遗代表性传承人认定部分更偏重溯源研究。

一、无形文化遗产的代表性传承人（团体）认定

日本文部科学大臣在指定"重要无形文化遗产"的同时还必须认定重要无形文化遗产的"保持者"和"保持团体"。重要无形文化遗产"保持者"和"保持团体"的认定不实行申请制或者推荐制，而是由文部科学大臣站在全国的立场来进行认定。

无形文化遗产是指人的"技艺"本身，具体地说是由个人或个人的集体来体现的，无形文化遗产的保护及传承皆需要"人"。如果只有无形文化遗产的指定制度，则等于只宣告了无形文化遗产的重要性，而无法对其进行具体的保护，因此日本非遗保护制度规定，无形文化遗产指定的同时必须认定保持者或者保持团体。

认定重要无形文化遗产的"保持者"和"保持团体"有以下三种认定方式：各个认定、综合认定和保持团体认定。[③]对能够体现高度技能的个人进行认定，称为"各个认定"，"拥有个人认定荣誉的大师们经常被媒体称为'人间国宝'，但这一称谓在《文化遗产保护法》中并不存在，法

---

① 本节的部分内容已发表，参见刘洋《日本非物质文化遗产的传承与保护经验》，载宋俊华编《中国非物质文化遗产保护发展报告（2019）》，社会科学文献出版社2020年版。
② 宫田繁幸：「日本の無形文化遺産と無形文化遺産保護条約」，国立文化財機構東京文化財研究所無形文化遺産部编『無形文化遺産の保護：国際的協力と日本の役割』，国立文化財機構東京文化財研究所無形文化遺産部，2001年。
③ 根据日本文化厅官网资料翻译而成（https://www.bunka.go.jp/seisaku/bunkazai/shokai/mukei/）。

律认定的正式名称为重要无形文化遗产保持者"①。对两人以上成为一体共同表现的技能保持者进行认定,称为"综合认定";"对技艺表现上缺少个人特征,且属多人共同表现从而形成一体感的整体技能保持者进行认定"②,称为"保持团体认定"。很多艺能往往是由两人或两人以上成为一体而体现的,因此日本政府对艺能领域采取"综合认定"的方式认定他们为非遗的保持者。由于工艺技术和保存技术往往并不必然由两人或两人以上同时完成,某些行当的个人色彩或者风格较为淡薄,且保持此技能的人数较多,因此在工艺技术和保存技术领域几乎没有综合认定,日本政府对以这些成员为主构成的团体进行"保持团体认定"。日本法律上将"综合认定"和"保持团体认定"都归为"团体认定"(见表2-14)。③

表2-14 重要无形文化遗产保持者·团体的认定方式

区分	认定对象
各个认定	能高度体现被指定为重要无形文化遗产的艺术者或高度掌握工艺技术者
综合认定	两人以上的人成为一体高度体现演艺的情况,或者两人以上的人高度掌握共同特色的工艺技术的情况下,这些人构成的团体的成员
保持团体认定	在艺能或工艺技术的性质上个人特色薄弱,且持有该艺术或工艺技术的人数较多的情况下,以这些成员为主构成的团体

资料来源:根据日本文化厅官网翻译而成,见https://www.bunka.go.jp/seisaku/bunkazai/shokai/mukei/。

1950年《文化遗产保护法》制定时,第67条做了如下规定:对于无形文化遗产中价值特别高、国家不保护就有可能衰亡的,委员会应对被认定为适当的保存者给予补助金,或者采取资材等适当的补助措施。1951年5月发布的《应采取补助等措施的无形文化遗产的选定基准》④中的分类如下:

(1)艺能:音乐、舞蹈、演剧,除此之外还有,如雅乐、舞乐、声

---

① 冯彤:《日本非物质文化遗产传承人制度》,载《民族艺术》2010年第1期。
② 冯彤:《日本非物质文化遗产传承人制度》,载《民族艺术》2010年第1期。
③ 周超:《日本文化遗产保护法律制度及中日比较研究》,中国社会科学出版社2017年版,第70页。
④ 「助成等の措置を講ずべき無形文化財の選定基準」。

明①、能乐、狂言、人形芝居、歌舞伎、琵琶、尺八②、净琉璃、地呗、三曲、长呗、端呗、民谣、乡土艺能、民间传承·行事③等。

（2）工艺技术：漆工、金工、竹木工、染织、陶瓷器、建筑，除此之外还有描金画、象嵌、铜镜、甲胄、日本刀、装等具、截金、砂子、木画、工具、和纸、版画、唐组、和染、人形、玩具、辘轳、釉药、上绘付、七宝、规矩术等。

1952—1954年一共进行了5次选定，共选定56项无形文化遗产，此处仅列出部分无形文化遗产为例（见表2-15）。

表2-15 1952—1954年选定的部分无形文化遗产

艺能	工艺技术	
文乐（人形净琉璃文乐）	漆艺	河面冬山
阿伊努族古式舞蹈	江户小文	小宫康助
八户丰收祭	小千古缩	小千古缩步技术保存会
毛越寺延年	伊势型纸	六谷纪久男他
大日堂舞乐	乌梅	井尾浅次郎（乌梅制造）
黑川能	规矩术	吉田种次郎（规矩术近世规矩）
谷地的舞乐	备前烧	金重陶阳
野马追	日本刀	高桥金市
远山祭（远山霜月祭）	京友禅	田端喜八、上野为二
祇园祭		
春日若宫例祭神事艺能		
壬生大念佛（壬生狂言）		
曳山狂言（曳山祭的曳山行事）		

资料来源：日本东京大学大学院人文社会系研究科文化资源学研究专攻松田阳副教授提供。

---

① 指做法会时僧人赞唱佛的声乐。
② 前四孔后一孔的竖笛。竹管儿标准长度为一尺八寸（约55厘米）。前有四个孔，后有一个孔。
③ 乡土艺能和祭礼行事已更新为无形民俗文化遗产。

1954年,《文化遗产保护法》进行了第一次更新,其中第56条的3规定:"委员会可以将无形文化遗产中重要的项目指定为重要无形文化遗产。委员会根据前款规定指定时,必须认定该重要无形文化遗产的保持者。"1954年随着法律的修订,表2-15中56项选定的非遗全部无效。1955年,重要无形文化遗产的指定和保持者进行了第一次认定(如图2-4所示)。

图2-4 1955年2月16日《朝日新闻》刊登非遗第一次认定的新闻

截至2021年10月1日,日本国家级重要无形文化遗产认定情况见表2-16。

表2-16 日本国家级重要无形文化遗产认定情况

类别	各个认定[①]	综合认定	保持团体认定
艺能	52(52)	14	—
工艺技术	58(57)	—	16
合计	110(109)	14	16

资料来源:日本文化厅官网,见 https://www.bunka.go.jp/seisaku/bunkazai/shokai/shitei.html。

二、无形民俗文化遗产的保护团体

根据日本《文化遗产保护法》的规定,文部省科学大臣可以将无形民

---

① 保持者有重复认定的情况,括号内为实际人数。

俗文化遗产中特别重要者指定为重要无形民俗文化遗产。与重要无形文化遗产相比较，重要无形民俗文化遗产被指定时没有设置保持者或保持团体的认定制度。

1975年，文部省对《文化遗产保护法》进行了修订更新，增加了民俗文化遗产这一类别，包含有形民俗文化遗产和无形民俗文化遗产。同年9月30日，文化厅次长向各都道府县教育委员会发布的通知对无形民俗文化遗产的认定做了如下说明："无形的民俗文化遗产，有衣食住、农事、信仰、全年活动等的风俗习惯和民俗艺能，这些都是与国民生活密切相关的，认定无形文化遗产的保持者是不符合实际情况的，所以决定不采取重要无形民俗文化遗产的保持者或保持团体的认定制度。"[①]

综上所述，依据法令指定无形民俗文化遗产时不需要认定保持者或者保持团体。这是因为民俗的传承者往往是一个地域社会或者村落的整体，不应该具体地落实到某些个人或者团体。然而由于无形民俗文化遗产与无形文化遗产一样，都需要以"人"为媒介，另外相关保护行政也需要具体的施行对象，因此实际上虽然新的重要无形民俗文化遗产没有保持者或者保持团体制度，但是在指定重要无形民俗文化遗产的同时也会登出保护团体。

三、文化遗产保存技术的代表性传承人（团体）认定

根据1975年修订的《文化遗产保护法》，文部科学大臣可以选定为保存文化遗产所必需的传统技术或技能来采取保存措施，并于1976年第一次认定文化遗产保存技术保存者及保存团体，见表2-17。

表2-17 1976年第一回选定保存者

选定技术	选定者	备注
规矩术（古式规矩）	竹原吉助	1986年解除
漆工品修理	北村大通	1992年解除
漆工品（螺钿）修理	片冈华江	1977年解除

---

① 文化厅次长向各都道府县教育委员会发布的通知，1975年9月30日。

续表

选定技术	选定者	备注
甲胄修理	牧田三郎	1993年解除
表具用手漉和纸（宇陀纸）制作	福西虎	1978年解除
能乐太鼓（革）制作	木村幸彦	
能乐管乐制作修理	菊田束穗	1988年解除
	山田仙太郎	1996年解除
	福田泰彦	2004年解除
文乐人形（首）制作修理	大江巳之助	1997年解除
漆刷毛制作	泉清吉（八代目）	1987年解除
手漉和纸用具（纱）制作	山崎鹤龟	1989年解除
建造物修理及建造物木工	文化遗产建造物保存技术协会	
桧皮茸·柿茸	全国社寺等屋根工事技术保存会	
木造雕刻修理	美术院	
日本漆生产·精制	日本文化遗产漆协会	
手漉和纸用具制作	全国手漉和纸用具制作技术保存会	

资料来源：根据日本官网数据统计而成，见https://kunishitei.bunka.go.jp/bsys/categorylist?register_id=304。

截至2021年10月1日，日本国家级重要无形文化遗产认定情况见表2-18。

表2-18　日本国家级选定技术保持情况

选定件数	保持者	保持团体
77	53	39（34）[①]

资料来源：日本文化厅官网，见https://www.bunka.go.jp/seisaku/bunkazai/shokai/shitei.html。

---

① 保持者有重复的情况，()内为实际人数。

小　结

　　2003年，联合国教科文组织颁布《非遗公约》后，日本官网将"intangible cultural heritage"翻译为"無形文化遺産"，即非遗。日本官方将非遗分为三类：（狭义的）无形文化遗产、无形民俗文化遗产和文化遗产保存技术。随着"近代遗产""产业遗产""近代产业遗产"这些语言的普及，近些年来，《文化遗产保护法》倾向于将新事物确定为文化遗产。例如，增加新的类型和重要文化遗产指定的年份距今越来越近等。

　　日本非遗体系中的（狭义的）无形文化遗产、无形民俗文化遗产和文化遗产保存技术是通过"指定""选择""选定"三种保护制度来加以保护的。在国家级的保护制度中，登录制度基本不涉及非遗，但因为可以活用，有较多的弹性和变通性，为了提高普通群众对文化遗产的关心度，地方级的名录中非遗也可以进行登录。

　　根据指定基准中的第二条，"前项艺能（工艺技能）之成立、构成上的重要要素之技法中特别优秀者"也可以被指定为重要无形文化遗产。以艺能为例，也就是说艺能相关的指定对象包括艺能本身与其构成上的相关技法。如歌舞伎整体被指定为国家重要无形文化遗产，歌舞伎"构成上的重要要素"，女方、长呗等也可以单独被指定为重要无形文化遗产。

　　另外，日本《文化遗产保护法》中未见重要无形文化遗产的指定要件这一规定，但是实际上为了使保护明细化，有时有必要在被指定的对象上附加一些条件。如歌舞伎中演员的表演方式、舞台、音乐、服装等都积累了具有艺术价值的、典型的做法，这些被称为歌舞伎的"型"。"形"则是允许个别保持者诠释的部分。因此，针对歌舞伎传统的典型表演形式开始变化的情形，为了让具有传统艺术价值的"型"能保存和传习下去，日本政府在指定歌舞伎为重要无形文化遗产时同时附加了指定要件。

　　日本对非遗的体现者或者团体予以认定，主要包括各个认定、综合认定、保持团体认定三种形式，被认定的非遗传承人或者团体负有传承、普及和发展该项非遗的义务。日本重要无形文化遗产的认定不实行申请制或者推荐制，而是由文部省科学大臣站在全国的立场来进行认定。无形民俗文化遗产的传承者往往是一个地域社会或者村落的整体，不应该具体地落实到某些个人或者团体，因此在日本重要无形民俗文化遗产没有非遗传承人或者团体认定制度。1975年，根据《文化遗产保护法》的修订，文部科学大臣可以选定为保存文化遗产所必需的传统技术或技能来采取保存措施，并认定其非遗传承人或者团体。

实践证明，非遗代表性项目名录制度和非遗代表性传承人认定两个制度对非遗保护工作具有重要的作用。我国的非遗与日本的非遗在范围与分类上都不相同，但日本地方级对非遗登录制度的活用、指定重要无形文化遗产时的附加指定要件、"构成上的重要要素"也可以单独被指定为重要无形文化遗产、非遗代表性传承团体认定等仍值得我国借鉴和学习。我国应借鉴日本的先进经验，立足于我国国情，尝试对我国的非遗保护制度进行完善。

第三章

日本非遗保护的经济策略

2003年,联合国教科文组织颁布的《非遗公约》所规定的"保护"的性质是对文化遗产进行行政保护,要求"各缔约国应该采取必要措施确保其领土上的非物质文化遗产受到保护"[1],这些措施包括"适当的法律、技术、行政和财政措施"[2]。从上述中可以看到,除了建立名录体系、传承人认定等保护制度之外,设立专项资金确保非遗的保护也是非常必要的。日本对非遗的资金扶持非常有特色,如日本被欧美各国称赞为"企业赞助艺术文化的大国"。在经济政策方面,从文化遗产活用的实践中探索出"日本遗产"认定制度和活用文化遗产开展观光等。对非遗的资金扶持与文化遗产活用也是相辅相成的,日本政府对非遗的活用也进行资金扶持,相对应地活用带来的经济效益又促使政府投入更多的资金支持非遗的保护。

---

[1] 联合国教科文组织:《保护非物质文化遗产公约》第十一条第一项,2003年。
[2] 朱兵:《〈中华人民共和国非物质文化遗产法〉的主要内容与制度解读》,载《中国非物质文化遗产》2021年第1期。

第一节　对非遗的资金扶持政策

一、扶持程序及扶持者

在日语中对艺术文化的资金扶持叫作"助成事业","助成"意为援助、支援、资助、推动。日本对非遗最大的扶持主要在艺术文化上。对艺术文化的扶持最早可以追溯到江户时代。除了政府,日本民间企业对艺术文化的资金扶持在世界上有着史无前例的经验,欧美各国称赞日本为"企业赞助艺术文化的大国"。

（一）扶持程序

1999年日本文部科学省发布的《为振兴文化的助成》第四条78号、第十九条以及2017年《文化艺术基本法》第六条"政府为了实施有关文化艺术的政策,必须采取必要的法制上、财政上或税制上的其他措施"的规定成为日本企业对非遗进行资金扶持的依据。在"艺术文化"的总括中,设置了创造活动、充实鉴赏机会、剧场/音乐讲堂的活性化、地域活性化、国际交流、日本电影振兴、媒体艺术振兴、新进艺术家等的培育、文化艺术活动在大学的活用、儿童的培育等各种各样的项目,日本对艺术文化的资金扶持大体包含以上项目。

日本对艺术文化扶持的框架是体系化的,为了实现目的就会有相应的程序,在日语中被称为"助成プログラム"。与基于公共政治相关的法律在预算的基础上开展对策一样,根据覆盖该领域的法律、组织的规定、经济的规定、经济条件、社会动向等进行资金扶持的企划开发和实施。一般情况下,资金扶持程序的基本框架有以下要素:题目、宗旨、目的;对象领域、对象者、对象的活动;募集时间、资助对象期间;资助的内容、资助金额;选考办法、选考基准;申请流程、申请条件(资格);预期成果、成果报告流程。①

（二）资金扶持者

日本的非遗资金扶持者主要由文化厅、自治体，其他政府机构如外务省、总务省以及民间企业和财团组成。其中日本民间企业对艺术文化的资金扶持有着世界领先的经验，现在在日本以公益社团法人的形式致力于对艺术文化的扶持。

1. 政府机构

（1）文化厅。

对艺术文化的资金扶持中最大规模的是文化厅。文化厅实施着约200亿日元（2018年预算）规模的补助，承担着对能够直接拉动日本艺术文化水平的高艺术性活动的财政支持。

（2）自治体。

2001年颁布的《文化艺术振兴基本法》的第四条规定了文化振兴是地方公共团体的责任和义务，所以日本各都道府县市町村制定了文化艺术振兴条例。自治体在运营自主事业、表彰事业、文化设施等的同时，也开展了对艺术文化的资金扶持。但是由于经济低迷、生产年龄人口减少等，自治体的税收持续减少，无论是哪个自治体都在为获得资金扶持而努力确保财源。与国家相比，自治体无论是在资金扶持总额上还是每个项目的资金扶持金额上，规模都很小，但这是扎根于地域的项目内容，是当地艺术文化相关行政必须具备的扶持制度。自治体也有本身不直接进行资金扶持，而是设立以振兴文化为目的的财团，向财团提供资金进行扶持制度的情况。

（3）其他政府机构。

由外务省管辖运营的独立行政法人国际交流基金是以与海外的文化交流事业为支柱，1994年由总务省管辖以全国自治体的捐款和彩票收益等为财源设立的财团法人，以振兴文化、艺术来创造性发展地区为目的，支援自治体的艺术文化活动，包括公立设施的运营和人才的培育等。具体来说，在"地区文化艺术活动助成事业"的框架下，通过创造、合作、研

---

① 若林朋子：「進化を迫られる芸術文化助成：可能性と諸課題」，小林真理编『文化政策の現在3』，東京大学出版会，2018年，pp.53-54。

修、公立文化设施活性化计划等各项目开展了资金扶持。

2. 民间企业与财团

（1）民间企业。

日本民间企业对艺术文化进行资金扶持在世界上有着领先的历史。早在20世纪初，企业和企业家们就已经开始着手对艺术文化进行资金扶持了。在企业这一组织形式诞生之前，江户时代商人就对文化振兴做出了贡献。1990年，社团法人（现在称为公益社团法人）企业赞助协会诞生，很多企业开始致力于艺术文化振兴，不分企业规模、金额、类型，不分地区，开展了多种多样的活动，欧美各国称赞日本为"企业赞助艺术文化的大国"。

最多的支援方法是资金支援。在"企业赞助活动实况调查"中得出资金支援的具体方法大部分是赞助、捐赠、会费（加入法人会员制度），只有少数几个企业有制度化的支援制度。①

（2）财团。

财团法人对艺术文化的资金扶持，根据其设立主体的不同，其活动也具有不同的特点。公立财团的特点是：第一，以地区为主的艺术文化活动和以当地艺术家为对象的支援较多，支援者和接收者的距离较近。对艺术团体和艺术家来说，财团作为宝贵的筹集来源对于地区而言必不可少。第二，由于财源是税金，是根据相关条例来运营的，基于公平性和向市民说明的责任，所以很难实现项目的助成。另外，从设置主体开始到完全独立的运营是很艰难的，有时母体的政策意图、预算状况、议会决定也会妨碍财团的稳定助成事业的实施，公立财团单独难以描绘未来的政策展望。②

民间财团的设立主体无论是企业还是个人，都倾向于在保持独立性的同时进行稳定的资金扶持。个人财团自不必说，企业财团为了与企业主体分离，独自进行艺术文化振兴而设立，很难直接被母体企业的经营方针所左右，因此能够长期运转，也积累了专业性，容易产生有独特色彩的方案。公立财团和民间财团的共同之处是，专门用于扶持事业的"支援财团"并不多。20世纪90年代初，文化厅作为带头人奖励民间艺术文化助成财团的设立，目前新设立的财团并不是很多，与海外的主要财团相比，民

---

① 若林朋子：「進化を迫られる芸術文化助成：可能性と諸課題」，小林真理編『文化政策の現在3』，東京大学出版会，2018年，p.63。

② 若林朋子：「進化を迫られる芸術文化助成：可能性と諸課題」，小林真理編『文化政策の現在3』，東京大学出版会，2018年，p.58。

间财团的支援总额和专门职的数量都是小规模的。①

（三）艺术文化振兴基金

本部分将以艺术文化振兴基金为例来研究日本对非遗传统艺术领域扶持的操作流程。为了让所有的国民都能亲近文化艺术，通过自己的双手创造新文化，营造良好的环境，强化文化基础，1990年3月，日本创设了艺术文化振兴基金，展开了对非遗传统艺术领域的扶持事业。从2009年开始，文化厅的文化艺术振兴费补助金以艺术团体为对象的事业移交给振兴会与艺术文化振兴基金一起进行运用。该基金以日本政府出资的541亿日元和民间出资的146亿日元，共计687亿日元为原资，以其运用利润作为对文化艺术活动的补助，从出资的数量也可以看出日本民间企业对艺术文化支援的力度（如图3-1所示）。2010年，日本政府提供日本艺术文化振兴会的经费为20亿日元，其中9.2亿日元给国家剧院，可见官方对扶持传统艺术文化的重视。

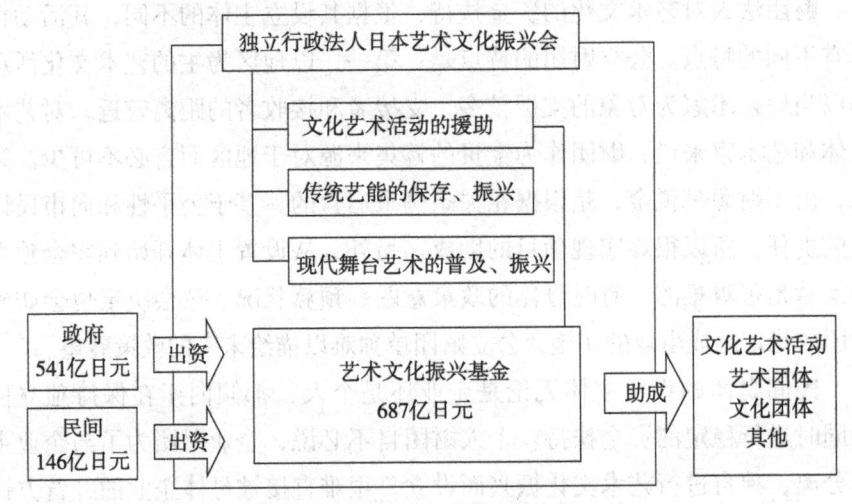

图3-1　日本艺术文化振兴基金出资情况

（资料来源：根据日本艺术文化振兴基金官网翻译而成，见https://www.ntj.jac.go.jp/kikin/about/top.html）

1. 艺术文化振兴基金的扶持事业

在文化为社会做出贡献日趋增加和经济活动中民众对文化的作用关心

---

① 若林朋子：「進化を迫られる芸術文化助成：可能性と諸課題」，小林真理編『文化政策の現在3』，東京大学出版会，2018年，p.59.

度高涨的背景下，1989年12月，财界相关人员和艺术文化相关人员组成了"艺术文化振兴基金推进委员会"。1990年3月，日本《国立剧场法》的部分条文被修改，根据相应的条文，日本创立了艺术文化振兴基金。艺术文化振兴基金旨在让所有国民都热爱艺术文化，从创造新文化环境和强化其基础的观点出发，对艺术家和艺术团体的艺术创造或普及而进行的活动以及其他文化的振兴或普及，持续稳定地进行扶持。

2. 基金审查流程

日本艺术文化振兴会为了合理地发放扶持补助金，设立了艺术文化振兴基金运营委员会，该委员会由对艺术文化有广泛了解和高见的15名委员组成，设立分领域的4个部门和14个专业委员会，并根据各个领域的现状及特点进行扶持项目的审查，审查流程如图3-2所示。

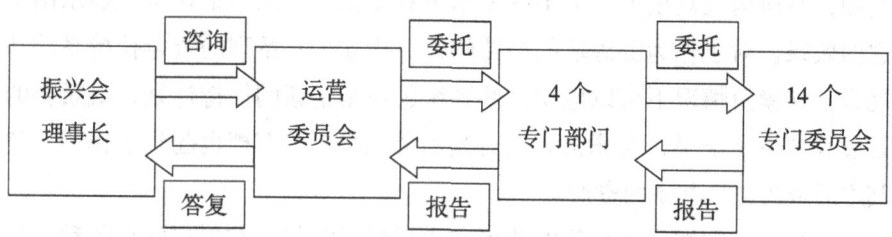

图3-2　日本艺术文化振兴基金审查流程

（资料来源：根据日本艺术文化振兴基金官网翻译而成，见https://www.ntj.jac.go.jp/kikin/about/top.html）

"振兴会理事长向运营委员会咨询扶持的对象活动，据此从运营委员会到4个专门部门，再到专门委员会依次进行调查审议的委托。专门委员会审查补助金交付要求书，通过专门委员的书面审查以及合议来选定扶持的对象活动。根据专门委员会的审查结果，4个专门部门会对通过的扶持对象活动及金额进行审议，并将结果报告给运营委员会。运营委员会进行慎重的审议后决定该年度的扶持对象活动和金额，并汇报给振兴会理事长。最后根据运营委员会的汇报结果，振兴会理事长决定扶持对象活动及金额，被采纳的扶持对象活动则根据《艺术文化振兴基金助成金交付纲要》和《文化艺术振兴费补助金的助成金交付纲要》规定的手续领取补助金。"[①]

---

① 资料根据日本艺术文化振兴基金官网翻译而成，见日本艺术文化振兴基金官网（https://www.ntj.jac.go.jp/kikin/about/top.html）。

二、专项资金扶持的重要性与意义

　　日本对文化艺术的资金扶持是一系列程序所决定的制度，其中也包括成果的验证。不仅要对个别补助金进行评价，还要对制度设计本身进行验证。验证是否达到了扶持目的，是否存在政策内容的问题，并考虑如何将结果运用到下一次资金扶持的评价工作中。但是也存在没有回顾纳入事业周期的资金扶持制度和作为定点观测的验证工作的年度报告书。入场人数和认知度等的定量评价指标、经济波及效果、短期视点的费用与效果验证、观光（交流人口的增加）政策的效果测定等，商业性的艺术文化事业更容易留下显而易见的验证结果。虽然不像商业性事业那样华丽，但对非营利性艺术文化的资金扶持却有可能带来与评价指标所要求不同的成果。例如，在所谓大规模灾害的不测事态中对文化艺术的资金扶持就显示出了它的效果。对于作为资源块的扶持团体，确立了一系列的资金扶持系统和规定，在紧急情况下可以应用这些系统迅速制定新的扶持计划，最重要的是过程留下了记录，在非常时期对艺术文化状况的存档也起到了作用，使其之后成为可以共享的资产。[①]

　　经过长时间继承和积累的艺术文化超越了时代，在现代社会各种各样的场合成了社会资本，这是有助于旅游、外交、教育、国际交流、地区活用、产业复兴等多个领域发展并带来创造性附加价值的要素。作为社会资本的艺术文化，既有不花时间就形成市场的商业性艺术文化，也有即使得到了很高的评价但由于在结构上不符合市场原理而无法带来收益的艺术文化。相对于以娱乐为代表的商业性艺术文化，后者被区分为非营利性艺术文化。在公共政策方面，多年来一直反复强调着艺术文化的社会意义和必要性。虽然目的和手法不同，资金扶持的目的是将现状变成更好的状态，为该领域和社会的发展做出贡献。如果没有专项资金扶持，作为公益性社会资本，能够对社会发展做出贡献的非营利性艺术文化就会消失，资金扶持的社会意义就在于此，用公共资金扶持艺术文化的理由也在于此。[②]

---

　　① 若林朋子：「進化を迫られる芸術文化助成：可能性と諸課題」，小林真理編『文化政策の現在3』，東京大学出版会，2018年，p.64。

　　② 若林朋子：「進化を迫られる芸術文化助成：可能性と諸課題」，小林真理編『文化政策の現在3』，東京大学出版会，2018年，p.66。

第二节　文化遗产经济活用政策[①]

上一节研究了日本政府与民间对非遗的资金扶持，文化艺术的保护与传承仅仅依靠政府和民间设立专项资金是远远不够的。从20世纪90年代开始，日本经济增长缓慢，人口过疏化、少子高龄化、就业困难等一系列社会问题日趋严重。文化遗产政策制定人员逐渐认识到文化遗产除了具有历史性、艺术性、学术性、鉴赏性价值之外，还蕴含可以激发地域的自豪感和认同感的社会价值，以及促进产业复兴、观光振兴的经济价值。因此，在2018年的日本第196次国会中，日本再一次修订了《文化遗产保护法》（2018年号外法律第42号），并于2019年4月1日开始施行。此次《文化遗产保护法》是为了将有形、无形的文化遗产活用在城市建设中，在地区社会的基础上进行其传承而修订的，目的是促进地区文化遗产的计划性保存活用以及强化地方文化遗产保护行政的推动力。从规定中可以看出日本政府对非遗的活用也进行资金扶持，相对应地，活用带来的经济效益又促使政府投入更多的资金支持文化遗产的保护。

一、日本文化遗产的活用理念

在2018年修订的《文化遗产保护法》公布前，日本主要媒体对其进行了大量的报道，见表3-1。

表3-1　2018年3月6日至6月8日部分有关文化遗产保护法修订的新闻报道

时间	媒体	新闻报道标题
3月6日	日本经济新闻	《活用文化遗产振兴地域——保护法修正案的确定》
4月1日	每日新闻	《〈文化遗产保护法〉的大幅度修改——保存和活用的人才培养》
4月17日	神户新闻	《文化遗产的活用——在地区精心保护的同时》
4月29日	西日本新闻	《〈文化遗产保护法〉——要好好利用才能活用》

[①] 本节的部分内容已发表，参见刘洋、[日] 松田阳《经济振兴与日本文化遗产的活用思路》，载《文化遗产》2021年第2期。

续表

时间	媒体	新闻报道标题
5月27日	京都新闻	《文化遗产数量庞大——虽说是活用,但修改法案令京都自治体困惑》
6月1日	产经新闻	《〈文化遗产保护法〉修改成立 地方访日外国人增加——农村山村渔村也成为观光资源》
6月2日	朝日新闻	《对文化遗产活用进行法律的修改》

从媒体报道的标题中可以看出日本文化遗产保护进入了活用的时代。乍一看,可能会觉得这是非常令人信服的主张,即使是再重要的文化遗产仅靠保存也不能充分发挥作用,为了让更多的人认识到文化遗产的价值,应该把重点放在文化遗产的有效利用上,这才是有益于社会的文化遗产应有的面貌。日本《文化遗产保护法》第一章总则第一条对本立法的目的也规定:

> この法律は、文化財を保存し、且つ、その活用を図り、もつて国民の文化的向上に資するとともに、世界文化の進歩に貢献することを目的とする。①

中文翻译为"为加强对文化遗产的保存,并充分活化利用其价值作用,以助力国民文化素质的提升,同时也促进世界文化的进步,特制定本法"。其中"活用"为充分活化利用文化遗产价值的意思。

(一)日本文化遗产从"保存"到"保护"的改变

日本《文化遗产保护法》从着手开始制定到颁布,中间经过了几次修订,根据内容的修订其名称也经过了三次改变:第一次提名为《国宝保存法》;第二次提名为《文化遗产保存法》;第三次提名以及以后一直被确定为《文化遗产保护法》。

日本《文化遗产保护法》把"国宝"变更为"文化遗产"是因为法律的对象除了国宝,还有重要文化遗产、史迹名胜天然纪念物、无形文化遗

---

① 日本《文化遗产保护法》(2018年6月8日号外法律第42号)第一章总则第一条立法目的,见https://elaws.e-gov.go.jp/document?lawid=325AC1000000214。

产等内容的扩充，而把"保存"变更为"保护"是因为在《文化遗产保护法》中除了规定文化遗产的保存，文化遗产的活用相对以前占比更重，对法律实体而言，"保存"这个术语是狭隘的，同时为了表达由政府、地方公共团体、国民的一致努力去保护文化遗产的基本意图，得出了采用"保护"这一表现是适当的结论，所以第三次提名为"文化遗产保护法"。[①]综上可以看出，日本文化遗产保护对象包括物遗和非遗，"保护"的含义为"保存"加上"活用"。

（二）日本文化遗产活用思路的改变

到目前为止，日本对文化遗产的保护一直都是"保存"和"活用"一起进行的，即保护等于保存加上活用，其实改变的是对"活用"的认识。无论是物遗还是非遗，因为两者存有文化的共性，所以在文化遗产的活用方面，日本政府往往采取两者兼顾、总揽全局的策略。从日本政府发布的一系列文件来看，其对物遗和非遗的"活用"大体经历了三个阶段的变化。

1. 公开、普及、教育

早在1897年的日本《古社寺保存法》第7条就规定了古社寺有在公立博物馆进行公开展示国宝的义务。1929年的日本《国宝保存法》第7条也规定了国宝所有者有在国立博物馆或者美术馆进行国宝展示的义务。

1959年，文化遗产保护委员会举办的文化遗产指导者讲习会上冈田孝平提到"关于活用，从一开始就涉及了各种各样的点，不管怎么说，公开是活用的第一要素"[②]。从这个时候的政策文件来看，公开、普及、教育是文化遗产保护活用的第一要素。1960年，文化遗产保护委员会编写的《文化遗产保护的发展》一书第八章提出文化遗产的活用为普及和公开，具体措施包括六个方面。①发行刊物：国宝图册、文化遗产目录、文化遗产要览、机关报、文化遗产学习指导书；②制作影片：幻灯片制作、电影制作、电影出租；③开办文化遗产指导者讲习班；④设立文化遗产保护强调

---

① 日本文化財保護委員会編：『文化財保護の歩み』，文化財保護委員会，1960年，pp.104-105。
② 日本文化財保護委員会編：『開かれた時代別文化財指導者講習会について岡田孝平（前文化財保護委員会事務局長）の講演録』，文化財保護委員会，1960年，p.17。

周；⑤设立文化遗产防火日；⑥举办海外日本古美术展览会。①

博物馆是为国民提供接触文化遗产、亲近文化遗产机会的场所。为了促进国宝、重要文化遗产的公开，制定相关支援方案，这一阶段日本政府主要是促进国内博物馆资料的相互利用及博物馆活动的活性化，利用多种手段积极进行公开，增加国民亲近文化遗产的机会。到1990年为止，日本文化遗产的活用以"公开、普及、教育"为目标，其背后的想法是通过公开，让普通人也认识到文化遗产指定、选定、登录所依据的历史性、艺术性、学术性、鉴赏性等价值。

2. 应用于城市建设

政策制定人员逐渐认识到文化遗产还蕴含可以激发地域的自豪感和认同感的社会价值。人们在发现地域魅力的时候会考虑风景与景观的美丽、历史性以及传统文化的传承性等各种各样的侧面，在这种情况下文化遗产在地域建设中起着很大的作用，文化遗产作为地域的骄傲，是地域建设的核心。作为地域活用方案，利用地区传统文化打造有魅力的地区的构想受到了重视。

1994年，日本文化保护企划特别委员会刊发的报告《根据时代的变化文化遗产保护措施的充实和改善》提出，现行的文化遗产保护法的目的是"加强对文化遗产的保存，充分发挥其文化价值作用，有助于提升国民文化素质"。②在传统的文化遗产保护行政管理中，文化遗产保护的重点一直放在保存。在努力加强活用文化遗产的措施的同时，国民以熟悉的地区为中心参加博物馆的学习、传统艺术的欣赏和表演、传统的文化活动、保存街道和恢复历史建筑等这些活用文化遗产活动的热情正在迅速高涨，政府需要积极应对国民对文化遗产的各种要求。因此提出文化遗产活用的推进措施为：增加文化遗产与国民亲近的机会、修复历史遗迹及复原渐渐消失的历史建造物、调整地域活性化政策及文化遗产相关产业振兴措施、建构文化遗产信息系统。

1998年，日本文化厅发布的《文化振兴的基本计划——为实现文化立

---

① 日本文化財保護委員会編：『文化財保護の步み』，文化財保護委員会，1960年，p.351。
② 日本文化保護企画特別委員会編：『時代の変化に対応した文化財保護政策の改善充実について—報告—』，文化保護企画特別委員会，1994年7月15日，p.2。

国》这一文件中的"文化遗产公开与活用的推进"一节提出可以利用被指定为国宝、重要文化遗产和登录为文化遗产等的建筑物、历史性村落、街道、史迹、民俗艺能和民俗文化遗产等进行城市建设推进活用。①

2001年11月16日，文化审议会文化遗产分科会企划调查会发布的《文化遗产的保存、活用的新展开——为了将文化遗产活用到未来》中，"第二文化遗产的保存、活用今后的努力"中"Ⅱ文化遗产的公开、活用的推进"的"4文化遗产有效利用的地域建设"是这样写的：

> 人们在发现地域魅力的时候，会考虑风景、景观的美丽、历史性等各种各样的侧面，但在这样的情况下，文化遗产在地域建设中起着很大的作用。文化遗产作为地域的骄傲，是地域建设的核心，作为观光资源，从新的角度重新审视，也是传统产业复兴的好机会。各地要认识到文化遗产在推进魅力地区建设中的作用，同时积极推进以地方公共团体为主体的文化遗产地区建设。例如，有必要考虑推进包括周围环境在内的综合理解文化遗产的"生活·环境博物馆"构想。②

通过文化遗产的活用来进行地域建设的必要性，可以说是继承了文化振兴总体规划的想法。但值得注意的是，这里明确表明了将文化遗产重新定位为"观光资源"的可能性。可以说，这暗示了利用文化遗产获得旅游收入的可能性。虽说如此，这份报告中文化遗产保存的绝对优势仍未动摇。

其中还写道：

> 在将文化遗产用于地区建设的过程中，有必要在地方公共团体的文化遗产保护负责部门充分发挥检查功能，以防止因地区建设优先而使文化遗产受损。有必要致力于地区建设的有效实施。另外，在这种

---

① 日本文化庁編：『文化振興のマスタープラン—文化立国の実現に向けて—』，日本文化庁，1998年3月31日，p.10。
② 日本文化審議会文化財分科企画調査会編：『文化財の保存・活用の新たな展開—文化遺産を未来へ生かすために：審議の報告』，文化審議会文化財分科会企画調査会，2001年11月16日，p.5。

情况下也希望能够充分考虑到文化遗产的价值不会受到损害。①

从这里也可以看出，虽然提出了为了振兴产业而活用文化遗产的方针，但强调无论如何都要优先保存。由此可以总结出，这一阶段综合地活用文化遗产包括"城市建设"和"学习活动"等，通过增加相关人员参加体验和学习地方民间艺术和传统技术等活动的机会等，使地域的人们认识到在各地区培育的传统文化的价值，怀着自豪的心情，以适合现代的形式展开推进。但是，在这个阶段还没有出现应该通过活用文化遗产来谋求经济振兴的信息。在整个文化振兴总体规划中，关于文化遗产没有一个地方使用"经济"一词。不使用"经济""雇佣"等直接的词汇，而是用"城市建设"这一轮廓不明的词语来说明文化遗产的活用。

3. 追求经济效益

在此阶段，日本一边强调经济振兴，一边活用文化遗产。2001年文化审议会文化遗产分科企画调查会发布的审议报告《文化遗产保存·活用新的课题——把文化遗产运用到未来》提出文化遗产在地域建设中的作用是很大的，文化遗产作为地域的骄傲，是地域建设的核心，旅游资源作为新的视角被重新审视，也成为传统产业复兴的好机会。②

2007年的文化审议会文化遗产分科企画调查会发布的报告书中，"经济"这个词终于作为文化遗产政策的关键词登场。该报告书"Ⅲ综合把握文物的方略"的"1将相关文物及其周边环境作为一体的策略"的"〔1〕必要性和对应的方向"的"〔ア〕综合把握相关多个文化遗产，从而发现新的价值观点"的"②作为地区核心的保存、活用"中，写道：

> 文化遗产是在漫长的历史长河中孕育和传承下来的宝贵财富，它赋予人们精神上的富足和心灵上的寄托。而且，通过有效利用这些文化遗产，也有可能创造出巨大的经济价值。这样的文化遗产和人们的交流甚至将成为创造美好未来的力量。

---

① 日本文化審議会文化財分科企画調査会編：『文化財の保存・活用の新たな展開—文化遺産を未来へ生かすために：審議の報告』，文化審議会文化財分科会企画調査会，2001年11月16日，p.5。

② 日本文化審議会文化財分科企画調査会編：『文化財の保存・活用の新たな展開—文化遺産を未来へ生かすために：審議の報告』，文化審議会文化財分科会企画調査会，2001年11月16日，p.12。

因此，利用传统文化打造有魅力的地区——作为地区活性化方案受到了重视。在这种情况下，有必要在行政和地区居民的共同努力下，将文化遗产作为地区的核心进行保存和利用。为此，有必要以地域的历史和文化为背景，综合地理解地域的文化遗产，在地域建设中发挥作用。①

以前的文件也只是停留在使用"地域建设"这个模糊的词语来说明文化遗产活用的程度，但该报告书明确地指出，文化遗产活用将成为创造经济价值的手段，这可以说是对文化遗产活用认识的一点转变。

根据日本2001年颁布实施的《文化艺术振兴基本法》而制定的《关于文化艺术振兴的基本方针》先后经过四次内阁会议的决定，其中2011年2月8日的第三次方针决定进行文化遗产活用的观光振兴及地域活用事业。2015年5月22日的第四次方针再次强调地域振兴、观光产业振兴等文化遗产的活用政策。从21世纪开始，日本文化遗产的活用目标主要是追求经济利益，即文化遗产的经济价值。

综上所述，1950年《文化遗产保护法》制定后的数十年间，文化遗产的公开被认为是文化遗产的有效活用，到了20世纪90年代中期，出现了包括地域建设和城市建设在内的综合活用文化遗产的方针。但是，在这个阶段还没有出现通过观光、产业振兴来追求经济效果的情况。进入21世纪后，为了追求经济效果，日本明确了文化遗产的活用方向，特别是在2010年左右，文化遗产作为旅游资源积极活用的趋势已经确定，伴随着经济效益的观光和产业的振兴，其在文化遗产政策中可以说前景相当广阔。

二、"日本遗产"认定制度与经济振兴

从20世纪90年代开始，日本经济增长缓慢，人口过疏化、少子高龄化、就业困难等一系列社会问题日趋严重。观光业占世界GDP总数的9%，而观光业占日本GDP总数的3%。②文化遗产政策制定人员逐渐认识到文化

---

① 日本文化審議会文化財分科企画調査会編：『文化審議会文化財分科会企画調査会報告書』，文化審議会文化財分科企画調査会2007年10月30日，第6页。
② ［英］David Atkinson：『国宝消滅』，東洋経済新報社，2016年，p.31。

遗产除了具有历史性、艺术性、学术性、鉴赏性价值之外，还蕴含可以激发地域的自豪感和认同感的社会价值，以及振兴产业、振兴观光业的经济价值。日本政府利用文化遗产追求社会价值和经济价值的意识渐渐加强，可以说产生了新的文化遗产"活用"的想法。

（一）新自由主义下日本文化遗产的活用

随着日本经济长期停滞不前，以及新自由主义在世界范围内的扩张，应该更好地活用文化遗产的经济价值的想法在日本民众的心中越来越强烈。

新自由主义是英国现代政治思想的主要派别，作为一种经济学理论思潮产生于20世纪20至30年代，它首先是指促进市场自由竞争和以政府对经济活动的限制最小化为目标的经济思想。这种思想发展的结果是原来被认为并不受市场影响的文化、福利、教育、医疗等在其他领域中也有交换价值。从这个意义上说，新自由主义已经超越了经济思维而成为社会思想。过去，人们认为文化遗产只要存在就有价值，即具有固有的存在价值。在新自由主义的影响下，更需要活用文化遗产的显然是经济价值，即通过直接或间接活用文化遗产，尽可能多地创造社会交换价值的想法逐渐成为主流。[①]

长期以来，人们一直认为历史性、艺术性、学术性、鉴赏价值等才是文化遗产的本质价值，突然改变这种价值体系并非易事。因此，日本政府首先发布了追求文化遗产社会价值的方针。文化遗产可以成为社会的整体，以文化遗产为中心进行城市建设和地域建设等诸如此类的说法被纳入文化遗产政策。可以说，不是突然谈论文化遗产的经济价值，而是首先谈论更柔和、更容易接受的文化遗产的社会价值。但是，在此期间新自由主义在日本社会继续渗透，进入21世纪，终于在此前没有凸显经济性言论的文化遗产政策中提升了追求文化遗产经济价值的必要性，"产业振兴""观光振兴"等词语开始被更积极地使用，这两个词的意思无非就是，活用文化遗产，振兴经济。

---

① 松田陽：「保存と活用の二元論を超えて：文化財の価値体系を考える」，小林真理編『文化政策の現在3』，東京大学出版会，2018年，p.41。

（二）"日本遗产"认定制度

最显著的主张"从保存文化遗产到活用文化遗产"的事例是文化厅从2015年开始实施的日本遗产魅力发送推进事业，通称"日本遗产"事业。该项目将讲述日本各个地区的文化、传统的故事认定为"日本遗产"，准入资格由日本文化厅进行认定，将不可缺少的有魅力的有形、无形的文化遗产群综合活用起来。它的出彩之处是着手把点散在各地方的诸多文化遗产，即物遗和非遗作为一个"面（整体）"来宣传、开发和利用。在此过程中，与此相关联的有形、无形文化遗产群将被综合整理、活用，并战略性地向国内传播，最终目的是振兴地方经济。

"日本遗产"2016年版宣传册中的"2.日本遗产事业的方向性"一项，大部分内容如图3-3所示。

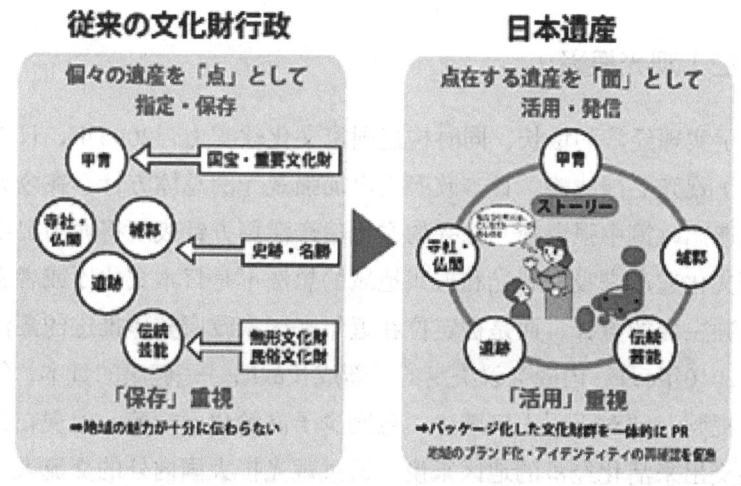

图3-3 日本遗产事业的方向性

（资料来源：日本文化厅制作的"日本遗产"宣传册，2016年版，第1页）

该图明确表示现有的文化遗产行政重视保存，而日本遗产则重视活用。大体意思为以前的文化遗产行政将各个遗产以"点"进行指定或保存，无法充分传达地域的魅力。日本遗产是将零散的遗产"点"作为"面"加以活用，并整体宣传包装化成为文化遗产群，从而促进地域的品牌化和地方居民对自身文化归属认识的再确认。"保存"和"活用"两个词特意加了引号，强调两者的对比——以往重视"保存"的政策不够充分，今后必须像日本遗产那样重视"活用"。该宣传册的封底上还写着以下信息：

> 歴史の声に耳を傾けると
> その土地に物語が生まれる。
> 文化財は保存から活用の時代へ！
> 日本遺産、はじまります。①

在感叹号之前，强调"文化遗产从保存进入活用的时代"，这一背景如实地体现了传统文化遗产行政偏重保存，而忽视了相应的活用。日本遗产认定制度是与观光旅游密切结合在一起，且着眼于地域振兴这一目的而创设的。遗产认定制度可以增加地方居民对自身文化的归属感，提高地方居民的文化自信，进而开创地方经济振兴的新局面。

（三）观光振兴

为了实现经济的增长，同时构建国家文化软实力，2003年，日本确立并实施了观光立国战略。日本政府提出加强观光的总体方针，在今天的日本文化遗产政策中强调观光振兴的文化遗产活用方针表现得尤为突出。重视活用文化遗产来吸引观光和振兴地域的想法不是日本文化厅或者文部科学省单独主导的方针，而是被定位在近年来国家政府整体推进的潮流中。例如，2010年6月，内阁会议决定的《新成长战略——健康的日本，复活的剧本》提到，"对于因人口减少、急剧少子高龄化而烦恼，但现在很难通过公共支出来活化经济的地区来说，通过观光扩大国内外的交流人口，以及加强对日本独有的文化遗产、传统艺术等文化遗产的活用，是促进地区经济活性化和增加就业机会的王牌"②，可见日本政府在该文件中也强调活用文化遗产对振兴旅游很重要。观光立国推进阁僚会议于2013年6月发表的《面向实现观光立国的行动计划》提出，"在谋求地区文化遗产等的保存

---

① 日本文化厅2016年制成"日本遗产"宣传册封底。中文翻译：倾听历史的声音，故事发生在那片土地上。文化遗产从保存进入活用的时代！日本遗产开始进入新时代。

② 「新成長戦略—元気な日本、復活のシナリオ」（2010年6月18日閣議決定），首相官邸ホームページ（https://www.kantei.go.jp/jp/sinseichousenryaku/）。

和整备的同时，积极向国内外提供观光资源等，以此来谋求活用"①，同年在内阁会议上决定的《日本再兴战略》中，"在对国宝、重要文化遗产等所在地区的文化遗产进行保存、整备的同时""作为观光资源积极向国内外发送、活用"②等内容分别被公布出来。在这里，文化遗产的"活用"基本上和作为观光资源的利用是一致的。

2014年，作为文化厅的委托事业，ランドブレイン股份有限公司制作了《文化遗产的有效传播、活用方案的相关调查研究事业报告》，里面有文化遗产的保存、活用问题的说明文。该报告指出文化遗产的活用分为两部分：第一，文化遗产的公开活用，包括鉴赏、学术上的利用等；第二，文化遗产地域振兴等活用，包括地域振兴、观光·产业振兴、城市建设、教育等。1950年的《文化遗产保护法》是以文化遗产的公开活用为中心的，而近些年已经不仅仅停留在文化遗产的公开活用的层面，开始渐渐进行文化遗产地域振兴等活用。另外，此报告还提到文化遗产的公开活用是以文化遗产的鉴赏以及研究成果的公开发表和介绍为中心进行的，文化遗产地域振兴的活用需要基于现在的社会经济形势和地域现状等。有必要赋予文化遗产在今天的意义和功能。例如，对于以前作为工厂、仓库或者酒窖等被使用，而现在失去了当时的用途和功能的文化遗产，也以保存和继承其本来的价值为前提，进行相关设施的观光、地域产业的象征、学校教育·社会教育的相关设施、地域团体的核心设施、城镇设计的据点设施等等赋予其新的意义和功能，可以考虑按照这种形式进行活用。③

事实上，上述的日本文化遗产的活用政策是为了迎接2020年东京奥运会和残奥会而制定的。前面引用的"日本遗产"2016年版宣传册中的"7.认定件数"一项，记载了以下一段话：

> 由于2020年将在东京举办奥运会、残奥会，预计每年访日外国游客的人数将持续增加。为了使这些游客能够周游日本全国，促进地域

---

① 「観光立国実現に向けたアクション・プログラム」（2013年6月11日観光立国推進閣僚会議決定），首相官邸ホームページ（http://www.kantei.go.jp/jp/singi/kankorikkoku/kettei/index.html）。

② 内閣官房日本経済再生総合事務局編：『日本再興戦略JAPAN is BACK』，経済産業調査会，2013年6月14日，p.80。

③ ランドブレイン株式会社：『文化財の効果的な発信・活用方策に関する調査研究事業報告書』，日本文化庁文化財部伝統文化課，2014年，p.2。

的活性化，能为游客普遍接受的日本遗产均衡地分布在日本各地是最理想的。①

"日本遗产"是明确通过观光收入来振兴地域的制度。也就是说在日本政府整体推进的观光开发的潮流中，重视活用文化遗产来吸引观光和促进地区经济的想法在人们的心中越来越强烈，与此同时也出现了像"日本遗产"一样"从保存文化遗产到活用文化遗产"的想法。2016年3月30日，日本政府召开"支撑明日日本的观光商务构想会议"，会上讨论了"支撑明日日本的观光商务"方案，提出将优先保存的各地文化遗产活用到观光中作为2020年访日外国游客人数增加到4000万人的手段之一。②该方案中所附的"视点1将观光资源的魅力发挥到极致，成为地方创生之基础"的项目包含了以下说明，强烈提出了文化遗产的保存优先，今后将进一步强化文化遗产的活用。其中还写到将"文化遗产从'保存优先'转变为游客视角的'促进理解'，再到'活用'。截至2020年，在全国建立200个以文化遗产为核心的旅游景点，开展1000个通俗易懂的多语种解说项目，集中加强支援"③。

但是，对于政府将文化遗产作为观光资源加以利用的方针，也有媒体表示担忧和批判。例如，2016年4月2日，《岩手日报》曾以《文化遗产的观光活用——请勿动摇保存的基础》为题的社论指出，政府新的观光战略过于重视文化遗产的观光活用，敲响了人们疏于保存的警钟。主张的要点有："世界遗产是最有观光效果的文化遗产，但那原本是为了将人类共通的遗产继承到下一代的结构，而不是以观光为目的。""以充分的调查研究为基础保存文化遗产，让当地居民共享文化遗产的价值。正因为有了这样的努力，文化遗产才会对游客产生吸引力。"④这些批评接受了政府提出的"支撑明日日本的观光商务"方案，从更广阔的视野来看，是在对文化遗产保存和活用平衡上着力活用转移的担忧。

---

① 日本文化厅2016年制作的"日本遗产"宣传册第4页。
② 「明日の日本を支える観光ビジョン構想会議（第2回）」，首相官邸ホームページ（https://www.kantei.go.jp/jp/singi/kanko_vision/dai2/gijisidai.html）。
③ 「明日の日本を支える観光ビジョン構想会議（第2回）」，首相官邸ホームページ（https://www.kantei.go.jp/jp/singi/kanko_vision/dai2/gijisidai.html）。
④ 「文化財の観光活用　保存の土台揺るがすな」，『岩手日報』，2016年4月2日。

与日本相比，无论是文化遗产资源的拥有量，还是数量，我国都有着绝对的优势，但从近十年的中日两国外国人入境旅游人数上可以看出来，日本的整体表现明显更有优势。日本通过吸引国外游客进行观光体验，既弘扬了传统文化，又提升了国民经济。

如果考虑到这一情况，就不难理解"从保存文化遗产到活用文化遗产"的想法是考虑到文化遗产的经济性。在文化遗产的有效活用只意味着公开的时期，文化遗产的保存和有效利用可以相对容易地并存，实际上也是并存的。事实上，从20世纪50年代至80年代，几乎没有听到日本文化遗产行政偏重保存的意见。但是进入20世纪90年代以后，文化遗产的"活用"最初意味着城市建设，然后逐渐意味着产业振兴，特别是观光振兴这一带来经济利益的活动，带来的结果是保存和活用并不能够简单地并存。自此，文化遗产政策渐渐倾向于保存和活用的平衡，且把重点放在了后者。2018年，文化遗产政策的潮流就是比起保存更重视活用，更重视产生经济效果的活用。

小　　结

除了建立名录体系、传承人认定等保护制度之外，设立专项资金确保非遗的保护也是非常必要的。日本对非遗的资金扶持最早可以追溯到江户时代，扶持者主要包括文化厅、外务省、自治体，其他机构如民间企业、财团等。日本民间企业对艺术文化的资金扶持走在世界前列，欧美各国称赞日本为"企业赞助艺术文化的大国"，现在日本以公益社团法人的形式致力于对艺术文化的扶持。

非遗仅仅依靠政府与民间的资金扶持是不够的，从20世纪90年代开始，日本经济增长缓慢，人口过疏化、少子高龄化、就业困难等一系列社会问题日趋严重。文化遗产政策制定人员逐渐认识到文化遗产除了具有历史性、艺术性、学术性、鉴赏性价值之外，还蕴含可以激发地域的自豪感和认同感的社会价值，以及产业振兴、观光振兴的经济价值，因而产生了新的文化遗产活用的想法。日本政府近些年很注重文化遗产的活用，从日本政府发布的一列文件来看，其对物遗和非遗的"活用"大体经历了三个阶段的变化："公开、普及、教育""应用于城市建设""追求经济效益"。活用文化遗产的事例有文化厅从2015年开始实施的日本遗产魅力发送推进事业，即"日本遗产"认定制度和积极利用文化遗产进行观光体验。日本通过吸引国外游客进行观光体验的方式，达到既弘扬传统文化，又提升国民经济的目的。

对非遗的资金扶持与经济上对文化遗产的活用是相辅相成的，日本政府对非遗的活用也进行资金扶持，活用带来的经济效益可以促使政府投入更多的资金支持非遗的保护。正因为日本政府与民间在非遗方面投入了大量的人力与资源以及积极对文化遗产进行活化利用，才有今天日本传统艺术的蓬勃发展。

第四章

非遗保护制度的实施与影响
——以歌舞伎保护为例

如何在当代生活中传承发展艺术,再现历史的繁荣,是长期困扰传统戏剧类非遗的一个难题。笔者在攻读博士学位期间在老师们的指导下进行了我国传统戏曲保护与传承相关知识的学习,故在日本访学时希望专门调查日本传统艺能的传承和保护,以便从日本非遗保护制度的视角认识日本传统艺能保护问题,从而思考我国传统戏剧类非遗在今天的保护、传承问题。歌舞伎与能乐、人形净琉璃并称日本三大国剧,是日本独有的剧场艺术,同时也是日本的传统文化之一。歌舞伎在日本传承400余年,于1965年4月20日被指定为日本的重要无形文化遗产,而有传统表演风格的歌舞伎于2005年入选为联合国教科文组织"非物质遗产的杰作",2008年被列入人类非遗代表作目录。日本歌舞伎在保护传承上,长期坚持多元化道路,取得了很好的成效,与日本非遗保护制度有密切关系,因此本章将以歌舞伎为例,研究非遗保护制度的实施与影响。

第一节　歌舞伎的非遗类型分析

日本歌舞伎的广义内涵包括多个层面，既包括东京国立剧场和日本松竹公司主宰的专业演出模式的歌舞伎，也包括日本各地非专业人员所传承的与神事祭礼结合的民间演出，前者被称为"大歌舞伎"，后者被称为"农村歌舞伎""地歌舞伎"或"小歌舞伎"。①从歌舞伎的发展历史来看，大歌舞伎是由幕府的剧场演出进而古典化、精致化，从而发展进化成为日本国剧，农村歌舞伎是社区各种节庆、祭典等不可缺少的演艺；从舞台艺术角度看，是专业与业余的差别、古典与民间的差别；而从日本现代非遗保护类别的角度看，则是无形文化遗产与无形民俗文化遗产的差别。在日本的文化遗产项目名录制度下，大歌舞伎被指定为"无形文化遗产"，而农村歌舞伎被指定为"无形民俗文化遗产"。

一、无形文化遗产——歌舞伎

2008年被联合国教科文组织选入人类非遗代表作名录的歌舞伎实际上是歌舞伎的狭义内涵，即指的是"大歌舞伎"。因为大歌舞伎是400余年歌舞伎表演传承之正统嫡传，是具有丰富的特点和魅力的舞台艺术。

歌舞伎与能乐、狂言一起保留至今。大约在400年前流行一种舞蹈，因为奇特且异样被称为"かぶき踊り"，这是歌舞伎的起源。歌舞伎原来的意思是"倾斜"，因为表演时有一种奇异的动作。源由古语"傾く（かぶく）"，意思是"偏离常态"，后来名词化为"歌舞伎（かぶき）"，这三个字是借用汉字，歌代表音乐，舞表示舞蹈，伎则是表演技巧的

---

① 李玲：《从功法、行当和家系角度考察日本歌舞伎女形表演艺术的传承》，载《戏剧艺术》2016年第2期。

意思。①

歌舞伎由于过于热门而受到打压，禁止女性登台表演，也禁止少年演出，因此诞生了仅限男性表演的歌舞伎。在歌舞伎中女性角色由男子来扮演，扮演女性角色的演员是"女方"，扮演男性角色的演员是"立役"。男演员演出的"女方"，虚幻妖艳，给人以超脱现实的美感。由于仅限男性演员，歌舞伎出现了针对女性的表现手法。除了在服装和化妆等方面花功夫外，通过对双膝并拢的内八字走路方式、肩胛骨下垂的肩膀姿势、表现心理活动的柔软动作等日常动作的反复训练，"女方"在舞台上塑造了符合该角色的女性形象。此外，以美丽的构图使动作静止的"见得"、使表情引人注目的"隈取"方式的化妆、瞬间换装的"早替"、将演员吊在空中的"宙乘"、转动舞台更换场景的"旋转舞台"等，表现了歌舞伎不同于现代戏剧的诸多特点。另外，为了使饰演角色的演员与观众获得一体感，在观众席上设有连接舞台的通道，被称为"花道"。②

歌舞伎将各个时代的风貌注入继承的传统艺术，持续运用新的独特表现手法。歌舞伎的表演丰富多彩，以舞蹈为基础，具有戏剧性的构成，也具备音乐的魅力，是一种综合性艺术。在江户时代，歌舞伎被商人、工匠、职员、佣人等广泛社会阶层的人们所喜爱，他们以适合自己的娱乐方式面对歌舞伎。歌舞伎在明治以后逐渐成为古典戏剧，在现代，歌舞伎中的台词、所涉及的生活风俗等也许会让人觉得有些难以理解。但是，种类丰富的戏目，引人注目的演技和华丽的舞蹈，优美的音乐和鲜艳的服装，运用舞台机关的表演等，注重与观众互动的故事情节以及融入各个时代前沿的风俗和事件的表演等，种种方式给歌舞伎带来了生息。

二、无形民俗文化遗产——农村歌舞伎③

日本的农村歌舞伎据说最初是模仿17世纪初的演剧《歌舞伎》而形成的。农村歌舞伎是一种由乡村民众表演的戏剧形式，同时也是农村各种节

---

① 内容根据歌舞伎への诱い网站翻译整理而成，见歌舞伎への诱い网（https://www2.ntj.jac.go.jp/unesco/kabuki/jp/feature/index.html）。

② 内容根据日本松竹株式会社官网翻译整理而成，见日本松竹株式会社官网（https://www.shochiku.co.jp/play/enjoy/howto/）。

③ 本节的部分内容已发表，参见刘洋《日本非物质文化遗产的传承与保护经验》，载宋俊华主编《中国非物质文化遗产保护发展报告（2019）》，社会科学文献出版社2020年版。

庆、祭典等民俗活动不可缺少的娱乐形式。在考虑民间艺术传承的时候，传承组织的问题总是占有很大的比重。本来在把某个艺能作为"民俗艺能"进行推广的时候，承担该艺能的主体成为一个条件，最先想到会是民俗艺能的人。民俗艺能的表演者常常是专业的，职业性的艺人表演者相对应的表现为"外行的""不时兴的"。如农村歌舞伎是由歌舞伎专业演员以外的人进行表演，可能是由农民、商家、公司职员、孩子等演出的歌舞伎，一般演出有名的歌舞伎剧目，特别是时代剧。

日本三大农村歌舞伎是：以小田原为中心的相模地方的歌舞伎、以中山道上（古美浓国）的美浓地方的歌舞伎、山阳道终点（古翻磨国）的播州地方的歌舞伎。[①]江户至明治时代由农民表演的外行歌舞伎或者是现在继承或复活了传统的歌舞伎都被称为农村歌舞伎，也被称为村歌舞伎、地方戏剧、村戏剧。除此之外还有为了促进地区活力而新成立歌舞伎的例子，在现在会员的职业构成和都市型地戏剧相同的情况下也属于农村歌舞伎。

在农忙时期，人们抽空在自己家里练习，而到了农闲时期，大家会集中起来进行整体排练，然后在节庆时进行演出，就这样歌舞伎的角色和表演形式在农村一代一代地流传着。日本曾经出现过很多具有地方风情特色的农村歌舞伎，但一直留存至今的却很少。大歌舞伎中所有的角色通常都由男性扮演，但农村歌舞伎中的女性角色可以由女性来演绎。

三、"古典"与"民间"分类的争议

在非遗名录制度下，作为非遗的表演艺术，歌舞伎被细分为"古典"与"民间"两个类别。古典是大歌舞伎，"被认为是由专业人员表演、以艺术审美为依据、高度复杂的艺术形式，而民间则是农村歌舞伎，地方社区业余爱好者的传统，是节庆、祭典等不可缺少的娱乐形式"[②]。这样的类别细分意味着"非遗被赋予了不同的价值与意义，从而得到了国家和地方政府不同程度的财政支持"[③]，同时让艺术家们产生了不平等感。

---

① 吕珍珍：《日本农村歌舞伎的传承现状与启示》，康保成等著《日中韩非物质文化遗产的比较与研究》，中山大学出版社2013年版。
② 姚慧：《遗产化进程中非物质文化遗产保护的共识重建》，载《民族艺术》2021年第5期。
③ 姚慧：《遗产化进程中非物质文化遗产保护的共识重建》，载《民族艺术》2021年第5期。

歌舞伎在日本于1965年被指定为国家重要无形文化遗产，2008年被联合国教科文组织选入人类非遗代表作名录。在日本，歌舞伎被视为古典艺术，得到了日本政府在制度上和资金上的大力支持，在国内外进行推广演出并积极培养传承者。而由农民传承的农村歌舞伎则被认定为无形民俗文化遗产，是民间艺术，政府并不直接提供资助，而是由地方政府进行资助。

除了在资助上的不平等，还有身份上的不平等。由于在国家层面重视程度的不同，民间表演艺术家认为自己的民间艺术没有古典的艺术形式重要，从而产生了不平等感。"'人间国宝'的认定也是从古典艺术家中挑选，被社会和媒体推崇为日本顶尖艺术家的代表，而民间艺人却是作为一个群体中的一部分而被获得认可。"[①]

因此，日本国内有专家学者对非遗的分类和名录制度进行了大量的讨论，也有学者对无形民俗文化遗产指定制度进行了批判，认为政府在资金扶持和认定上的导向性干预对非遗的存续力产生了负面的影响。

第二节 歌舞伎的代表性传承人（团体）认定分析

一、歌舞伎的代表性传承人（团体）认定

歌舞伎在日本国家级的非遗认定中整体为团体认定，组成部分为各个认定。整体在1965年4月20日指定为日本重要无形文化遗产综合认定，即非遗代表性传承团体。而其中的组成部分，例如剧本、乐器、演员（包括主角与配角）分别为各个认定的形式，即非遗代表性传承人。具体认定情况见表4-1。

---

① 姚慧：《遗产化进程中非物质文化遗产保护的共识重建》，载《民族艺术》2021年第5期。

表4-1 日本国家级重要无形文化遗产认定情况——歌舞伎

种别	指定时间	认定区分	保持者信息	艺名	认定时间	认定次数及区分	综合认定作用	团体信息	代表者	认定时间
歌舞伎	1965-04-20	综合认定						社团法人伝統歌舞伎保存会	林宏太郎（坂田藤十郎）	1965-04-20
歌舞伎音楽竹本	2019-10-25	各个认定	柳瀬信吾	竹本葵太夫	2019-10-25	第66次新規	竹本			
歌舞伎女方	2012-10-04	各个认定	守田伸一	坂東玉三郎	2012-10-04	第59次新規	俳優			
歌舞伎音楽長唄	1998-06-08	各个认定	宮澤雅之	杵屋淨貢	2007-09-06	第54次追加	長唄（三味線）			
			川原壽夫	鳥羽屋里長	2002-07-04	第49次追加	長唄（唄）			
歌舞伎立役	1960-04-19	各个认定	波野辰次郎	中村吉右衛門	2011-09-05	第58次追加	俳優			
			片岡孝夫	片岡仁左衛門	2015-10-01	第62次追加	俳優			
			林宏太郎	坂田藤十郎	1994-06-27	第41次追加	俳優			
			寺嶋秀幸	尾上菊五郎	2003-07-10	第50次追加	俳優			
歌舞伎脇役	1997-06-06	各个认定	河野均	中村東蔵	2016-09-30	第63次追加	俳優			
			山中宗雄	澤村田之助	2002-07-08	第49次追加	俳優			
			片岡彦人	片岡秀太郎	2019-10-25	第66次追加	俳優			

资料来源：根据日本文化厅官网及各都道府县官网数据整理而成，见https://kunishitei.bunka.go.jp/bsys/index。

二、农村歌舞伎的保护团体——保存会[①]

笔者在日本神奈川县调查县市级非遗时发现县市级指定或登录的重要无形民俗文化遗产中,重要无形民俗文化遗产所有者几乎都是以"保存会"为名称的(见表4-2)。

表4-2 日本神奈川县及横滨市指定登录无形民俗文化遗产目录

指定	分类	名称	指定日期	所有者	所在地
神奈川县指定	无形民俗	お馬流し	1978-06-23	本牧お馬流し保存会 場所:本牧神社	中区
神奈川县指定	无形民俗	善部妙蓮寺の曲題目	1991-02-08	善部妙蓮寺の曲題目保存会 場所:妙蓮寺	旭区
神奈川县指定	无形民俗	牛込の獅子舞	2001-02-13	牛込獅子保存会 場所:鷲神社神明社	青葉区
神奈川县指定	无形民俗	鉄の獅子舞	2001-02-13	鉄古典獅子舞保存会 場所:鉄神社	青葉区
横滨市指定	无形民俗	祇園舟	1990-11-01	祇園舟保存会	金沢区
横滨市指定	无形民俗	お札まき	1991-11-01	お札まき連中	戸塚区
横滨市指定	无形民俗	蛇も蚊も	1992-11-01	生麦蛇も蚊も保存会 本宮蛇も蚊も保存会	見区
横滨市指定	无形民俗	湯立神楽	1993-11-01	湯立神楽保存会	金沢区
横滨市指定	无形民俗	師岡熊野神社の筒粥	1994-11-01	筒粥行事保存会	港北区
横滨市指定	无形民俗	南山田の虫送り	2005-11-01	虫送り行事保存会	都筑区
横滨市登録	无形民俗	酉の市	1991-11-01	金刀比羅神社 大鷲神社	南区

资料来源:横滨市教育委员会生涯学习文化遗产课。

在传统的传承组织中,有被视为组织成员的制约和规范,在组织内部能看到严格的阶层。与此相对应的保存会,现在是以保存为目的而存在的

[①] 本节的部分内容已发表,参见刘洋《日本非物质文化遗产的传承与保护经验》,载宋俊华编《中国非物质文化遗产保护发展报告(2019)》,社会科学文献出版社2020年版。

组织，很难说是从人们的日常生活中诞生出来的组织。因为保存会是随着非遗保护的制度而被推广，也可以说是传承这一过程的外部要求，所以并不能否定保存会是一个被制作的组织。①

（一）保存会的前身

1897年公布的《古社寺保存法》在制定过程中，贵族院提出"古社寺保存会组织的建议"。1929年制定的《国宝保存法》规定了"国法保存会官制"来作为文部大臣的咨询机关。在战前的文化遗产保护体制下，保存会基本是一个官方用语，大部分为文化遗产调查和指定的咨询机关的名称。

（二）1950年，《文化遗产保护法》出台前后

1950年，日本颁布的《文化遗产保护法》就明确分列出"无形文化遗产"这一项。其中非遗是指演剧、音乐、工艺技术以及其他在历史以及艺术上价值高的无形的文化事象。1950年出台的《文化遗产保护法》，没有任何文件及相关的各种规则规定"保存会"这个术语。但是，《文化遗产保护法》制定后，以"保存会"为名的团体就开始活跃于文化遗产的保护与传承的相关活动中。在文化遗产保护委员会最初出版的《文化遗产要览昭和二十六年版》的《各都道县的文化遗产保护状况》报告中有一项"保护团体机关的状况"，可以看到叫作"保存会"的团体非常多，但当时刚在法律文件中提出无形文化遗产这个概念，所以关于无形文化遗产的传承团体和传承活动还很少。

1954年，日本进一步修订了《文化遗产保护法》，单独设立了"民俗资料"这一项，同时制定了重要无形文化遗产的指定及其传承者认定制度。无形文化遗产指定必须指定个人为保持者认定，但是没有个性的民俗艺能如果必须指定个人就会产生矛盾。因此，操作方式是如果传承者为多数人的话，就将这些人组织为保存会，并将其认定为保持者的代表。即使是同一个演出，在一定时间内演员也会发生改变。采用保存会这种认定方式，能省去对新的保持者进行认定的烦琐过程，比较适应认定的实际操作。

---

① 俵木悟：「民俗芸能の伝承組織についての一試論」，東京文化財研究所編『无形民俗文化財的保存活用调查研究报告书』，2011年3月。

当时各都道县都积极使用"保存会"这个名称，从除了当时还没有进行民俗无形文化遗产指定的京都府、大阪府和冲绳县以外的44个都道县来看，指定的文化遗产名称主要为：①以保存会为主要记载名称的有19个县；②以个人姓名或者多数人姓名为记载名称的有11个县；③团体、个人或者其他记载相混杂的有14个县。从这些数据可以分析出，大约半数的都道府县已经开始进行传承团体认定，在这些团体认定中80%使用保存会这个名称。①

（三）1975年，《文化遗产保护法》修订后

1975年，文部省再次对《文化遗产保护法》进行了修订，在民俗资料中加入了民俗艺能，并改称为民俗文化遗产，将原来的有形民俗文化遗产指定扩大到无形民俗文化遗产上。这是无形民俗文化遗产保存会的一个转机，在此之前保存会是该无形民俗文化遗产的体现者，但是无形民俗文化遗产被单列出来后，没有了保持者的认定制度。那么，保存会就不需要了吗？不是。它需要转换成另外一种形式。实际上新的重要无形民俗文化遗产指定时还是要有保护团体的，这个适合保存的地方公共团体就是做重要无形民俗文化遗产保护的民间团体。

从上述整理分析中可以看出，在一定程度上保存会的解释意义变大了，无形文化遗产的保持者原则上是该文化遗产的体现者，而无形民俗文化遗产的保护团体是保存的主体，他们不仅仅体现了特定的技能，还可以从各种立场来进行非遗的保护。

三、歌舞伎"人间国宝"认定的争议

我们经常看到日本的媒体在宣传中会使用"人间国宝"这个词，但实际上它并不是日本的非遗保护制度下的官方称呼。所谓"人间国宝"是指被认定为重要无形文化遗产的保持者，"人间国宝"的认定基准，是指能够高度体现被指定为重要无形文化遗产的艺术（歌舞伎）的人。

到2020年（令和二年）12月为止，歌舞伎的"人间国宝"是7人。最近

---

① 俵木悟：「民俗芸能の伝承組織についての一試論」，東京文化財研究所編『无形民俗文化财的保存活用调查研究报告书』，2011年3月。

一次在歌舞伎界的认定是2019年的第二代片冈秀太郎，第二代片冈秀太郎是京都歌舞伎的代表演员。2020年初，歌舞伎的"人间国宝"是8个人，但是第四代坂田藤十郎11月去世，因此歌舞伎的"人间国宝"又变成了7个人（见表4-3）。

表4-3 歌舞伎重要无形文化遗产保持者名单

艺名	屋号	认定年	角色
六代目　澤村田之助	紀伊国屋	2002年	脇役
七代目　尾上菊五郎	音羽屋	2003年	立役
二代目　中村吉右衛門	播磨屋	2011年	立役
五代目　坂東玉三郎	大和屋	2012年	女方
十五代目　片岡仁左衛門	松嶋屋	2015年	立役
六代目　中村東蔵	加賀屋	2016年	脇役
二代目　片岡秀太郎	松嶋屋	2019年	脇役

资料来源：根据日本文化厅官网及各都道府县官网数据整理而成，见https://kunishitei.bunka.go.jp/bsys/index。

对于"人间国宝"认定的争议首先体现在名额上。"人间国宝"的人数是根据国家预算规模来决定的。"人间国宝"被认定后每年都能获得200万日元的特别补助金，这200万日元是为了无形文化遗产的保护与传承而产生的特别补助金，因此"人间国宝"的预算是无形文化遗产保护中的一部分。例如2018年的预算是2亿3200万日元，也就是说200万日元须保障116人成为定员。这样的传承人认定制度带来的弊端是，尽管在认定名额上偶尔会有部分的调整，但每一个领域被认定的传承人是有定额的，"一般情况下，只有前任去世了，后面的继承者才有可能获得补缺的机会。因此某一领域一旦增加了各个认定的名额，就不可能再减下来。如果同一艺能存在着不同的流派，有时就不得不进行轮班坐庄"①。在这种情况下，问题就是"人间国宝"能否体现出其是该艺能的最佳水平代表者。至今为止被

---

① 刘晓峰：《谁是"人间国宝"？——日本"重要无形文化财"的传承人认定制度》，载《艺术评论》2007年第6期。

认定为"人间国宝"的歌舞伎演员包括死亡者在内共计26名。26名"人间国宝"中最多的辈出是以第七代尾上菊五郎为首的"音羽屋"4名、3名辈出的是"松岛屋"和"成驹屋"。松岛屋作为继承片冈家片冈仁左卫门的商号,成驹屋作为继承中村歌右卫门的商号而有名。歌舞伎界名家的市川家成田屋,意外地只有在1975年(昭和三十五年)被认定的第三代市川寿海1名。同样是松本家的高丽屋,也只有第一代松本白鹦鹉在1975年(昭和五十年)被认定了。

另外对于"人间国宝"认定的争议还体现在方法上。根据文化审议会文化遗产分科会的判断,文部科学大臣正式发表能够高度体现该技能人员的认定,但是明确的认定方法并没有公开。在歌舞伎界,作为歌舞伎演员的名字而出名的有市川团十郎和尾上菊五郎,令人意外的是市川团十郎一次也没有被认定为"人间国宝"。日本业界普遍认为,"人间国宝"没有市川团十郎的名字,与其说是其实力和实绩不足,不如说是不幸。"人间国宝"的认定标准是"能体现出高度的技能",因为技能人员在年轻的时候很难掌握高度的技术,所以自然而然地被认定时已到了一定年龄。从1955年(昭和三十年)开始认定"人间国宝"到现在为止,歌舞伎演员的认定年龄平均在70多岁。继承市川团十郎名字的是十一代和十二代,但十一代是56岁去世的,十二代是66岁去世的。如果第十二代能再长寿一点的话,也许就有可能被认定为"人间国宝"了。

日本国内也有部分专家学者对"人间国宝"的认定进行了批判。例如,"人间国宝"限定名额116名,实际上即使有相应的实力也有很多人没有得到认定,但是"人间国宝"的认定也并不是为了增加定员数而只是增加预算规模就可以了,具体的操作方式还需要检讨。

第三节 歌舞伎的传承与活用

非遗在漫长的岁月中靠人们口传心授,一代一代传承下来并不断创新。非遗的本质特征就是活态传承,形成不易,要毁掉却非常容易。例如传统艺术，面临着后继无人、人去艺亡的局面。为了不让非遗成为时代的遗憾，就需要在国家和社会层面建立非遗保护制度，因此在非遗保护制度的影响下传承的方式就会有所不同。

一、歌舞伎的传统传承

家元制度是日本传统艺能与行业的一种传承方式。17世纪中叶，江户幕府将社会分为士、农、工、商四等，严格区分家族身份，"家业"的承袭变成了一种超越个人生命价值的精神存在。在这样的社会背景下，就形成了家元制度，家元们不断磨炼技艺，取得了"门人"们的尊敬和追随。[①]家元制对于日本传统戏剧的意义是决定性的，"它是基于血缘和艺脉的物质与精神传承，构建了整个传统艺能传承发展的生态系统，其中最重要的就是人才的培养环节"[②]。

（一）歌舞伎传统传承方式

从父亲到儿子，从师父到弟子，歌舞伎的许多表演艺术代代传承，每个家系的演员都有其表演特色，优秀演员擅长的演出和角色也世代相传。观众也同样，人们往往首先欣赏的是家系和演员个人的魅力，而不是故事的内容，剧作家也致力于将演员的特色发挥到极致。

1. 歌舞伎的家元制

家元制度有4个重要特征：师徒之间的主从关系、链锁的等级关系、家元的最高权威、拟家族制。歌舞伎虽然没有"家元"这个称呼，但是实际上存在着家元制度。[③]歌舞伎的世界是一个"家庭"，歌舞伎演员的子弟大多继承了这一职业。歌舞伎的世界里有很强的"宗家"的概念，强烈地希望把"家"传达给子孙，这是以"艺"为中心形成的有组织的家庭。歌舞伎学徒通过拜师的形式进入这个神秘的传统艺能世界。师傅在传授上主要

---

① 滕军：《论日本传统艺术的特性——基于艺术学的视点》，载《日本学刊》2007年第1期。
② 邹慕晨、谢柏梁：《日本传统戏剧家元制发展研究》，载《戏剧（中央戏剧学院学报）》2021年第2期。
③ 渡边保：『戦後歌舞伎の精神史』，講談社，2017年，p.5。

通过"腹艺"，即学徒们模仿师傅的动作，靠心领神会。家元具有最高的权威，他对该流派具有绝对控制权。

"家元制规定了日本古典艺术的方方面面，如果不是因为有这种特别严格、绵延不断的家元体系，日本的古典艺术也许就不会传承这么久。在历史上能乐曾几度濒临灭绝，但只要家元未断，这种以口传心授为传承方式的传统艺术就不会真正地灭绝，一有机会就会凤凰涅槃，浴火重生。"①

2. 袭名制

家元制有两条路径可以入门。在歌舞伎界，一种是"世袭制"，即常说的子承父业。歌舞伎的名门世家有这样一种惯例，儿子出生后自小就开始在父亲身边磨炼技艺，承袭父亲的艺名并世代相传。另一种是和其他传统艺术一样拜师入门的"学徒制度"。这种形式也是由来已久，徒弟住在师傅家里通过师傅的言传身教学习技艺。

歌舞伎给人的强烈印象是一个"属于特殊人群的特殊领域"。能够继承的多是歌舞伎家族里的逸才，在血统断绝的情况下，师傅才会选择最优秀的弟子来继承。这使得歌舞伎在日本普通的年轻学徒中并不普及，且许多雄心勃勃的年轻学徒往往被"泼凉水"。因为歌舞伎是一个按等级划分的职业。第一，主角的位置通常掌握在"名门之后"手中。演员的艺名大多世代相传至今，这样的名字被称为"名迹"，该演员的艺术风格和擅长的角色等也一同被继承下来。继承"名迹"称为"袭名"，"袭名"仪式成为一个重要的节眼。特别是对于著名的"名迹"而言，用几个名字经过许多年月按顺序"袭名"，最终才能够继承该"名迹"。例如市川团十郎这个"名迹"，经过新之助、海老藏的名字后袭名，这是目前的惯例。嫡传的少爷们因为可以获得家元的庇护，其职业发展道路会顺利得多，而其他学徒即使继承了最高级别的名号，也只是配角中的最高名号。②也有部分非常有天赋的弟子最后一般是通过宗家的"艺养子"的身份而获得业内的肯定，成为家元的正统传人。第二，有资格确定，即名题。自20世纪20年

---

① 邹慕晨、谢柏梁：《日本传统戏剧家元制发展研究》，载《戏剧（中央戏剧学院学报）》2021年第2期。

② 根据川岛武宜著『家族および家族法』、渡边保著『戦後歌舞伎の精神史』、ユネスコ無形文化遺産歌舞伎への誘い网站内容翻译整理而成，见该网站（https://www2.ntj.jac.go.jp/unesco/kabuki/jp/character-actor/index.html）。

代,晋升名题要通过考试,合格者发给证书,取得名题即成为正式演员。另一个等级是名题下,这些人平时只扮演一些不重要的角色或根本不扮演什么角色。①

3. 屋号、家徽

"屋号"是歌舞伎役者一家、一门的特征称号。"屋号"也世代相传,这是因为江户时代的演员不允许自称姓氏,所以用"屋号"取而代之。在歌舞伎上演的过程中,观众席向舞台喝彩,喊的几乎都是这个"屋号"。如市川团十郎家系的"成田屋"以及尾上菊五郎家系的"音羽屋"等被称为"屋号",见表4-4。

表4-4 歌舞伎屋号

屋号	代表名迹
成田屋	市川团十郎(12)市川新之助(7)市川海老蔵(11)
音羽屋	尾上菊五郎(7)尾上菊之助(5)尾上辰之助(2) 坂东彦三郎(8)坂东正之助(1)坂东亀三郎(5) 坂东亀寿(1)尾上松绿(4)
成驹屋	中村歌右衛門(6)中村芝翫(7)中村福助(9) 中村橋之助(3)中村鴈治郎(3)中村翫雀(5) 中村扇雀(3)中村玉太郎(4)
高麗屋	松本幸四郎(9)市川染五郎(8)松本錦吾(3)
播磨屋	中村吉右衛門(2)中村又五郎(2)
大和屋	坂东玉三郎(5)坂东三津五郎(10)坂东秀調(4) 坂东吉弥(2)坂东弥十郎(1)
高島屋	市川左団次(4)市川右之助(3)
松島屋	片岡仁左衛門(15)片岡我當(5)片岡秀太郎(2) 片岡亀蔵(4)片岡十蔵(6)片岡進之介(1) 片岡孝太郎(1)片岡芦燕(6)片岡愛之助(6)
橘 屋	市村羽左衛門(17)市村萬次郎(2)市村家橘(17)
萬 屋	中村歌六(5)中村歌昇(3)中村時蔵(5)中村信二郎(1) 中村獅童(2)

---

① 內藤莞爾、近沢敬一、中村正夫:『日本社会の基礎構造』,アカデミア出版会,1980年,pp.58-63。

续表

屋号	代表名迹
三河屋	市川团藏（9）市川银之助（2）
纪伊国屋	沢村宗十郎（9）沢村田之助（6）沢村藤十郎（2）
中村屋	中村勘九郎（5）中村勘太郎（2）中村七之助（2） 中村小山三（2）

资料来源：日本物语《日本歌舞伎不仅世袭而且还有专属家纹｜日本传统》，新浪网，见http://k.sina.com.cn/article_1358530827_50f9890b0190058w3.html。

与日本的一般家系同样，演员的家系也有用被称为"家纹"的图案来标识的，用来象征家系，"家纹"也被用在戏服上。演员个人喜爱的图案往往与"家纹"不同，被称为"演员图案"或者"演员图形"等。江户时代的戏服大多由演员自己准备，"家纹"和"演员图案"被用在服装和道具等物品上，在舞台上向观众突显家系和演员自身。①另外，有名演员使用的颜色和图案也被用于手巾和浴衣的花样等，曾在喜爱歌舞伎的百姓之间流行，如图4-1所示。

（a）波野辰次郎② 　　　（b）藤间丰③ 　　　（c）海老藏④

图4-1 "家纹"

（资料来源：根据歌舞伎への诱い网站翻译整理而成，见https://www2.ntj.jac.go.jp/unesco/kabuki/jp/character-actor/actor1.html#c）

---

① 内容根据ユネスコ無形文化遺産歌舞伎への诱い网站翻译整理而成，见歌舞伎への诱い网（https://www2.ntj.jac.go.jp/unesco/kabuki/jp/character-actor/index.html）。

② 波野辰次郎，过继给了"播磨屋"，定纹"扬羽蝶"，袭名"二代目中村吉右卫门"。

③ 藤间丰，屋号"音羽屋"，定纹"四合柏"，袭名"二代目尾上松绿"。

④ 海老藏、团十郎等属于成田屋号，定纹"三升"。

4. 家系的表演艺术

演员的家系世代相传的技法和艺术风格被称为"家系的表演艺术"。市川团十郎家系的"荒事"、尾上菊五郎家系的"世态戏"以及"怪谈剧"等是代表性的例子。市川团十郎家系的"歌舞伎十八番"和"新歌舞伎十八番"以及尾上菊五郎家系的"新古演剧十种"等都是家系的表演选定的演出戏目群。

在戏曲中,即使是同一部作品的同一个角色,其造型和表演也因演员的不同而各异。对于歌舞伎而言,这样的演出有几种特定的方式,称为"型"。在家系和师徒关系传承下来的"型"中,用哪种"型"演出,主要由担任主角的演员决定。即使是同一作品的同一场戏,不同"型"的演出效果也会有很大的变化。①例如剧目《义经千本樱》。

(1)上方(京都、大阪)的"型":《义经千本樱》原本是将来自"上方"流行的人形净琉璃移植到歌舞伎的作品。注重原作大和国(现在的奈良县)的山间地区设定,主人公为乡村的流氓,动作和装扮是写实的乡村格调造型,讲话采用"上方"口音。

(2)江户的"型":通常把主人公解释为江户人,按照尾上菊五郎家系的"音羽屋"的"型"表演。说江户话,动作和装扮等也都成为都会式造型。根据故事情节的设定虽然是不合情理的解释,但是在寻求容易被江户观众熟悉的人物形象中形成了这样的"型"。

二、歌舞伎的现代传承

在传承上,歌舞伎一方面重新重视古典艺术的传承,另一方面也陆续采取新的举措。日本艺术文化振兴会20世纪60年代成立的国立养成所为了应对传统艺术危机,主要用三种方式对歌舞伎进行传承与保护,包括:传承研修制度、公演和歌舞伎鉴赏教室。现代日本对于传统艺能类人才的培养"以家元制为主,国立养成所的传承研修为辅,共同培养传统艺能中所需的各门类人才"②。

---

① 内容根据ユネスコ無形文化遺産歌舞伎への誘い网站翻译整理而成,见歌舞伎への誘い网(https://www2.ntj.jac.go.jp/unesco/kabuki/jp/character-actor/actor1.html#c)。

② 邹慕晨、谢柏梁:《日本传统戏剧家元制发展研究》,载《戏剧(中央戏剧学院学报)》2021年第2期。

（一）日本艺术文化振兴会

1966年（昭和四十一年），以保存和振兴传统艺术为目的的国立剧场落成，在具备歌舞伎特有装置的舞台上开始演出传统歌舞伎。日本全国有6座国立剧场，其中最著名的是1966年开业的东京国立剧场，这些剧场由同一家独立行政法人"日本艺术文化振兴会"负责运营，该机构的工作内容之一就是保护和振兴传统艺术。

独立行政法人日本艺术文化振兴会前身是特殊法人国立剧场，以保存和振兴传统艺术为目的，于1966年7月根据《国立剧场法》设立。同年11月，以歌舞伎、文乐为首，上演舞蹈、邦乐、民俗艺术、雅乐等的国立剧场开幕。此后，1979年3月，为了落语、讲谈等大众艺术的公演而设立国立演艺资料馆（国立演艺场）。1983年9月，国立能乐堂剧场开幕。1984年3月，以文乐为中心上演上方艺术的国立文乐剧场开幕。1997年10月，演出歌剧、芭蕾舞及现代舞的新国立剧场开幕。2004年1月，上演组舞[①]等冲绳传统艺术的冲绳国立剧场开幕。

1990年3月，《国立剧场法》的部分条文被修订，根据相应的条文，国立剧场追加了对文化艺术活动的扶持业务，设立了艺术文化振兴基金，称为特殊法人日本艺术文化振兴会。2002年12月，《独立行政法人日本艺术文化振兴会法》公布。2003年10月，日本艺术文化振兴会转移成独立行政法人。日本国立艺术文化振兴会沿革见表4-5。虽然经历了各种各样的过程，独立行政法人日本艺术文化振兴会作为舞台艺术的综合中心，同时作为与文化厅并列的文化艺术活动的公共支援机关，为日本传统艺术及其他文化的提高做出了重要的贡献。[②]

表4-5　日本国立艺术文化振兴会沿革

年份	日期	沿革
1966年	6月27日	《国立剧场法》公布
	7月1日	特殊法人国立剧场设立
	11月1日	国立剧场开幕（东京都千代田区隼町）

---

① 冲绳的一种舞剧。
② 资料根据日本艺术文化振兴会官网翻译整理而成，见日本艺术文化振兴会官网（https://www.ntj.jac.go.jp/about/introduction.html）。

续表

年份	日期	沿革
1979年	3月22日	国立演艺资料馆（国立演艺场）开幕（东京都千代田区隼町）
1983年	9月15日	国立能乐堂开幕（东京都涩谷区千驮谷）
1984年	3月20日	国立文乐剧场开幕（大阪府大阪市中央区日本桥）
1989年	4月1日	《国立剧场法》一部分改正法施行（追加现代舞台艺术相关的业务）
1990年	3月30日	《国立剧场法》一部分改正法施行（追加对文化艺术活动的助成业务，设立艺术文化振兴基金，称为特殊法人日本艺术文化振兴会）
1997年	10月10日	新国立剧场开幕（东京都涩谷区本町）
	11月1日	新国立剧场舞台美术中心资料馆开馆（千叶县铫子市丰里台）
2002年	12月13日	《独立行政法人日本艺术文化振兴会法》公布
2003年	3月19日	传统艺能情报馆开馆（国立剧场用地内）
	10月1日	向独立行政法人转移组织形式 第1期中期目标期间（2003年10月～2008年3月）开始
2004年	1月18日	国立剧场冲绳开幕（冲绳县浦添市势理客）
2008年	4月1日	第2期中期目标期间（2008年4月～2013年3月）开始
2009年	4月1日	文化厅的文化艺术振兴费补助金的事业中，以艺术团体为对象的项目被移管
2013年	4月1日	第3期中期目标期间（2013年4月～2018年3月）
2018年	4月1日	第4期中期目标期间（2018年4月～2023年3月） 文化厅的艺术文化振兴费补助金的事业中，以剧场、音乐堂等为对象的项目被移管
2019年	4月1日	日本博事务局设置

资料来源：根据日本艺术文化振兴会官网翻译整理而成，见https://www.ntj.jac.go.jp/about.html。

日本艺术文化振兴会根据文部科学大臣制定的中期目标，为达成此目标而制订的中期计划以及每一个事业年度制订的年度计划，从而进行对文化艺术活动的扶持、传统艺术的保存和振兴、振兴和普及现代舞台艺术三项事业,其中传统艺术的保存和振兴是国立剧场设立时开始实施的核心事业,①主要为传统艺术的公开、培养传统艺术的传承者、对传统艺术的调查研究、资料的收集及活用、用于保存和振兴传统艺术剧场设施的租借事业,如图4-2所示。

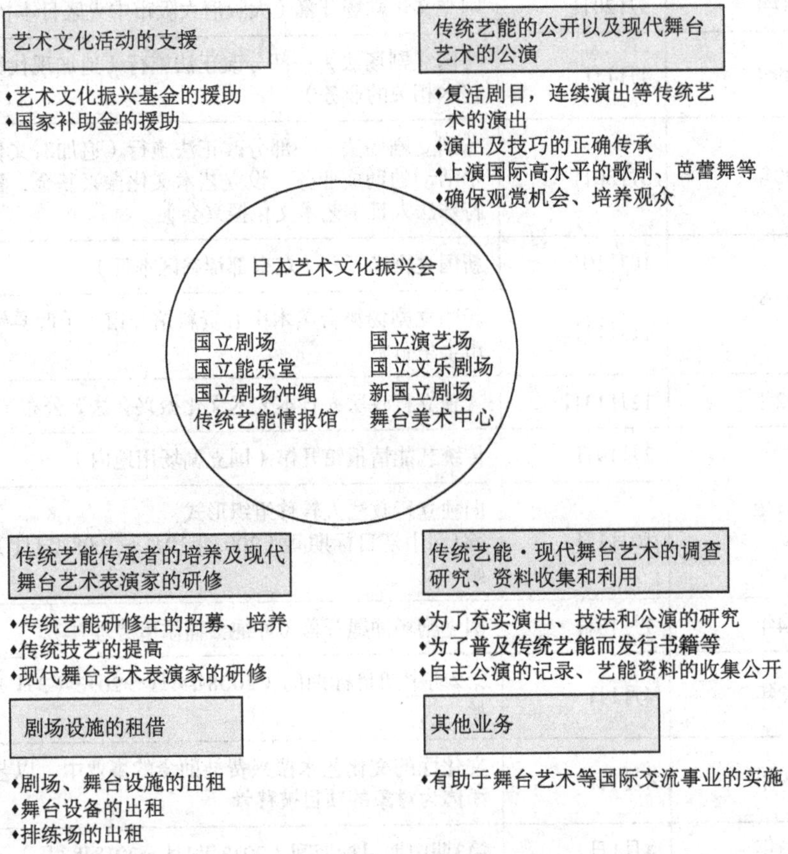

艺术文化活动的支援
- 艺术文化振兴基金的援助
- 国家补助金的援助

传统艺能的公开以及现代舞台艺术的公演
- 复活剧目,连续演出等传统艺术的演出
- 演出及技巧的正确传承
- 上演国际高水平的歌剧、芭蕾舞等
- 确保观赏机会、培养观众

日本艺术文化振兴会

国立剧场　　国立演艺场
国立能乐堂　　国立文乐剧场
国立剧场冲绳　　新国立剧场
传统艺能情报馆　　舞台美术中心

传统艺能传承者的培养及现代舞台艺术表演家的研修
- 传统艺能研修生的招募、培养
- 传统技艺的提高
- 现代舞台艺术表演家的研修

传统艺能·现代舞台艺术的调查研究、资料收集和利用
- 为了充实演出、技法和公演的研究
- 为了普及传统艺能而发行书籍等
- 自主公演的记录、艺能资料的收集公开

剧场设施的租借
- 剧场、舞台设施的出租
- 舞台设备的出租
- 排练场的出租

其他业务
- 有助于舞台艺术等国际交流事业的实施

图4-2　日本艺术文化振兴会的职能

(资料来源:根据日本艺术文化振兴会官网翻译而成,见https://www.ntj.jac.go.jp/about.htm)

(二)传承研修制度

传统艺术是无形的技能,是从人到人的传承。在培养传统艺术传承人

---

① 资料根据日本艺术文化振兴会官网翻译整理而成,见日本艺术文化振兴会官网(https://www.ntj.jac.go.jp/about/introduction.html)。

方面，国立剧场发挥着重大作用。振兴会在国立剧场设立之初，就以长期的视点来振兴传统艺术，致力于培养传统艺能传承者的事业。从20世纪70年代起，国立剧场开始设立广泛培养传统艺术传承人的研修制度。设立研修制度的原因是随着娱乐形式的多样化，愿意当学徒的年轻人急剧减少，此外也有对传统艺术的传承后继乏人的危机感。

研修培训会根据各领域的实际情况来培养传承者。如关于歌舞伎传承，开设歌舞伎演员及歌舞伎音乐（竹本、鸣物、长呗）的2个课程和文乐、太夫、三味线及偶人的4个课程；关于大众艺术，开设寄席嚷子及太神乐的2个课程；关于能乐，开设ワキ方面、伴奏方面及狂言方面的3个课程；关于冲绳传统艺术，设置了组舞的立方和地方两门课程。歌舞伎研修课程主要有剧目、身段、舞踊、歌舞伎历史、表演理论、咏唱、三味线、小鼓等音乐类的课程，另外还包括了化妆与穿戴方面的课程。①

有初中以上学历的男性（原则上23岁以下）都有资格报名，有无经验均可。根据课程的不同，经过2～6年的研修，学员就能从事相关领域的演出活动了（见表4-6）。

表4-6 国立养成所歌舞伎从业者传承研修培训课程

行当项目	演员	太夫	器乐	长呗
研修时间	三年全日制	三年全日制	三年全日制	三年全日制
学习场所	国立剧场	国立剧场	国立剧场	国立剧场
招生对象	中学毕业至23岁	中学毕业至23岁	中学毕业至23岁	中学毕业至23岁
研究内容	歌舞伎实技、武戏·空中表演、日本舞、化妆·服装·假发、义太夫、长呗、器乐、筝曲、礼仪、体操、授课、外部研修、演出参观、后台实习、舞台实习、汇报演出	义太夫、三味线、胡弓·筝曲、书法、礼仪、体操、授课、外部研修、演出参观、后台实习、舞台实习、汇报演出	大太鼓、小鼓、大鼓、太鼓、笛、长呗、三味线、礼仪、体操、授课、外部研修、演出参观、后台实习、舞台实习、汇报演出	大太鼓、小鼓、大鼓、太鼓、笛、长呗、三味线、礼仪、体操、授课、外部研修、演出参观、后台实习、舞台实习、汇报演出

---

① ［新加坡］蔡曙鹏：《歌舞伎文化财保护模式的启示》，载《文化遗产》2014年第3期。

续表

行当项目	演员	太夫	器乐	长呗
讲师构成	中坚演员、协会干部、各行当专业演员、乐师	太夫协会会员、各行当专业演员、乐师、大学教授	歌舞伎器乐协会会员、各行当专业演员、乐师、大学教授	歌舞伎长呗协会会员、各行当专业演员、乐师、大学教授
毕业去向	加入演员协会、与传统歌舞伎保存会签约、拜核心演员为师，登上舞台	加入太夫协会、经过协会核心成员指导后登上舞台	加入器乐协会、经过协会核心成员指导后登上舞台	加入长呗协会、经过协会核心成员指导后登上舞台
其他	免学费，提供贷款和奖学金	免学费，提供贷款和奖学金	免学费，提供贷款和奖学金	免学费，提供贷款和奖学金

资料来源：邹慕晨、谢柏梁《日本传统戏剧家元制发展研究》，载《戏剧（中央戏剧学院学报）》2021年第2期。

传统艺术养成研修制度设立已有半个世纪之久，截至2018年9月，歌舞伎舞台上约三成的演员为研修结业者，经过研修成为头牌演员（被称为"名题"）的有39人。此外，歌舞伎音乐的竹本，31名演员中有27人为研修生出身。培训除了由传统艺能的实演者作为讲师进行实际技术指导外，这些年来持续进行着制定授课和发表会等课程。

进修结束者积累了舞台演出的经验，对传统艺术的保存和振兴发挥着重要的作用，但是传承研修最后还是没有抛弃传统的艺能传承方式。国立养成所培养出的演员并不能直接登上歌舞伎的舞台，歌舞伎演员有名题和名题下两种等级，首先要通过日本俳优协会的名题资格审查考试，取得名题证书，然后还必须经过家元、前辈、演出出品方等各方面的认可，在举行了名题晋升公开发表之后，从名题下到名题的过程才算走完。①最后，他们还必须通过拜师的形式进入歌舞伎某一家元的体系之内，再遵循袭名的路径完成晋升。另外，国立养成所培养出的演员即使拜了宗家，也几乎没有办法当上主角，主角的位置还是掌握在"名门之后"手中。

---

① 邹慕晨、谢柏梁：《日本传统戏剧家元制发展研究》，载《戏剧（中央戏剧学院学报）》2021年第2期。

（三）公演

为了传承和振兴日本的传统艺术，国立剧场于1966年设立进行大型剧目的连续演出以及中断剧目的恢复公演。各剧场公开演出歌舞伎、文乐、日本舞蹈、邦乐、雅乐、梵唱、民间艺术等多方面的传统艺术（见表4-7）。

表4-7　日本艺术文化振兴会运营的剧场

剧场名称	主要演出类型
国立剧场（本馆）	歌舞伎、文乐、日本舞蹈、邦乐[①]、雅乐、梵唱、民间艺术
国立演艺场	落语、漫才[②]、讲谈等民间艺术
国立能乐堂	能乐、狂言
国立文乐剧场	文乐、上方艺能[③]
新国立剧场	歌剧、芭蕾舞、现代舞蹈、戏剧
冲绳国立剧场	组舞等冲绳传统艺术

各剧场在公演这一事业上会反复进行周密的调查和准备。首先，剧场一边尊重各种各样的演出和技术，一边努力以古典传承的姿态进行公演。例如，歌舞伎和文乐为了让人们更容易理解故事的展开，努力演出通篇的狂言。另外，尽各种努力增加传统艺术的观赏者。例如，在能乐中以"能一番""狂言一番"为原则，即使是第一次看的人也能轻松欣赏。歌舞伎演出很多反映应季的内容以及活动的剧目，在新年上演节日庆典的剧目，在炎热的夏季上演令人毛骨悚然的鬼怪故事等，大多为让人们感受到各种季节的剧目。

在国立剧场，分别于1、3、6、7、10、11、12月上演歌舞伎，每个月的公演时间大约为25天。基本上一天上演一个剧目一次，但是在6、7月举办鉴赏教室时，一个剧目一天上演两次。在其他剧场，作为惯例，采用白天部分和晚间部分，即1天2部的方式，分别上演不同的剧目，上演约25天。白天和晚间都是在3个半小时到4个半小时的时间上演几个剧目。在地方城市公演等时期，也有1天1次的公演。此外，国立剧场设有展室等设

---

① 日本传统音乐。
② 日本传统曲艺之一，类似中国的对口相声。
③ 日本京都大阪一带的传统曲艺。

施，举办以歌舞伎为主的传统艺术展览，并且展出可以查阅的资料和图书、观赏公演记录的影像。

（四）鉴赏教室

为了让青少年、社会人士以及外国人以低廉的价格了解传统艺术的魅力，除了以歌舞伎、文乐、能乐以及组舞为中心实施公演之外，国立剧场也致力于附有通俗易懂解说的鉴赏教室公演。

国立剧场主要是为了让年轻一代更了解日本的传统艺术，在文化厅、地方公共团体等的扶持下，每年面向初次观看歌舞伎的人们和外国人举办附带说明的鉴赏教室。自国立剧场开放第二年，即1967年（昭和四十二年）以来，以学生为首的很多年轻人都来欣赏，到2019年为止累计入场人数超过了650万人。据国立剧场宣传部介绍，国立剧场于1966年正式投入运营，在次年的1967年起设置歌舞伎鉴赏教室，主要面向中学生、高中生，为他们提供欣赏歌舞伎的机会。大约有600万的高中生曾经观看过鉴赏教室和公演。每年观看松竹株式会社和独立行政法人国立剧场举办的歌舞伎公演的观众有100多万人次。如果鉴赏教室中的学生观众中能有10%的人成为歌舞伎爱好者的话，歌舞伎的未来便可以安枕无忧了。①

歌舞伎鉴赏教室附有通俗易懂的解说，是一场能以合适的价格享受歌舞伎代表性演出节目和名场面的公演。鉴赏教室由说明和剧目鉴赏两部分构成，是加深对歌舞伎的亲切感的公演。演员本人一边进行实际表演，一边使用各种舞台装置，说明享受歌舞伎乐趣的方法。另外，鉴赏教室也上演内容通俗易懂剧目的经典片段，同时准备了适合鉴赏前学习的"鉴赏书签"等支持学习的各种工具。学校、家庭也可以使用的网络教材"文化数字图书"。歌舞伎鉴赏教室主要有四个特点：一是通过演员进行通俗易懂的解说；二是让大家事先鉴赏名作；三是鉴赏时附有剧情介绍；四是价格亲民。

三、歌舞伎传承"言语"的变化

中国有句古话叫作"偷师学艺"，在歌舞伎的世界里也是这样。"以

---

① 受访者：东京国立剧场宣传部解说人员；访谈时间：2019年5月；地点：日本东京国立剧场。

前从舞台表演中学会前辈的技艺,只有在哪里做得不到位的时候,前辈才会纠正错误,但这时候如果和前辈说请教给我吧,前辈会认为这是我好不容易掌握的技巧,我是不会教给你的,要自己领悟。但现在随着对歌舞伎传承危机感的认识,如果和前辈说请教给我吧,前辈会很高兴地教给后辈。"①

(一)传承中的"技言语"

今日的歌舞伎起源于17世纪江户初期,在400多年的发展过程中,"型"的传承以及以"型"为基础来发挥个人特色也已经成为歌舞伎的特色与价值。"型"是指艺术与活动作为一种艺术类型的特色所在,也就是非遗保护制度必须加以保护与传承的部分。"形"则是允许个别传承者诠释的部分,"形"的表现自由限度由该艺术的传承者或者传承团体来决定。

歌舞伎以前在传承时没有任何文字记录,全部需要记在脑子里。例如日本著名歌舞伎演员五代目中村时藏曾经在接受访谈时讲道,祖父与父亲的脚本里面什么也没有记录,没有任何的参考意义。在艺术的世界里"不写""不教"是一种独特的教学方法。那么在歌舞伎的世界里"不写""不能写"的理由是什么呢?最主要的理由是很多技艺无法用言语表达清楚。歌舞伎中有不能用文字写的情况,但并不是完全不能表达,例如,关于某角色时的"形"可以记录下来,也可以教授。但是如果是演绎方法的话,这和"型"的问题有关,所以不能全部"写",也不能全部"教授"。也就是歌舞伎世界中"技"的传承在表演艺术环境本身,有着"不写"的认识。

(二)歌舞伎脚本的变化

在江户时期,由于印刷技术并不发达,所以歌舞伎的旧脚本并没有记录全部演员的台词,仅仅记录本人的台词,例如五代目中村时藏会在台词的前面用小字插入前面人的台词的最后一句。同时脚本中还有舍弃的台词,例如在回来时要说的"お帰りなさい"或者出去时说的"行ってきます",这样的日常用语是不会写在脚本中的,脚本仅仅记录重要的台词。歌舞伎旧脚本如图4-3所示。

---

① 生田久美子、北村胜朗:『わざ言語』,庆应义塾大学出版会,2011年,p.223。

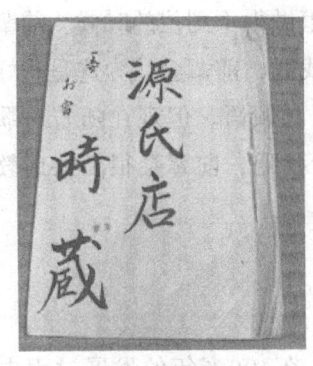 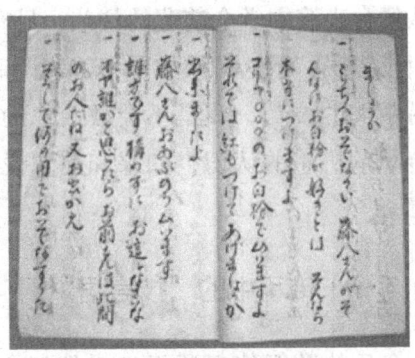

（a）旧脚本的封皮　　　　　　　（b）旧脚本台词部分

图4-3　歌舞伎旧脚本

（资料来源：生田久美子、北村胜朗『わざ言語』，庆应义塾大学出版会，2011年，p.230）

根据五代目中村时藏介绍，在现代的脚本中为了传承研修学习，他会用自己才能知道的签名之类的东西进行一些标记。例如，在时代狂言中，尤其是女形有"くどき""さわり"的部分，配合义太夫先生的叙述用动作来表现自己心情的地方会写得相当详细。而且偶尔会进行画画，或者去右边柱子的地方用右手支撑等。歌舞伎现代脚本如图4-4所示。

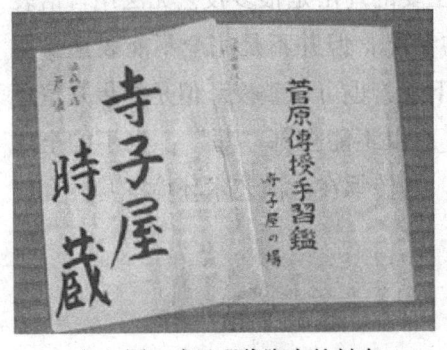 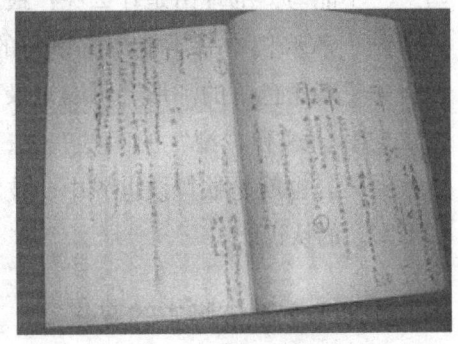

（a）同一戏目现代脚本的封皮　　　　　　　（b）有标记的现代脚本台词部分

图4-4　歌舞伎现代脚本

（资料来源：生田久美子、北村胜朗『わざ言語』，庆应义塾大学出版会，2011年，p.230）

以传达给后继者为目的的"传书"是以"形"为中心写的，如表演之前的动作，还有服装性的东西和小道具等。包含了这些"形"，明白、自我消化，然后再演绎下去，这时就可以打开"完全成为角色"的下一步了，而演绎方法还是需要自己去"偷师学艺"。

四、歌舞伎的现代活用：不断创新的传统艺术

第四章已经提到日本对文化遗产的政策为保护，即保存加上活用，歌舞伎也不例外。如今进行的歌舞伎除了自身戏剧表演艺术的独特性外，最令世界剧坛刮目相看的是以现代商业模式高密度地循环。在日本，百分之九十以上的歌舞伎演员都属于松竹株式会社，所以松竹主办的歌舞伎演出集合了歌舞伎最强的阵容，其运作的歌舞伎演出，往往具有强大的号召力。①百年字号松竹经过长时间的考验，已经成为日本的出色品牌。

歌舞伎作为商业化的模式，背后也有取得利益的目的，因此歌舞伎近年来做了非常多大胆的尝试，例如与现代剧作家和演员进行合作、将漫画和动画作品进行改编、在歌舞伎专用剧场以外的场所开展公演、运用高科技手段展示歌舞伎等，这些方式使得歌舞伎比以往更受广大观众的喜爱。

（一）新歌舞伎

虽然歌舞伎在明治以后逐渐成为古典戏剧，但是还是在积极地汲取现代性要素。歌舞伎在与其他艺术和文化交流的同时，通过采用外来乐器的音乐和复杂的故事构成等方式不断加入新的要素，作为综合性戏剧发展起来。有很多作品从能乐和狂言等前一时代创作的表演艺术以及人形净琉璃等相同时代发展的表演艺术移植到了歌舞伎。另外，日本还诞生了歌舞伎与落语及讲谈、小说等艺术及文化之间产生相互影响的作品，通过现代优秀的剧作家和演员们的各种创作和改良，如今也深受人们喜爱。

近年来，松竹表演的新歌舞伎除了原作是小说和落语的歌舞伎，以连环画、漫画、莎士比亚作品和印度古典作品等超越时代和种类的题材为基础，以与歌舞伎的结合为特点的演出节目也在不断增加。2015年8月，在美国拉斯维加斯的贝拉吉欧酒店的喷泉中，市川染五郎（现在的第十代松本幸四郎）等人表演了《Koi-Tsukami "fight with a carp"》。5场公演约聚集了10万名观众；2016年5月，MGM Grand酒店的剧场上演了《狮子王"The Adventures of the Mythical Lion"》（6场公演），向全世界宣传了歌舞伎。除了题材，还有与场所的结合，如模仿江户戏剧小屋的"平成中村座"的公演；在美术馆内的大厅上演的"sistenna歌舞伎"等。

---

① ［新加坡］蔡曙鹏：《歌舞伎文化财保护模式的启示》，载《文化遗产》2014年第3期。

（二）歌舞伎剧场——虚拟座

2017年3月和2018年先后在熊本和福岛举办了歌舞伎剧场虚拟座。以拉斯维加斯的公演录像为基础，作为面向下一代歌舞伎鉴赏的尝试，使用日本电信电话株式会社（Nippon Telegraph and Telephone Corporation，以下简称NTT）的沉浸式临场感通信技术"Kirari"的全新虚拟歌舞伎，第一次上演就带给观众充满临场感的观剧体验。在会场上融合歌舞伎特点的"隈取""大向"和研究所技术的"互动歌舞伎"也很受欢迎。

（三）超级歌舞伎

二代目市川猿翁认为，在现代社会以传统表演形式为主的歌舞伎已经无法引起年轻人的共鸣，因此创立了"超级歌舞伎"。"超级歌舞伎包括了三个S字头的英文字，即速度（speed）、场面（spectacle）和故事（story）。速度指的是戏紧凑、节奏快；场面指的是高科技、场面大；故事指的是故事新、情节奇。"①1986年，梅原猛编剧、二代目市川猿翁主演的超级歌舞伎《YAMATOTAKERU》进行了首次公演。2012年，四代目市川猿之助等再次将这部剧目搬上了舞台。2015年四代目市川猿之助等创作者们又大胆地在舞台上加入了爆破、快速换装、吊威亚等特效，将青春热血的动漫与传统歌舞伎的表演形式结合在一起，②给大众上演了改编自人气漫画《海贼王》的超级歌舞伎。

至今为止，超级歌舞伎上演了数部佳作，除了具有代表性的《ヤマトタケル》和《海贼王》之外，还有根据日本和中国古代小说或传说而改编的《龙王》《新三国志》《八犬传》等，这些剧目也是超级歌舞伎的经典作品，受到了大众的广受好评。超级歌舞伎的出现打破了长久以来人们对古典和历史的固有印象，是在尊重多元的基础上颠覆常识，让传统艺术一次又一次实现创新。

---

① ［新加坡］蔡曙鹏：《歌舞伎文化财保护模式的启示》，载《文化遗产》2014年第3期。
② 《先有三国志，后有海贼王：为了吸引年轻人，日本歌舞伎真的拼了》，见今日头条（https://www.toutiao.com/i6555663074534097421/）。

（四）超歌舞伎

从2016年开始，松竹株式会社和DWANGO株式会社联合制作"超歌舞伎"，在"niconico超会议室"内反复公演。这是代表日本传统艺术的歌舞伎和日本电信电话株式会社（NTT）推进研究开发的最新技术相融合的全新歌舞伎，荣获"第一届Cool Japan Matching Award""第22届AMD Award大奖"等多项大奖，获得了高度评价。

2016年，中村狮童与二次元人物虚拟歌姬初音未来合作，将超级歌舞伎《今昔飨宴千本樱》搬上了舞台。初音未来是2007年8月31日由CRYPTON FUTURE MEDIA以雅马哈的VOCALOID系列语音合成程序为基础开发的音源库，2010年发布初音未来6种不同声调的版本"初音未来Append"。① 中村狮童出身于歌舞伎名门世家，自幼接受传统戏剧训练，1978年即登上舞台，除了在歌舞伎上多有成就以外，也积极参演其他各类型的戏剧演出。

《今昔飨宴千本樱》"在剧目的内容上结合了歌舞伎经典剧目《义经千本樱》和合成音乐《千本樱》，在表现形式上是真人演员与3D全息投影的崭新模式"②。在超歌舞伎演出的同时设有网络直播，用户可以在线观看。按照歌舞伎的传统，每个演员都有相应的屋号，中村狮童是"万屋"，初音未来是"初音屋"。③ 表演过程中，观众可以根据自己的观剧感受"挂声"屋号。④ 因为是线上直播的形式，所以观众即使不在现场，也可以用弹幕的形式来"挂声"，这也使舞台表演与观众的一体感又有了新的表现形式。

（五）Hello Kitty剧团的桃太郎

从2018年3月开始，在东京三丽鸥彩虹乐园，由三丽鸥株式会社主办的娱乐新歌舞伎《KAWAII KABUKI（可愛い歌舞伎）——Hello Kitty剧团的

---

① 《一人分饰两角 初音未来出演"超歌舞伎"详情公布》，见今日头条（https://www.toutiao.com/i6533543195194688004/）。
② 韩若冰：《非物质文化遗产的活化、传承与创新——以"情动机制"为视角》，载《民俗研究》2019年第6期。
③ 韩若冰：《非物质文化遗产的活化、传承与创新——以"情动机制"为视角》，载《民俗研究》2019年第6期。
④ 韩若冰：《非物质文化遗产的活化、传承与创新——以"情动机制"为视角》，载《民俗研究》2019年第6期。

桃太郎》一直在上演。歌舞伎大使——歌舞伎桃太郎进行了观众参加型的华丽演出，除了在全世界都拥有人气的Hello Kitty之外，三丽鸥的人气动漫角色也参加了演出。“可愛い”和“歌舞伎”的结合超越了时代的界限，博得了很高的人气。

第四节　歌舞伎的现代传承案例研究

在第三节中，我们已经研究了歌舞伎的现代传承有传承研修制度、公演和鉴赏教室。笔者于2018—2020年前往日本进行了日本非遗传承的田野调查，本节将以具体的案例来具体研究歌舞伎的现代传承。

一、传统艺术传承研修实施案例

首先以传统艺术养成研修实施为例，在2008—2011年「伝統芸能の伝承者の養成」[①]这个项目取得了A的绩效。根据项目资料，日本传统艺能传承研修的具体内容包括两部分：一部分是养成研修的实施，另一部分是既成者研修的实施，实施内容主要包括研修投入、研修计划、具体实施情况与检讨等，如图4-5所示。

【(中項目)1−3】	3 伝統芸能の伝承者の養成及び現代舞台芸術の実演家その他の関係者の研修 伝統芸能の保存振興、現代舞台芸術の振興普及を図るため、次のとおり伝統芸能の伝承者の養成及び現代舞台芸術実演家その他の関係者の研修を実施すること。	【評定】A		
		H20	H21	H22
		A	A	A
【(小項目)1−3−1】	伝統芸能の伝承者の養成	【評定】A		
		H20	H21	H22
		A	A	A

图4-5　「伝統芸能の伝承者の養成」项目绩效

（资料来源：日本国立剧场2008—2011年「伝統芸能の伝承者の養成」项目）

① 本节所有资料与数据来自国立剧场2008—2011年「伝統芸能の伝承者の養成」项目。

2008—2011年度传统艺术研修共投入预算1031百万日元，以上预算来自艺术文化振兴会的养成研修费、公演费（研修事业）与冲绳财团的经费。从业人员从2008—2011年分别为15人、16人、16人、15人，从业人员包含各馆的养成担当常职员与国立剧场业务管理职员。具体数据见表4-8。

表4-8　2008—2011年传统艺术养成研修预算

	2008	2009	2010	2011
预算／百万日元	268	258	244	261
从业人员／人	15	16	16	15

资料来源：日本国立剧场2008—2011年「伝統芸能の伝承者の養成」项目。

1. 养成研修实施情况

（1）研修计划

本节主要研究的是传统艺术研修歌舞伎的部分，但项目总体还包括大众艺能、能乐、文乐以及组舞。其中歌舞伎的研修课程包括演员、鸣物、长呗和竹本，具体的研修计划见表4-9。

表4-9　2008—2011年传统艺术养成研修计划

区分		研修期间	研修实绩	完成者	年度计划	中期计划（2008—2011年度）	
						完成者累计	目标
歌舞伎俳優·音楽	俳優20期（2年次）	3年	9名	—	10名	6名	13名	24名程度
	鳴物（休止）	—	—	—	—	2名		
	長唄5期（2年次）	3年	2名	—	2名	3名		
	竹本20期（1年次）	2年	1名	—	3名	2名		
大衆芸能	寄席囃子（休止）	—	—	—	—	—	1名	4名程度
	太神楽6期（2年次）	3年	1名	—	1名	1名		
	太神楽7期（1年次）	3年	2名	—	3名	1名		

续表

区分	研修期间	研修实绩	完成者	年度计划	中期计划（2008—2011年度）	
					完成者累计	目标
能楽	8期（4年次）	基礎課程3年 専門課程3年	4名	—	4名	基礎課程4名	基礎課程5名程度
文楽	25期（1年次）	2年	4名	—	6名	5名	6名程度
組踊	3期（1年次）	3年	9名	—	9名	9名	9名程度

资料来源：日本国立剧场2008—2011年「伝統芸能の伝承者の養成」项目。

（2）歌舞伎研修的实施

歌舞伎演员的研修一共进行了645节课。其中技术的研修共进行了524节，占了总课程的81%，包含"歌舞伎実技、立廻り・とんぼ、日本舞踊、義太夫、長唄、鳴物、下座音楽、箏曲"课程。另外还有12节其他课程，包含"作法・講義・体操、公演・稽古見学、衣裳・化粧・かつら、部外研修、その他（発表会等）"。

長唄的研修一共进行了532节课。其中技术课程共进行了410节，占了总课程的77%，包含"長唄、鳴物"课程。另外还有122节其他课程，与歌舞伎演员课程形式大致相同。

竹本的研修一共进行了588节课。其中技术课程共进行了394节，占了总课程的67%，包含"義太夫（竹本）、義太夫、狂言"课程。另外还有194节其他课程，与歌舞伎演员课程形式大致相同。具体的研修内容见表4-10。

表4-10　2008—2011年传统艺术养成研修主要授课内容、回数及主要教授人员

区分		授業内容	主な講師回数	回数
歌舞伎俳優	実技計524回	歌舞伎実技	澤村田之助、中村時蔵、市川團蔵、中村吉三郎、中村勘之丞、中村芝喜松、中村京妙、市川新十郎	167

续表

区分		授業内容	主な講師回数	回数
歌舞伎俳優	実技 計524回	立廻り・とんぼ	尾上松太郎、坂東三津之助、坂東玉雪、荒木達雄	93
		日本舞踊	花柳寿楽、花柳錦吾、花柳典幸、藤間勘祖、藤間勘十郎、藤間弘	105
		義太夫	竹本朝輝、竹本葵太夫、竹本谷太夫	43
		長唄	今藤長十郎、今藤文子、今藤政太郎、今藤美知	57
		鳴物	田中佐太郎、望月太左衛、望月太左寛	44
		下座音楽	杵屋巳太郎、杵屋巳吉	5
		箏曲	米川文子、米川文清	10
	その他 計121回	作法・講義・体操	岩田宗冨、近藤瑞男、天森悦子、木村俊光	31
		公演・稽古見学		28
		衣裳・化粧・かつら	松本錦吾、中村芝喜松、海老沢孝裕	41
		部外研修		3
		その他（発表会等）		18
	合計			645
長唄	実技 計410回	長唄	鳥羽屋里長、杵屋巳太郎、鳥羽屋文五郎、杵屋栄十郎、杵屋長四郎、松島藤次郎、杵屋巳吉、和歌山富之、鳥羽屋里夕、杵屋巳丞、杵屋正園	346
		鳴物	田中佐太郎、望月太左衛門、望月太左治、望月太左一郎	64

续表

区分		授業内容	主な講師回数	回数
	その他計122回	作法・講義	木村俊光、景山正隆、近藤瑞男、岩田宗富	52
		体操	天森悦子	24
		公演・稽古見学		41
		部外研修		1
		その他（発表会等）		4
	合計			532
竹本	実技計394回	義太夫（竹本）	竹本喜太夫、竹本葵太夫、竹本谷太夫、鶴澤寿治郎、野澤松也、鶴澤泰二郎、豊澤菊二郎、中村時蔵・市川團蔵	263
		義太夫	竹本駒之助、鶴澤寛也、鶴澤津賀寿、鶴澤清介	127
		狂言	茂山千五郎、茂山正邦	4
	その他計194回	作法・講義・体操	景山正隆、倉田喜弘、近藤瑞男、天森悦子、岩田宗冨、木村俊光	123
		公演・稽古見学		58
		その他（発表会等）	中村芝喜松、中村芝のぶ	13
	合計			588

资料来源：日本国立剧场2008—2011年「伝統芸能の伝承者の養成」项目。

研修中共举行了2次发表会，歌舞伎的具体的发表内容如图4-6所示。在非遗的传承中强调实践的重要性，因此从课程的设置中可以看出歌舞伎研修既包含理论学习，也包含实践的内容。

研修の一環として、講師及び関係者を前にした発表会(あげざらい)を実施した。(一般非公開)
○第20期歌舞伎俳優研修生 研修発表試演会
　日時：平成23年9月14日(水)13:00～14:10
　会場：国立劇場大稽古場
　内容：舞踊「廊八景」(花柳寿楽＝指導、花柳錦吾＝指導、花柳典幸＝指導)
　　　　歌舞伎「修禅寺物語」(澤村田之助＝指導、尾上松太郎＝立廻り指導)
　出演：第20期歌舞伎俳優研修生　10名

○第20期歌舞伎俳優研修生・第5期長唄研修生
　日時：11月24日(木)10:00～10:40
　会場：第4研修室
　内容：①第20期歌舞伎俳優研修生
　　　　・長唄「五郎」(田中佐太郎＝指導〈副科(小鼓)〉)
　　　　②第5期長唄研修生
　　　　・長唄「小鍛冶」(田中佐太郎＝指導〈副科(小鼓)〉)
　　　　・長唄「鶴亀」(望月太左衛門＝指導〈副科(太鼓)〉)

图4-6　2008—2011年传统艺术养成研修发表会

(资料来源：日本国立剧场2008—2011年「伝統芸能の伝承者の養成」项目)

2. 既成者研修的实施

另外还有针对既成者的研修。传统艺术养成既成者研修发表目标（具体目标见表4-11）包含歌舞伎、能乐、文乐和组舞。其中歌舞伎部分的主要目标是歌舞伎演员进行两次公演，歌舞伎音乐进行1次公演。既成者研修的公演是收费的，但很便宜，对于学生还有优惠。根据统计，两场公演的入场者分别是3817人和2456人，入场率分别是91.4%和90.7%。

表4-11　2008—2011年传统艺术养成既成者研修发表目标

区分	実績	年度計画	公演名
歌舞伎俳優既成者研修発表会	2公演	2公演	「稚魚の会・歌舞伎会合同公演」「上方歌舞伎会」
歌舞伎音楽既成者研修発表会	1公演	1公演	「音の会」
能楽既成者研修発表会	3公演	3公演	「若手能」(京都・大阪・東京)
文楽既成者研修発表会	2公演	3公演	「文楽若手会」「義太夫節に親しむ会」
組踊既成者研修発表会	1公演	1公演	組踊研修修了生発表会

资料来源：日本国立剧场2008—2011年「伝統芸能の伝承者の養成」项目。

歌舞伎艺能研修每半年由研修讲师提交研修生评价表，同时致力于调查传承者的活动状况、把握研修结业生的动向，进行研修生、结业生的现状分析，讨论下一年度的实施内容和募集内容，如图4-7所示。此项目最后根据研修的检讨结果下一期的计划是：募集（预定2013年开课）歌舞伎演员，歌舞伎音乐的竹本、鸣物、长呗课程；加强与相关团体传统歌舞伎保存会、松竹株式会社等的合作；活用宣传使用的DVD和册子，将4个课程一体化等。

既成者研修発表会
(1) 歌舞伎俳優既成者研修発表会(実績2回・目標2回)

第17回稚魚の会・歌舞伎会合同公演	期間	日数・回数	会場
	8/13(土)～16(火)	4日8回	本館小劇場

内容:「寿曽我対面」工藤祐経館の場(中村梅玉・中村魁春・市川團蔵＝監修・指導)、「一條大蔵譚」大蔵館奥殿の場(中村吉右衛門・中村芝雀＝監修・指導)、「戻駕色相肩」(藤間勘祖＝振付)
開演時間:10:30/16:00
入場料金:3,500円(学生2,450円)、障害者割引2割引、入場者数3,817人(入場率91.4%)

第21回上方歌舞伎会	期間	日数・回数	会場
	8/21(日)～22(月)	2日4回	文楽劇場

内容:「絵本太功記」尼ヶ崎閑居の場(片岡我當・片岡秀太郎＝指導)、
「松廼羽衣」(山村若＝振付)
「傾城反魂香」土佐将監閑居の場(片岡仁左衛門・片岡秀太郎＝指導)
開演時間:11:00/16:00
入場料金:3,500円(学生2,500円)、障害者割引2割引、入場者数2,456人(入場率90.7%)

(2) 歌舞伎音楽既成者研修発表会(実績1回・目標1回)

第13回音の会	期間	日数・回数	会場
	8/3(水)～4(木)	2日2回	本館小劇場

内容:鳴物・長唄「吉原雀」、鳴物・長唄「四季の花里」、歌舞伎「菅原伝授手習鑑」吉田社頭車引の場(市川團十郎＝監修・指導)
開演時間:16:00
入場料金:2,000円(学生1,400円)、障害者割引2割引、入場者数826人(入場率79.1%)

图4-7 2008—2011年度传统艺术养成研修歌舞伎既成者研修发表内容

（资料来源：日本国立剧场2008—2011年「伝統芸能の伝承者の養成」项目）

从对歌舞伎的研修分析来看，国立剧场非遗传承研修课程建设的主动性与积极性对日本传统艺术的保存和振兴发挥着重要的作用。非遗的内涵重视理论性与实践性相结合，因此传承研修课程设置上为"技能＋实践"的形式，强化了非遗的主体性地位。在研修结束后还有评价与检讨机制，形成了一整套系统的非遗传承研修制度。我国还没有类似的传承人培养制度，在目前重视非遗传承与保护的背景下，我们可以借鉴日本非遗传承研修制度的经验，探索通过学校教育培育新生代传承人的新路径。

二、2019年歌舞伎鉴赏教室案例

为了让更多的人能够轻松愉快地享受拥有四百多年历史的歌舞伎的魅力,歌舞伎鉴赏教室不仅附有通俗易懂的解说,而且让观众能够以合适的价格享受歌舞伎代表性演出节目和名场面的公演。2019年,日本东京国立剧场一共举行了两次歌舞伎鉴赏教室公演。日本东京国立剧场如图4-8所示。

（a）日本东京国立剧场门口

（b）日本东京国立剧场主体建筑

图4-8　日本东京国立剧场

（资料来源：作者拍摄于日本国立剧场，2019年）

（一）2019年6月歌舞伎鉴赏教室公演

1. 《神灵矢口渡》鉴赏

2019年6月歌舞伎鉴赏教室的公演时间为6月2日至6月24日，见表4-12；歌舞伎鉴赏公演解说及演员名单见表4-13。

表4-12　2019年6月歌舞伎公演时间表

日期		2	3	4	5	6	7	8	9	10	11	12	13
星期		日	一	二	三	四	五	六	日	一	二	三	四
演出时间	11:00	○	○	○	○	○	-	○	○	○	○	○	○
	14:30	○	○	○	○	○	-	○	○	○	○	○	○
	19:00	-	-	-	-	-	◆	-	-	-	-	-	-

续表

日期	14	15	16	17	18	19	20	21	22	23	24
星期	五	六	日	一	二	三	四	五	六	日	一
演出时间 11:00	○	○	○	-	◆	□	□	□	□	-	-
演出时间 14:30	○	○	○	D	◆	D	□	□	□	◆	-
演出时间 19:00	-	-	-	-	D	-	-	-	-	-	-

资料来源：歌舞伎鉴赏教室宣传册，2019年6月。

注：上午11点开演（预计下午1点5分结束）。

下午2点30分开演（预计下午4点35分结束）。

下午7点开演（预计晚上9点5分结束）。

6月22日（周六）、23日（周日），主要对听觉障碍者的观剧支援服务可以使用手边显示台词的"便携式字幕服务"。

○：歌舞伎鉴赏教室。

◆："面向社会人的歌舞伎鉴赏教室"。

D："Discover KABUKI——面向外国人的歌舞伎鉴赏教室"。

□：歌舞伎鉴赏教室Multilingual Week耳机指南支持多种语言，除了日语、英语之外，还可以使用中文、韩语、西班牙语、法语的耳机向导。

表4-13　2019年6月歌舞伎鉴赏公演解说及演员名单

作用	角色名	饰演者姓名
解说	—	中村虎之介
《神灵矢口渡》主要演员	渡守顿兵卫	中村雁治郎
	女儿阿舟	中村一太郎
	船头八助	中村寿治郎
	倾城台	上村吉太朗
	新田义峰	中村虎之介
	下男六藏	中村龟鹤

资料来源：歌舞伎鉴赏教室宣传册，2019年6月。

歌舞伎鉴赏教室观剧指南及宣传册如图4-9所示。歌舞伎鉴赏教室内容包括《解说歌舞伎观赏法》和江户时代中期活跃的特色作家平贺源内用"福内鬼外"的笔名写的《神灵矢口渡》。

（a）《神灵矢口渡》观剧指南　　　　　（b）2019年6月歌舞伎鉴赏教室
小册子　　　　　　　　　　　　　　　宣传册

图4-9　2019年6月歌舞伎鉴赏教室观剧指南及宣传册

（资料来源：作者拍摄于日本国立剧场，2019年）

解说《歌舞伎观赏法》的是中村虎之介，他简单易懂地介绍了歌舞伎的欣赏方法。他最开始是穿着休闲服登场，不知不觉间就换上了和服来介绍。解说时特别设置了一分钟的摄影时间，呼吁在场的观众在社交平台上以"看了歌舞伎哦"为主题标签发布相关内容以及戏剧的感想等，如图4-10所示。

（a）中村虎之介解说《歌舞伎观赏法》　　　（b）一分钟摄影时间

图4-10　《歌舞伎观赏法》解说

（资料来源：作者拍摄于日本国立剧场，2019年）

《神灵矢口渡》是以描写南北朝动乱的军事故事《太平记》为题材的作品。上演的是杀害南方武将新田义兴的渡守和他女儿的剧目，如图4-11

(a)倾城台（上村吉太朗饰）、新田义峰（中村虎之介饰）、女儿阿舟（中村一太郎饰）

(b)下男六藏（中村龟鹤饰）、女儿阿舟

(c)女儿阿舟，渡守顿兵卫（中村雁治郎饰）

(d)渡守顿兵卫进入花道

(e)阿舟的"人偶振里"表演

图4-11 《神灵矢口渡》表演过程

（资料来源：由日本国立剧场提供，2019年）

所示。舞台上展示的是顿兵卫的家，因为搜索新田的落人[①]，顿兵卫被村长叫走。在顿兵卫不在的时候，女儿阿舟对寻找旅馆而来的新田义峰一见钟情，把他带回了家，（这时候会有解说让观众注意）看点是阿舟因对义峰的爱慕而表现出来的纯真可爱的动作。之后阿舟欺骗了想要从敌人那里得

---

① 指战败逃亡中的武士。

到奖励的男仆六藏，说要和六藏结为夫妻并让六藏离开。知道义峰是义兴的弟弟后，阿舟因处在对父亲的孝心和对义峰的爱慕之心之间左右为难，（这时候会有解说让观众注意）在义太夫节的演奏上将情感丰富地表现了出来。

接到六藏通知的顿兵卫为了得到奖赏的钱打算暗中讨伐义峰，于是回到家中。从女儿阿舟那里得知义峰已经逃走的顿兵卫气得直跺脚，全然不顾自己女儿的顿兵卫将贪婪无道的行径表现得十分突出。甩开拼命阻止的阿舟之后，顿兵卫为追义峰飞奔而出。他一边挥舞着剑刃，一边用"蜘蛛爪"这个特殊的动作进入花道。

受伤的阿舟一心一意想要帮助义峰，决心要敲响解除村子包围的信号鼓。（这时候会有解说让观众注意）这里的看点是通过引入人偶动作而表演的"人偶振里"，巧妙地表现出阿舟高涨的感情，这也是45年以来首次演出的阿舟的"人偶振里"表演。

2. 首次举办"歌舞伎研究会"

6月15日下午5点，国立剧场在歌舞伎鉴赏教室《神灵矢口渡》结束后的大剧场舞台上首次尝试举行1小时左右的歌舞伎体验型研讨会。内容包括太鼓的演奏、歌舞伎表演的体验、舞台剧的演技和ツケ①体验。

首先，大家体验了太鼓的演奏。演奏者对歌舞伎太鼓的作用和敲打方法进行解说，然后示范演奏表示河水流动的声音和波浪的声音的效果音，如图4-12所示。

图4-12 太鼓的演奏体验

（资料来源：由日本国立剧场提供，2019年）

---

① "ツケ"是歌舞伎中的专有名词，在歌舞伎中，演奏者在舞台的旁边，配合演员的动作，用类似梆子的物品敲打板子，展现起跳、奔跑、拍打等声音，给人留下深刻印象。

其次，大家体验了歌舞伎表演，如图4-13所示。舞台转了一圈，歌舞伎演员讲师开始登场，可以近距离观看舞台和演员、女方的衣服，大家都欢声雀跃。然后分成两组让大家分别体验"立役的演技"和"女方的演技"。在"女方的表演体验"中，观众在听取了关于女方身体动作的现场讲解后，自己亲身穿上衣服进行了几种表演的体验。在舞台剧的演技和ツケ体验中，歌舞伎演员以演员的动作为范本，实践了其独特的动作，另外在旁边会配合演员的见解来拍ツケ。

 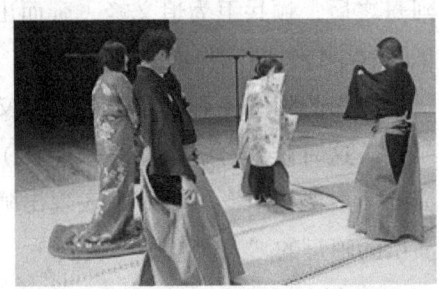

（a）演技体验分组　　　　　　　　（b）女方的演技体验

（c）舞台剧的演技体验　　　　　　（d）ツケ体验

图4-13　歌舞伎演技和ツケ体验

（资料来源：2019年7月歌舞伎鉴赏教室宣传册）

这是国立剧场首次尝试举行歌舞伎体验型研讨会。参与人员在演员和演奏家的指导下，不但可以享受歌舞伎演出，而且可以进一步接触歌舞伎世界，他们对这次歌舞伎体验型研讨会的反馈是非常有趣且从中感受到了歌舞伎传统表演的魅力。

（二）2019年7月歌舞伎鉴赏教室

1.《菅原传授手习鉴》和《棒缚》鉴赏

2019年7月歌舞伎鉴赏教室的公演时间为7月3日至7月24日，演出时间见表4-14。

表4-14 2019年7月歌舞伎公演时间表

日期		3	4	5	6	7	8	9	10	11	12	13
星期		三	四	五	六	日	一	二	三	四	五	六
演出时间	11:00	○	○	○	○	○	○	○	○	○	-	○
	14:30	○	○	○	○	○	○	○	○	○	○	○
	18:30	-	-	-	-	-	-	-	-	-	◆	-
日期		14	15	16	17	18	19	20	21	22	23	24
星期		日	一	二	三	四	五	六	日	一	二	三
演出时间	11:00	○	○	○	○	○	-	★	★	★	★	★
	14:30	○	○	○	○	○	★	★	★	★	★	★
	18:30	-	-	-	-	-	◆	-	-	-	-	-

资料来源：歌舞伎鉴赏教室宣传册，2019年7月。

注：上午11点开演（预定下午1点20分结束）。

下午2点30分开演（预定下午4点50分结束）。

下午6点30分开演（预定下午8点50分结束）。

○："歌舞伎鉴赏教室"。

◆："为了社会人的歌舞伎鉴赏教室"。

★："亲子同乐的歌舞伎教室"。

歌舞伎鉴赏教室内容包括《解说歌舞伎观赏法》、介绍《菅原传授手习鉴》"荒事"的雄壮演技以及充满幽默的舞蹈剧《棒缚》，歌舞伎鉴赏教室观剧指南及宣传册如图4-14所示。

（a）2019年7月歌舞伎公演观剧指南　　（b）2019年7月歌舞伎公演宣传册

图4-14 2019年7月歌舞伎鉴赏教室观剧指南及宣传册

歌舞伎鉴赏公演解说及演员名单见表4-15。

表4-15　2019年7月歌舞伎鉴赏公演解说及演员名单

作用	角色名	饰演者姓名
解说		坂东新悟
		中村玉太郎
《菅原传授手习鉴》主要演员	舍人松王丸	尾上松绿
	舍人梅王丸	坂东龟藏
	舍人樱丸	坂东新悟
	舍人杉王丸	中村玉太郎（交替演出）尾上左近
	藤原时平	中村松江
《棒缚》主要演员	次郎冠者	尾上松绿
	太郎冠者	坂东龟藏
	曾根松兵卫	中村松江

资料来源：歌舞伎鉴赏教室宣传册，2019年7月。

首先解说歌舞伎的向导是坂东新悟。从花道飒爽地登场，他用简单易懂的方式解说歌舞伎的乐趣，接着中村玉太郎也在意想不到的地方登场，然后两个人进行默契的对话。其中也特别设置了一分钟摄影时间，如图4-15所示。

（a）坂东新悟（中）介绍"荒事"表演的特征　　　　　　（b）一分钟摄影时间

图4-15　"荒事"表演的特征解说

[资料来源：图（a）由日本国立剧场提供，图（b）由作者拍摄于日本国立剧场，2019年]

（1）《菅原传授手习鉴》。

这是一部以平安时代的贵族、著名的"学问之神"菅原道真的传说为题材的作品。大哥梅王丸侍奉菅原丞相，松王丸侍奉藤原时平，樱丸侍奉斋世亲王，藤原时平计策使菅原丞相和斋世亲王下台。在东京都的吉田神社，偶然相遇的梅王丸和樱丸兄弟为彼此的苦境而叹息。正当此时，听到藤原时平参拜神社的两人决心为菅原丞相消除遗憾。以梅王丸在花道上的"飞六方"（这时候会有解说让观众注意夸张地表现出其飞快奔跑的样子的演技）为首，梅王丸展现了粗犷的演技。相对地，樱丸的台词和动作让人感受到柔和感。

梅王丸和樱丸阻挡在藤原时平乘坐的牛车前，在与藤原时平的家臣杉王丸（由中村玉太郎/尾上左近交替出演）争论的时候，松王丸出现了。松王丸对亲生兄弟梅王丸和樱丸也毫不留情，与他们激烈地争吵着。表演以限取为首，还加入了"荒事"的特色，这是一部只有通过歌舞伎才能充分展现形式美的作品，如图4-16所示。

（a）樱丸（坂东新悟饰）（左）、梅王丸（坂东龟藏饰）（右）

（b）樱丸（左）、松王丸（尾上松绿饰）（中）、梅王丸（右）

（c）樱丸（前方左）、松王丸（前方中央）、梅王丸（前方右）、藤原时平（中村松江饰）（后方中央）

图4-16 《菅原传授手习鉴》表演过程

（资料来源：由日本国立剧场提供，2019年）

(2)《棒缚》。

这是以同名狂言《棒缚》为基础的舞蹈剧,演员是主人不在家时总是擅自喝酒的家臣次郎冠者和太郎冠者。伤透脑筋的主人曾根松兵卫临出门前把两个人哄住,把次郎冠者双手捆在棒子上,把太郎冠者双手的后面绑住。即使如此,主人外出后双手被束缚的两人还是计划着设法喝酒,(这时候会有解说让观众注意)两人滑稽的表演和幽默的对话,后半段兴奋的两人伴着长呗和鸣物的演奏展开了华丽的舞蹈,如图4-17所示。

(a)太郎冠者(坂东龟藏饰)(左)、次郎冠者(尾上松绿饰)(右)

(b)太郎冠者(左)、次郎冠者(右)

(c)次郎冠者(左)、曾根松兵卫(中村松江饰)(中)、太郎冠者(右)

图4-17 《棒缚》表演过程

(资料来源:日本国立剧场提供,2019年)

2. 鉴赏教室后续活动

(1)歌舞伎特设照片点与小道具体验角。国立剧场大剧场大厅2楼大厅设置了引人注目的照片点。在与《菅原传授手习鉴》中的松王丸、梅王丸、樱丸等角色等身的大屏幕上,可以和三兄弟一起拍纪念照片。小道具体验角也很充实,传统艺术情报馆举办了展示"歌舞伎入门"并再现"车引"舞台的环节,如图4-18所示。

(a)特设照片点

(b)小道具体验角

(c)"车引"舞台

(d)人物形象展示

图4-18 特设照片点与小道具体验角

(资料来源:作者拍摄于日本国立剧场,2019年)

(2)后续讲话。在2019年7月7日和15日下午2点30分开演的场次结束后,歌舞伎鉴赏教室的主要演出者聚集在一起并展开了一场愉快的谈话。这种形式可以让与谈者听到其他观众听不到的珍贵故事,同时各演出者会抽签送出礼物。

(3)7月歌舞伎鉴赏教室"亲子欢乐歌舞伎教室"。在2019年7月19日至21日的3天里,在池坊花道会的协助下,鉴赏教室开演前会在大剧场大厅进行插花表演和作品展示。演出结束后,鉴赏教室举办"插花体验教室",让当天到场的孩子体验插花,如图4-19所示。在池坊花道会的花道家的细心指导下,孩子完成了插花作品,插花、器皿都可以带回家,费用是1000日元。这次活动的目的是让孩子们在接触色彩丰富的歌舞伎舞台之余试着接触插花的世界,同时为暑假留下美好的回忆。

图4-19　亲子欢乐歌舞伎教室

（资料来源：日本国立剧场提供，2019年）

7月份鉴赏教室参与人员的反馈也非常好，在剧场大厅可以看到很多拍照留念的观众，参与者们在后续谈话中也介绍了表演中发生的非常有意思的故事，并且认为最后的亲子教室也可以让更多的小朋友学习传统文化知识。

三、鉴赏教室的活用案例[①]

颂荣女子中学在初中、高中的6年里，每年都让学生观看歌舞伎鉴赏教室。之前的课程是以初中3年级学生为对象进行的，负责人益川敦老师认为，如果初学生成为高中生，就可以以自己的方式享受演戏的乐趣了。在最开始教授歌舞伎鉴赏课时，老师还解说了歌舞伎的历史。经过多年反复实践，益川敦老师认为，为了不让难得体验舞台剧的机会变得枯燥无味，支持观剧是最重要的。因此，有了歌舞伎鉴赏教室的活用——在中学鉴赏歌舞伎。

2010年7月9日11点至13点，颂荣女子中学组织观看歌舞伎鉴赏《身替坐禅》，如图4-20所示。这次听课的是全校初中700名学生。学生们要阅读国立剧场事先送来的鉴赏指南"上演资料集"，整理以看点为主的课程要点。授课时解说者则重视讲解，从而加深学生们对内容和对语言的理解。解说者首先讲到《身替坐禅》是以狂言《花子》为基础，之后以故事梗概

---

① 本节内容根据日本国立剧场官网资料翻译整理而成，见日本国立剧场官网（https://www.ntj.jac.go.jp/kansyoukyousitu/kokuritsu/gakushu2.html）。

解说为中心进行了讲解。《身替坐禅》是一部描写夫妇之间微妙问题的成人喜剧，中学生很难体会其中趣味，但是讲课的时候学生们的反应很好。如果要上演故事冗长的演出，就必须花费时间在实际鉴赏的说明上。主要的台词会在分发的印刷品上呈现，重点的台词会修改成白话体进行解说，对专有名词等用语也会进行详细的说明，从整体上可以感觉到解说者"要消除语言的难听性、难理解性"的意图。

图4-20　歌舞伎鉴赏（剧目《身替坐禅》）

（资料来源：由日本国立剧场提供，2019年）

讲解的最后是关于观剧态度的谈话。解说者认为，并不是特别强调观看歌舞伎时"要有礼貌"，而是"看现场的舞台剧和电视、电影完全不一样。演员和观众融为一体完成的就是戏剧。有意思的地方可以笑，也可以拍手"。讲解大约经过40分钟就结束了。

笔者通过田野调查深刻感受到了日本对传统艺术传承的用心。歌舞伎养成研修项目的背后是70多位教师对歌舞伎课程的理解与教学实践，他们在年复一年的探索和实践中培养了歌舞伎传承人才。

笔者通过2019年6月和7月的歌舞伎鉴赏教室感受到了日本激发普通民众对歌舞伎兴趣的用心。歌舞伎本身晦涩难懂，大部分普通民众看不懂传统艺能，既然欣赏传统艺能存在困难，那么就要注重观众的需求和与观众的互动。因此国立剧场通过鉴赏教室的形式为本国人及外国人讲解歌舞伎，促进民众充分理解歌舞伎表演形式和内容。在鉴赏教室结束后，又增加各种各样的活动与观众互动，例如关于歌舞伎的本体演技及乐器的体验，也有外围，例如小道具等的体验。

除此之外，日本政府近年来在中小学生的课程中加大了传统文化教育的力度。如在艺术教育中增加了传统艺能课程的比重，让孩子们从小就开始接触歌舞伎、能剧、文乐和太鼓等这些日本传统艺术。

第五节　藤野村歌舞伎的保护案例研究

2018年，笔者去日本神奈川大学非文字资料研究中心进行访问研究时，通过与指导老师小熊诚的认真筛选，最后选定去神奈川县相模原市调查藤野村歌舞伎。小熊老师事先联系好了神奈川县相模原市教育委员会生涯学习文化遗产课主任长泽先生和藤野村歌舞伎保存会会长诸角先生，并与笔者确认了相关调查内容。

一、旧藤野町自然人文环境

相模原市旧藤野町位于神奈川县的最西北端，町域东西6.8千米，南北13.5千米，东和南是相模原市旧津久井町，西接山梨县上野原市、道志村，北接东京都八王子市、桧原村4个市町村，东日本旅客铁道中央本线经过藤野站，相模地区也是日本三大农村歌舞伎所在的地区之一，如图4-21所示。

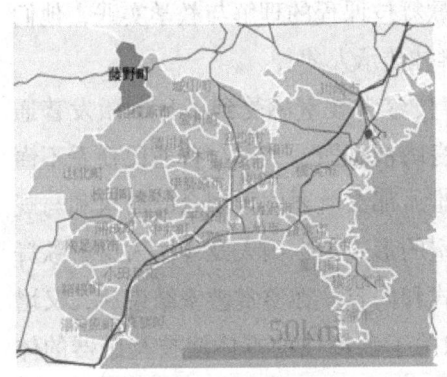 

（a）神奈川县相模原市旧藤野町地图　　（b）东日本旅客铁道中央本线藤野站

图4-21　旧藤野町地理位置

2007年3月11日，旧藤野町编入相模原市。2010年4月，旧藤野町开始成为相模原市绿区的一部分，如图4-22所示。这是一个四面环山，人口9000多人的深山城市，藤野町古时候作为甲州街道的驿站町而繁荣起来，号称"艺术之城"，致力于各种艺术的振兴。战前，人们以烧炭和养蚕为生。战后，逃过战火的疏散者聚集在一起，其中有藤田嗣治、猪熊弦一郎等艺术家，他们把相模湖周边比作艺术村，谈论着"大艺术都市构想"。

（a）景色优美的相模湖　　　　　（b）石老山

图4-22　旧藤野町景色

（资料来源：作者拍摄于日本神奈川县相模原市绿区，2018年）

1986年，神奈川县政府提出了"故乡艺术村构想"，建造了散布野外雕刻等一周6千米的"艺术之道"和"（旧县立）藤野艺术之家"等。藤野被认为是"艺术之城"，邀请了国内外的艺术家，举办了大型活动。活动不仅仅是艺术家的专属，生活在藤野的居民亲手制作的"祭典"和"企划"，也使藤野村民乐于参与其中。艺术村的构想，也体现了从县到町，从町到人对艺术的重视。

二、藤野村歌舞伎的复活

在农村秋收后的祭礼上，村民们表演了歌舞伎狂言，对于娱乐活动很少的农民来说，这是一个很大的乐趣。农村歌舞伎是地方民众表演的正统派歌舞伎，江户时代后期江户文化流入地方，业余戏剧在各地上演。

藤野村歌舞伎在明治初期农闲时是作为祈祷五谷丰登以及娱乐的一种形式，从明治初期开始作为地方戏剧由农家的人表演，当时在町内各地区盛行。从明治时代到昭和时代，以佐野川和筱原为首，直到战争期间都在旧藤野町的各地区上演。农村歌舞伎的本职演员在当地进行了正式的指导，不久后在津久井郡内、八王子周边的各村的祭典上演出。另外回到老家的前辈教村里的人演戏，使得村里的歌舞伎更加盛行，在筱原川上地区，筱川剧团也成立了。农村歌舞伎从每年10月左右开始练习，在农活告一段落的11月左右上演是一种惯例。据说因为白天很忙，所以练习是晚上进行的，到完成为止大概花费一个月时间。藤野的农村歌舞伎，1965年（昭和四十年）在神奈川县民俗艺术大会上演出的筱川剧团的《绘本太功记十段目》成了最后的演出。

战后，日本迎来了经济高度增长期，娱乐形式也多样化，藤野村歌舞伎曾一度衰退，在1965年的一次演出后一度绝迹。在昭和向平成过渡时，政府认为传统的农村歌舞伎就这样消失非常可惜，由于政府的支持与村民对歌舞伎的热爱，1988年（昭和六十三年）以旧藤野町的故乡艺术村事业为契机，有人提出要让其复活。现在正在举行的"藤野之农村歌舞伎"，是当时曾出演过农村歌舞伎的有志者于1992年（平成四年）复活的。他们为了继承民间艺术，结成藤野村歌舞伎保存会，再现当时的演出节目，在培养后继者的同时每年都会进行自主演出。1992年11月，藤野村歌舞伎举行了复活公演。藤野村歌舞伎2009年被登录为神奈川县相模原市重要无形民俗文化遗产，保护团体为藤野村歌舞伎保存会。①现在藤野村歌舞伎保存会（诸角安治会长）每年都会举办定期公演。藤野村歌舞伎复活资料如图4-23所示。

（a）1987年藤野村歌舞伎艺能表演　　（b）藤野村歌舞伎活动年表　　（c）1993年藤野村歌舞伎复活公演

---

① 受访者：相模原市教育委员会文化遗产保护课主任长泽有史；访谈时间：2018年10月16日；地点：日本神奈川县相模原市教育委员会文化遗产保护课。

（d）1996年藤野村歌舞伎在石楯尾神社公演　（e）2005年藤野町20周年纪念杂志　（f）2016年藤野村歌舞伎复活25周年纪念杂志

图4-23　藤野村歌舞伎复活资料

（资料来源：日本藤野村歌舞伎保存会会长诸角安治先生提供）

三、藤野村歌舞伎的传承[①]

为了配合农村歌舞伎的学习，藤野村歌舞伎保存会印制了学习教材，内容包括：藤野村歌舞伎的历史、歌舞伎剧目以及每年复活纪念手册等。藤野村歌舞伎保存会的构成有它的特点，演员年龄分布比较平均，成员包括从10多岁的小学生一直到70多岁的老人。演员有小学生、初中生、高中生、大学生、家庭主妇、在职人员、退休人员，他们加入保存会的原因大都是出于对传统农村歌舞伎的喜欢。保存会会长诸角安治70多岁，他觉得自己已经退休，有更多的精力来进行藤野村歌舞伎的保护与传承。[②]他掌握农村歌舞伎的艺能，对成员进行艺能的指导，给演员进行半年以上的业余训练。每个会员在入会时都要缴纳会费，会员中不乏大学生和小学生，他们认为出去学一项艺能也要缴费，而在藤野村歌舞伎保存会既可以学到艺能，又能传承民俗活动，所以十分愿意加入。[③]藤野村歌舞伎传承训练如图4-24所示。

[①] 本节的部分内容已发表，参见刘洋「中国と日本における無形文化遺産の保護及び継承制度に関する研究」，『神奈川大学非文字資料研究に飛び立つ』，2020年3月20日。刘洋：《日本非物质文化遗产的传承与保护经验》，载宋俊华编《中国非物质文化遗产保护发展报告（2019）》，社会科学文献出版社2020年版。

[②] 受访者：藤野村歌舞伎保存会会长诸角安治；访谈时间：2018年10月16日；地点：日本神奈川县相模原市绿区藤野综合事务室。

[③] 受访者：藤野村歌舞伎保存会会员；访谈时间：2018年10月27日；地点：相模原市绿区旧藤野町藤野艺术之家。

(a) 诸角安治会长带领平日训练

(b) 藤野村歌舞伎平日训练

(c) 藤野村歌舞伎平日训练

(d) 藤野村歌舞伎平日训练

(e) 藤野村歌舞伎平日训练

(f) 藤野村歌舞伎平日训练

图4-24 藤野村歌舞伎传承训练

(资料来源：日本藤野村歌舞伎保存会会长诸角安治先生提供)

藤野村歌舞伎现在每年都会进行一次公演，在公演前一周开始搭舞台，然后用一周时间每天晚上进行排练，公演前一天进行彩排，最后进行为期两天的公演，如图4-25所示。

（a）藤野村歌舞伎公演前彩排

（b）藤野村歌舞伎公演前彩排

（c）藤野村歌舞伎公演前儿童训练

（d）藤野村歌舞伎公演前儿童彩排
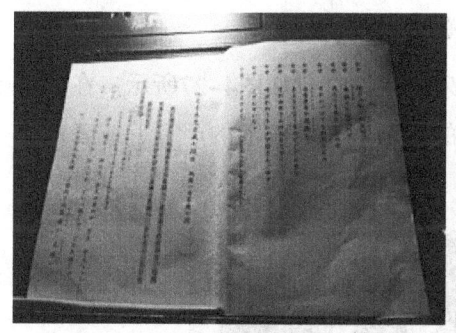
（e）藤野村歌舞伎公演剧本
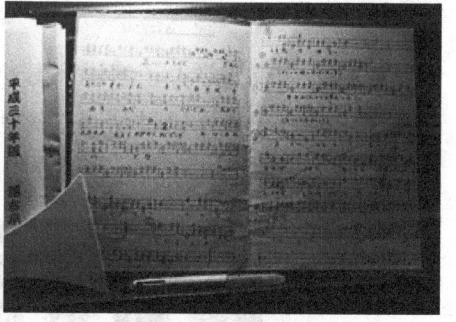
（f）藤野村歌舞伎公演曲谱

图4-25 藤野村歌舞伎公演前彩排

（资料来源：作者拍摄于日本神奈川县相模原市绿区，2018年）

2018年迎来了第27次藤野村歌舞伎公演，10月27日、28日相模原市绿区旧藤野町居民出演的第27届藤野村歌舞伎公演在该区牧野的藤野艺术之家举行。藤野村歌舞伎公演宣传如图4-26所示。10月27日，《假名手本忠臣藏七段目》上演，约200名观众观看了精彩的表演。10月28日，200人的会场也座无虚席。藤野的人口是9000多人，包括幕后工作人员在内，相当多的人都在参与这个祭祀活动,为保护和传承传统艺术而感到自豪。令人遗憾的是在平成大合并中"藤野"的名字从地名中消失了,市町村合并潜藏着连历史和传统都有可能消失的危险性。

(a) 2018年藤野村歌舞伎公演宣传单　　(b) 2018年藤野村歌舞伎公演旗帜

图4-26　藤野村歌舞伎公演宣传

(资料来源:作者拍摄于日本神奈川县相模原市绿区,2018年)

这次公演首先举办了解说演奏音乐的研讨会,如图4-27所示。在研讨会中,负责人解说了通过翻倒筲箩里的豆子来表现海浪的声音,或者用大鼓来表示水声等舞台声音的表现方法。

图4-27　解说演奏音乐研讨会

(资料来源:作者拍摄于日本神奈川县相模原市绿区,2018年)

在公演之前，19岁的大学生高崎夏帆介绍了藤野村歌舞伎历史，她表示"下面是从8岁开始到78岁为止的工作人员，演员共计70人。为了迎接30周年、50周年，我会更加努力练习的"，如图4-28所示。

图4-28　高崎夏帆介绍歌舞伎历史

（资料来源：作者拍摄于日本神奈川县相模原市绿区，2018年）

另一边，后台演员们在紧急地进行化妆、穿衣戴假发，如图4-29所示。得知笔者来此进行藤野村歌舞伎调研，工作人员一边非常积极地进行解说，一边忙碌地准备公演。

（b）农村歌舞伎化妆步骤

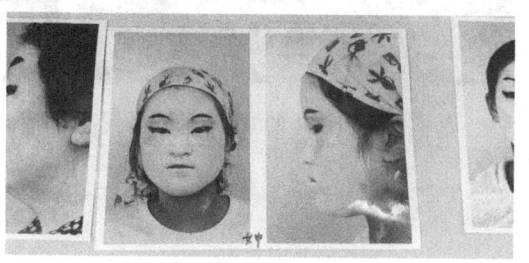

（a）农村歌舞伎化妆用品　　　　（c）农村歌舞伎化妆模板

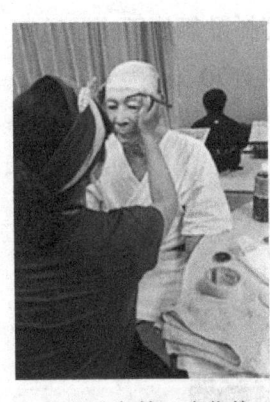 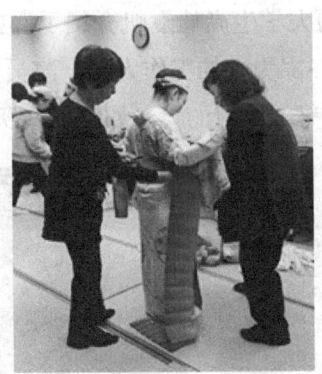 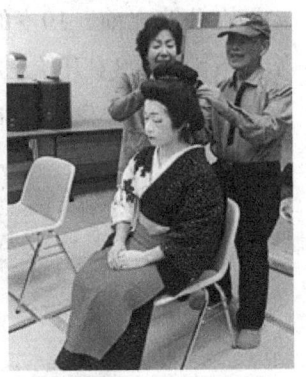

(d) 准备第一步化妆　　(e) 准备第二步穿和服　　(f) 准备第三步戴假发

(g) 准备好的演员们　　　　　　(h) 准备好的义太夫

图4-29　藤野村歌舞伎公演后台准备工作

(资料来源：作者拍摄于日本神奈川县相模原市绿区，2018年)

笔者观看了藤野村歌舞伎公演，如图4-30所示。

(a) 公演中的演员们　　　　　　(b) 公演中的义太夫

 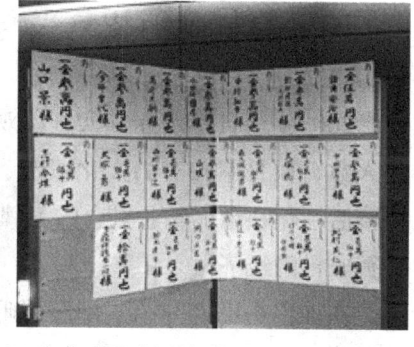

（c）藤野村歌舞伎公演　　　（d）藤野村歌舞伎公演个人赞助

图4-30　藤野村歌舞伎公演

[资料来源：图（a）、（b）、（d）由作者拍摄于日本神奈川县相模原市绿区，图（c）由日本藤野村歌舞伎保存会会长诸角安治先生提供，2018年]

藤野村歌舞伎保存会的资金来源主要为民间资助。首先，作为相模原市重要无形民俗文化遗产每年只有9万日元（大约为5000元）的资金支持，这是远远不够的，所以更多的资金支持来自民间。据会长介绍，其余的资金主要为藤野村的企业、居委会、神社、民俗艺能协会的赞助，会员的入会费以及公演当天人们的赞助。

另外，藤野村歌舞伎保存会首次制作了追踪藤野地区流传的农村歌舞伎的纪录片电影《藤野村歌舞伎》。该纪录片由村上浩康执导，2018年上映，时长60分钟。因为藤野村歌舞伎是市登录无形民俗文化遗产，因此纪录片拍摄得到相模原市藤野村和艺术村事业推进委员会的支持，同时因为得到了2003年闭校的筱原小学等与旧藤野町相关的影像作品，以及能势等人的参与，此次的纪录片电影企划才得以实现。

从2017年5月左右开始的排练开始，到10月在藤野艺术之家举行的第27次公演为止，此部电影花费了约半年时间进行了贴身拍摄，记录了继承农村歌舞伎历史和传统的人们的想法。藤野村歌舞伎保存会的诸角会长说："这是第一次用纪录片的形式向普通观众公开保护和传承藤野村歌舞伎的形式。对于一直在观看公演的观众而言，也能在大银幕上观看到平时不会出现的排练和幕后的样子吧。"能势充满干劲地表示："希望大家能看到一直以志愿者的形式传承传统艺术的人们的身影，并给予他们应援。希望大家能知道有人在保护着这样的文化、自然和生活。"

四、农村歌舞伎复兴与农村的发展振兴

2003年,日本确立并实施了观光立国战略,通过观光增加国内外的交流人数,而日本独有的文化遗产、传统艺术等文化遗产的活用是促进地区经济活性化和增加就业机会的王牌。①藤野村歌舞伎公演也是围绕这个方针进行农村的经济振兴。

在前文中已经介绍了旧藤野町景色优美,且是个艺术之都。藤野村歌舞伎的复活是对当地农民精神面貌的重塑及生活状态的改变,既对农村优秀传统文化进行了保护传承,也是乡村振兴的重要推动力。

旧藤野町旅游资源丰富,当地除了优美的景色,还有神社、温泉等,因此当地建设了一个藤野艺术之家。除了举行藤野村歌舞伎第27次公演之外,藤野艺术之家还提供住宿餐饮等一条龙服务,这种创新的服务模式受到了游客的欢迎。

同时,当地企业还为公演提供赞助,因此企业也可以在公演当天摆摊售卖当地的特产或者民俗产品,如图4-31所示。整个过程将旅游与非遗相结合,大力促进体验式营销,既使游客在旅游中接受文化熏陶,同时也使文化效益更好地转换成为经济效益。

(a) 藤野村歌舞伎公演当地产品售卖

(b) 藤野村歌舞伎公演民俗产品售卖

图4-31 藤野村歌舞伎当天产品售卖展台

[资料来源:图(a)由作者拍摄于日本神奈川县相模原市绿区,图(b)由日本藤野村歌舞伎保存会会长诸角安治先生提供,2018年]

---

① 「新成長戦略——元気な日本、復活のシナリオ」(2010年6月18日閣議決定),首相官邸ホームページ(https://www.kantei.go.jp/jp/sinseichousenryaku/)。

藤野村歌舞伎公演不仅得到了政府的大力支持，民众参与度也非常高。利用当地文化来打造地方特色的名片，不仅传承了文化，而且举办的各种非遗活动都吸引了大量的本地居民及外地游客甚至是外国游客前来观光，从而带动了当地经济的发展。由此可见，保护好非遗，能够增强文化认同感、提升文化凝聚力，营造团结统一、和谐共处的乡村生活模式；合理利用好非遗，能够重塑乡村文化生态，促进乡村协调可持续发展。①

在调查的整个过程，让笔者印象特别深刻的是民众对文化遗产保护的意识特别强烈。对藤野村歌舞伎的保护和传承政府介入并不多，当笔者向保存会会员询问保护资金从哪里来，是否依赖政府支持。会员们回答说，靠自己，不太想要政府的费用，如果拿了政府的费用就要按照政府的意思去保护和传承，这不是他们想要的结果。②保存会会员对藤野村歌舞伎的传承分文不收，甚至入会时还要缴纳入会费，个人出资出力，还有很多志愿者参与非遗保护，这一点给笔者的印象非常深刻。另外，笔者发现有非常多的儿童参与传承活动，因为日本在制定非遗保护的相关法律时，特别注重培养少年儿童的传承和保护意识。首先，将民俗艺能课纳入了学校教育体系，因此中小学生们会积极参与各项非遗活动。此外，采取了号召外出的年轻人回乡参加祭祀或者表演的方式，因此很多大学生也愿意加入保存会，有空时回家乡进行彩排与练习，为藤野村歌舞伎的保护与传承尽自己的一份力量。他们认为传承不仅在艺人之间，更需要唤起青少年维护民族文化根脉的自觉意识。

小　结

本章的创新点是通过具体的田野调查来分析非遗保护制度对歌舞伎传承保护的影响，这也对研究我国传统戏剧类非遗保护制度设计具有较大借鉴价值。

歌舞伎是日本独有的剧场艺术，同时也是日本的传统文化之一。2008年正式列入人类非遗代表作目录。歌舞伎既有选入人类非遗代表作名录的

---

① 任启鑫：《非遗保护为乡村振兴赋能》，见人民资讯（https://baijiahao.baidu.com/s?id=1702629369281319388&wfr=spider&for=pc）。

② 受访者：藤野村歌舞伎保存会会员；访谈时间：2018年10月27日；地点：相模原市绿区旧藤野町藤野艺术之家。

传统歌舞伎，也有日本各地非专业人员所传承的与神事祭礼结合的农村歌舞伎。歌舞伎成为非遗后呈现出多元化的发展趋势。

在日本的文化遗产项目名录制度下，大歌舞伎被指定为"无形文化遗产"，而农村歌舞伎被指定为"无形民俗文化遗产"。歌舞伎在2008年被联合国教科文组织选入人类非遗代表作名录，在日本被视为"古典"，得到了日本政府在制度和资金上的大力支持，在国内外进行推广演出，并积极培养传承者。而由农民传承的农村歌舞伎则被指定为无形民俗文化遗产，政府并不直接提供资助，而是由地方政府进行资助。因此，日本国内学者对无形民俗文化遗产认定制度进行了批判，认为政府的导向性干预对非遗的存续力造成了负面的影响。

歌舞伎整体为日本重要无形文化遗产综合认定，而其中"构成上的重要要素"，例如剧本、乐器、演员（包括主角与配角）分别为个人认定的形式，即各个认定。农村歌舞伎由于是无形民俗文化遗产，因此只有保护团体——保存会。日本国内有部分学者对歌舞伎的"人间国宝"认定也进行了批判。对于"人间国宝"认定的争议首先在名额上，"人间国宝"的人数是定额制，是根据国家预算规模来决定的。另外，对于"人间国宝"认定的争议在方法上，根据文化审议会文化遗产分科会的判断，文部科学大臣正式发表能够高度体现该技能人员的认定，但是明确的认定方法并没有公开，因此单在歌舞伎界就有一些歌舞伎演员没有被认定为"人间国宝"的争议。

歌舞伎的传统传承方式有歌舞伎的家元制、袭名制、屋号与家徽以及家系式表演等，现代传承方式包括传承研修制度、公演和歌舞伎鉴赏教室等。另外，歌舞伎的"技言语"以及歌舞伎脚本在过去与现代也有很大区别，在以往的传承中没有文字记录，全部需要记在脑子里。

令世界剧坛刮目相看的是歌舞伎以现代商业模式高密度地循环。在日本百分之九十以上的歌舞伎演员都属于松竹株式会社，所以百年字号松竹主办的歌舞伎演出集合了歌舞伎最强的阵容。歌舞伎的活用有新歌舞伎、歌舞伎虚拟座、超级歌舞伎、超歌舞伎和桃太郎歌舞伎的形式等。

本章最后详细记录了歌舞伎演员第20期传承研修、2019年日本国立剧场歌舞伎鉴赏教室的田野调查以及2018年日本藤野村歌舞伎的田野调查，以研究歌舞伎和农村歌舞伎的传承与保护方式。歌舞伎鉴赏教室以及藤野村歌舞伎保存会的田野调查，让笔者印象特别深刻的是民众的文化遗产保护意识非常强烈。首先,日本在非遗传承中注重大众的需求与民众的互动。歌舞伎本身晦涩难懂,大部分普通民众看不懂,欣赏传统艺术存在困难,因此歌舞伎鉴赏教室非常注重观众的需求和与观众的互动。其次,日本特别注重儿童的传承和保护意识。例如歌舞伎鉴赏教室会去学校进行活用,同时也会举办鉴赏教室亲子活动等,而藤野村歌舞伎更是有许多学生参与其中进行平日训练、彩排以及公演。

第五章

日本非遗制度的建设经验

日本的非遗保护工作对世界范围内的非遗保护有着深远的影响和巨大的贡献，从提出概念到立法保护，日本都走在国际非遗保护运动的前列。经过半个多世纪的实践与发展，《文化遗产保护法》历经不断的发展和修订，日本已经形成了一个比较完整的包括制度建立、传承人才认定和储备、创新活用、管理推广等在内的文化遗产保护体系。本章将研究日本非遗制度的建设经验并进行反思，如日本非遗代表性名录制度经验、日本非遗代表性传承团体（群体）认定经验、日本对文化遗产的活用经验以及日本国民积极参与传统文化活动的原因。

第一节 日本非遗代表性项目名录制度经验[①]

1950年，日本《文化遗产保护法》制定颁布，将文化遗产按照有形和无形来进行划分，标志着日本开始提出非遗相关概念并对非遗展开保护，同时对联合国教科文组织倡导非遗保护工作也起到了一定促进作用。

2003年10月，联合国教科文组织在第32届大会上通过了《非遗公约》。2004年，日本成为世界第三个《非遗公约》缔约国。2008年，日本的能乐、人形净琉璃文乐、歌舞伎三项传统艺能入选了人类非遗代表作名录。截至2020年，日本共有22个项目入选，入选总数仅次于中国、法国，居世界第三，见表5-1、表5-2。

表5-1 各国入选人类非遗代表作名录情况

国家	数量	国家	数量
中国	42	伊朗	16
法国	23	蒙古国	15
日本	22	阿塞拜疆	15
韩国	21	比利时	14
西班牙	20	印度	13
土耳其	20	越南	13
克罗地亚	17	秘鲁	12

资料来源：根据联合国教科文组织官方网站提供的资料整理而成，见https://ich.unesco.org/en/lists。

[①] 本节的部分内容已发表，参见刘洋《日本非物质文化遗产的传承与保护经验》，载宋俊华编《中国非物质文化遗产保护发展报告（2019）》，社会科学文献出版社2020年版。

表5-2 日本人类非遗代表作名录

序号	年份	项目名称	备注
1	2008	能乐	
2	2008	人形净琉璃	
3	2008	歌舞伎	
4	2009	雅乐	
5	2009	小千谷缩、越后上布	
6	2009	石州半纸	2014年被扩展记载为"和纸：日本手工纸手工技艺"
7	2009	日立风流物	2016年被扩展记载为"祭奠阎王、葆光和亚泰的花车庆典"
8	2009	京都祇园祭	2016年被扩展记载为"祭奠阎王、葆光和亚泰的花车庆典"
9	2009	甑岛来访神	2018年被扩展记载为"来访神：假面·变装众神"
10	2009	奥能登的田神祭	
11	2009	早池峰神乐	
12	2009	秋保的插秧舞	
13	2009	女孩舞蹈节	
14	2009	大日堂舞乐	
15	2009	题目立	
16	2009	阿伊努人的传统舞蹈	
17	2010	冲绳传统音乐舞剧组舞	
18	2010	结城绸生产工艺	
19	2011	广岛县的壬生花田植	
20	2011	岛根县佐太神社的神乐	
21	2012	田乐，那智火节宗教表演	
22	2013	和食：日本人的传统饮食文化	

续表

序号	年份	项目名称	备注
23	2014	和纸：日本手工纸手工技艺	
24	2016	祭奠阎王、葆光和亚泰的花车庆典	
25	2018	来访神：假面·变装众神	
26	2020	传统建筑工匠的技术：继承木造建筑物的传统技术	

资料来源：根据联合国教科文组织官方网站提供的资料整理而成，见https://www.bunka.go.jp/seisaku/bunkazai/shokai/mukei_bunka_isan/。

注：2009年的"石州半纸"2014年被扩展记载为"和纸：日本手工纸手工技艺"，2009年的"日立风流物""京都祇园祭"2016年被扩展记载为"祭奠阎王、葆光和亚泰的花车庆典"，2009年的"甑岛来访神"2018年被扩展记载为"来访神：假面·变装众神"，因此日本人类非遗代表作实际为22项。

一、日本非遗名录制度案例及得与失

（一）过度集中于登录名录

2008年，韩国的江陵端午祭入选了人类非遗代表作名录，我国部分民众对此忿忿不平，认为韩国人抢了中国的端午节。事实上，韩国人选人类非遗代表作名录的江陵端午祭与我国的端午节并不是一回事。韩国的江陵端午祭有萨满祭祀、传统舞蹈、民间艺术展示等，而我国的端午节有吃粽子、划龙舟、纪念屈原的传统。两个节日的意义与表现形式完全不同，唯一的相同点是时间相近。[①]在第二年，即2009年，我国的端午节也成功申遗，获联合国教科文组织承认。

其实日本也有端午文化，是日本大和民族一个传统节日，有着悠久的历史。在日本，端午与人日、上巳、七夕、重阳统称为"五节句"，见表5-3。日本自古以来仰慕中华文化，素有学习中华文化的传统，日本的"五

---

① 《中韩"端午"大不同，这些区别你知道吗？》，见新华网（http://korea.xinhuanet.com/2016-06/09/c_135424634.htm）。

节句"就是把中国的农历和日本的农耕习俗融合到了一起,其文化内涵根深于中国文化。①虽然日本的端午节是由中国传入的,但经过多年的发展,已经成为具有日本当地特色的节日,例如会吃柏饼、摆菖蒲叶、悬挂鲤鱼旗等。

表5-3 日本五节句

时间(农历)	节日	五节句
1月7日	人日	人日の節句
3月3日	上巳	上巳の節句
5月5日	端午	端午の節句
7月7日	七夕	七夕の節句
9月9日	重阳	重陽の節句

但真正刺激日本人的是2016年韩国单独向联合国教科文组织申报了济州海女文化为人类非遗代表作名录,见图5-1。海女是一项非常古老的职业,在日本、韩国沿海一带均有这一职业。海女这一职业在日本列岛已有2000多年的历史,指那些生活在海边,不带任何辅助呼吸装置,潜入海底捕捞海产品的女性。

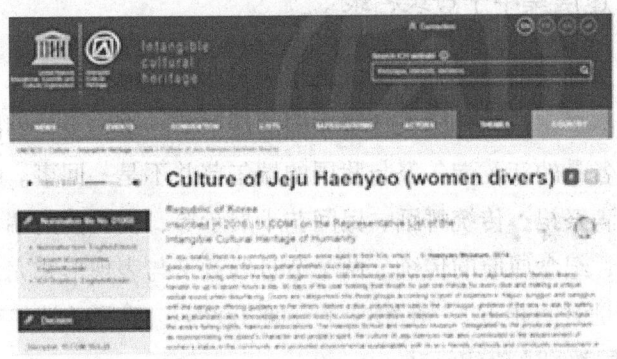

图5-1 UNESCO官网韩国济州海女文化介绍网页

(资料来源:UNESCO官网济州海女文化介绍网页,见https://ich.unesco.org/en/RL/culture-of-jeju-haenyeo-women-divers-01068)

在世界上只有日本、韩国才有海女文化。日本全国海女分布如图5-2所

---

① 刘少东、黄欣:《日本"五节句"之文化起源——中国文化之日本变异考》,载《语文学刊(外语教育教学)》2012年第10期。

示。由日本三重县的自治体和海女们组成的"海女振兴协议会"（三重县鸟羽市），从2009年开始举办日韩海女们聚集的"海女峰会"，也有共同以申请非遗为目标的活动。但是在日本国内，海女文化没有被指定为国家级的非遗，因此韩国在2012年向联合国教科文组织单独申请。当时日本媒体进行了大量的报道（如图5-3所示），韩国的单方面申遗让日本人追悔莫及，在此之后对于非遗保护，日本政府的方针是先登录名录，以至于发展成过度集中于登录非遗名录。

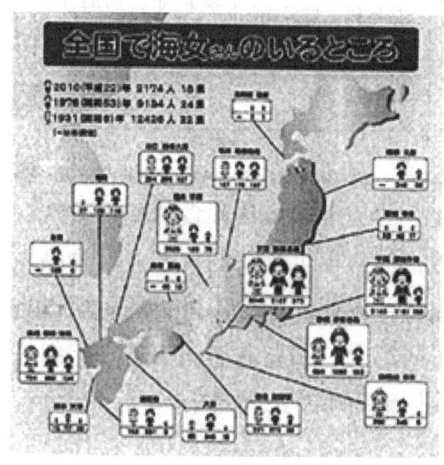

图5-2　日本全国海女分布地图　　图5-3　日本《朝日新闻》2016年11月14日

（二）"和食：日本人的传统饮食文化"入选人类非遗代表作名录的得与失[①]

在日语中，"文化"这个词本来就带有"有价值"的意思，因此作为日常用语，"文化遗产"等词汇和概念渐渐通俗化并被顺利接受。但反过来说，所谓"文化财""文化遗产"，是强化了"财"和"遗产"的意义，赋予了价值制度化。在"文化财""文化遗产"这一领域，近年来也出现了涉及政治意图的"传统文化"。[②]

在日本的"和食：日本人的传统饮食文化"入选人类非遗代表作名录之前，已经有四个有关食文化的非遗入选人类非遗代表作名录，见表5-4。

[①]　本小节内容有日本东京大学大学院人文社会系研究科文化资源学研究专攻松田阳副教授在"日本の文化財政策"和"文化遺産と現代社会"课上的部分观点。

[②]　俵木悟：『文化財／文化遺産としての民俗芸能：無形文化遺産産時代の研究と保護』，勉誠社，2018年，p.196。

表5-4　2012年之前食文化入选人类非遗代表作名录清单

项目名称	列入年份	申报国家	备注
传统的墨西哥美食——地道、世代相传、充满活力的社区文化，米却肯州模式	2010	墨西哥	
法国美食大餐	2010	法国	
地中海饮食文化	2010	西班牙、希腊、意大利、摩洛哥	在2013年增加了克罗地亚、葡萄牙、塞浦路斯重新登录
仪式美食传统凯斯凯克	2011	土耳其	

2012年2月，日本文化厅与农林水产省、外务省一起提出申报人类非遗代表作“和食：日本人的传统饮食文化”的提案。虽然和食的提案候选在广泛意义上是饮食生活文化的一个领域，但从提供食材的水产业、食品加工业到烹饪业、外卖业等服务业，是在各行各业的配合下进行的。所以当时是由农林水产省主导，各地的农业协同组合、非营利组织等各种组织表示支持并一起协作，申报时可以看到这些组织的名字，如图5-4所示。

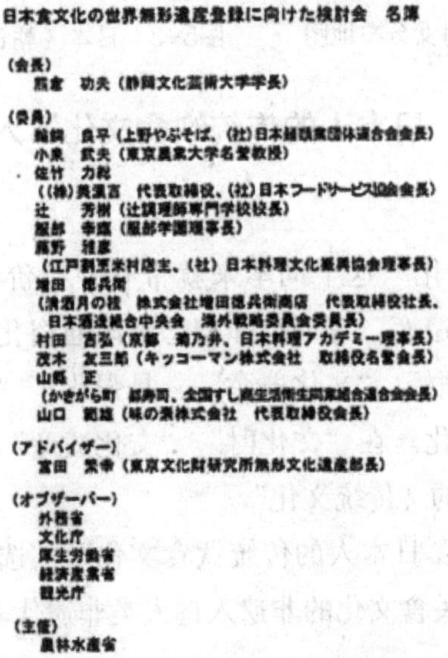
日本食文化の世界無形遺産登録に向けた検討会　名簿

（会長）
熊倉　功夫（静岡文化芸術大学学長）

（委員）
鵜飼　良平（上野やぶそば、（社）日本麺類業団体連合会会長）
小泉　武夫（東京農業大学名誉教授）
佐竹　力総
（（株）美濃吉　代表取締役、（社）日本フードサービス協会会長）
辻　芳樹（辻調理師専門学校校長）
服部　幸應（服部学園理事長）
髙野　雅彦
（江戸割烹米村店主、（社）日本料理文化振興協会理事長）
増田　徳兵衛
（清酒月の桂　株式会社増田徳兵衛商店　代表取締役社長、日本酒造組合中央会　海外戦略委員会委員長）
村田　吉弘（京都　菊乃井、日本料理アカデミー理事長）
茂木　友三郎（キッコーマン株式会社　取締役名誉会長）
山縣　正
（かきがら町　都寿司、全国すし商生活衛生同業組合連合会会長）
山口　範雄（味の素株式会社　代表取締役会長）

（アドバイザー）
宮田　繁幸（東京文化財研究所無形文化遺産部長）

（オブザーバー）
外務省
文化庁
厚生労働省
経済産業省
観光庁

（主催）
農林水産省

图5-4　关于和食文化申报人类非遗代表作检讨会名单

（资料来源：日本东京大学大学院人文社会系研究科文化资源学研究专攻松田阳副教授提供）

日本政府于2012年3月向联合国教科文组织提出了将"和食：日本人的传统饮食文化"列入人类非遗代表作名录的申请，将和食的特征归纳为以下四点："多样化的新鲜食材、珍视食材特有的味道，营养均衡有益于健康的饮食习惯，表现自然之美和四季轮换，与传统节庆密切结合。"①以上基本知识是充分利用食材的味道，"与大自然息息相关的知识"，举例说明了正月、插秧、收获祭等年中活动的文化意义，乡土料理的地域多样性，提高社区团结的社会机能等。日本的传统食文化是和传统节日密切结合而发展起来的，人们通过分享自然的恩泽"食"，一起共度用餐的时光，加深亲人间感情的同时也增进了地区间的联系。

以上四个特点有动员全体民众学习民俗学知识的感觉，结论是日本料理是总括性的"社会习俗"。另外在对人类非遗代表作一览表的提案中有必要确定与该事件相关的团体或个人，提案书中记载的是"有关的是北起北海道南至冲绳，居住在日本全国的所有日本人"。根据上述的表述，食文化按照日本对于非遗的分类应该是无形民俗文化遗产的类别。但是如前所述，整个提案书都是以农林水产省为中心来推进的。2011年7月5日，农林水产省第一次组织了日本食文化申报人类非遗的研讨会，此后在这一年中一共组织了四次研讨会。农林水产省的网站上启动了"日本饮食文化的世界遗产化项目"，各地方的农政局还召开了"世界遗产化项目"的说明会，但处理的是对"非物质文化遗产"的提案，而不是对民间所说中的"世界遗产"的提案。不管怎么说，在此之前开始就应该有周密的准备，但研讨会成立仅仅七个月就正式决定这一提案，和之前提出的非遗的候补是不同性质的，这一点非常让人吃惊。②

在这个背景下，农林水产省方面的目标是什么呢？2011年11月9日，日本内阁会议决定了政府的"全面经济合作的基本方针"，将参加环太平洋经济合作协定，那么农林渔业必将受到其影响。因此为了符合政策，日本的食品与农林渔业再生推进部制定了《日本食品与农林渔业再生基本方针和行动计划》，战略之一是"重整国产农林水产物和食品出口战略"，具体对策之一是"将和食文化登记为世界非物质文化遗

---

① 根据日本文化厅官网翻译整理而成，见日本文化厅官网（https://bunka.nii.ac.jp/db/heritages/detail/274122）。

② 俵木悟：『文化財/文化遺産としての民俗芸能：無形文化遺産時代の研究と保護』，勉誠社，2018年版，p.196-198。

产"。可以说将和食登录为人类非遗的提案是农产品出口战略中的差别化和附加价值化。之所以这么急，是因为在东日本大地震这一"未曾有的国难"中，政府强调"早期复兴"的最重要战略。"日本再生的基本战略"，为了强化日本在世界上的地位，提出了"将和食申报为人类非遗"这一重点对策。①这个背景与日本将和食申请为人类非遗代表作之间存在违和感，这是因为和食原本应该体现的是保护日本"传统文化"及其影响。

和食申请人类非遗代表作已经将近10年，如今来看无论当初申报的目的或者主导者是谁，和食入选名录是得大于失的，和食向来注重烹饪技术和材料，追求"时鲜、应季"，同时也可以让我们分析日本人长寿的秘密。和食也促进了日本的旅游业，任何去日本观光的游客也许都会想品尝一下地道的和食。另外在西方饮食的影响下，日本年轻人也逐渐开始吃快餐，甚至有人指出日本国内已处于和食危机状态。和食被列入人类非遗代表作名录后就必须对和食采取持续性的保护措施，这有助于日本在国内传承和食文化以及在国外推广传统饮食文化。

二、日本非遗名录的建构：多层体系结构

分类是非遗名录制度建设的重要环节，第二章已经研究了日本非遗的分类为（狭义的）无形文化遗产、无形民俗文化遗产和文化遗产保存技术，②但实际上日本的非遗分类是个多层体系结构。非遗的每一类别中又可以分为不同的种别，同一类项目之下往往也有不同的子类别。从日本官方的文件来看，③日本的非遗名录目前为三层次分类体系，见表5-5。

---

① 俵木悟：『文化財／文化遺産としての民俗芸能：無形文化遺産時代の研究と保護』，勉誠社，2018年版，p.196-198。

② 宮田繁幸：「日本の無形文化遺産と無形文化遺産保護条約」，国立文化財機構東京文化財研究所無形文化遺産部編『無形文化遺産の保護：国際的協力と日本の役割』，国立文化財機構東京文化財研究所無形文化遺産部，2001年。

③ 具体目录请查作者根据资料整理的论文附录：附录一日本国家级重要无形文化遗产指定与认定情况、附录二日本国家级重要无形民俗文化遗产保护团体情况、附录三日本国家级文化遗产保存技术选定与认定情况。

表5-5 日本非遗分类体系

一级分类	二级分类	三级分类
（狭义的）无形文化遗产	艺能	雅乐、能乐、文乐、歌舞伎、组舞、音乐、舞蹈、演艺、其他
	工艺技术	陶艺、染织、漆器工艺、金器工艺、竹木工艺、玩偶、牙雕工艺、手工和纸、截金、其他
无形民俗文化遗产	风俗习惯	生产生活、人生礼仪、娱乐竞技、民俗知识、时令节庆活动、祝祭（信仰）、其他
	民俗艺能	神乐、田乐、风流、故事表演、延年、外来表演艺术、其他
	民俗技术	生产生活、衣食住、其他
文化遗产保存技术	与有形文化遗产相关	—
	与无形文化遗产相关	—
	与有形、无形文化遗产相关	—

资料来源：根据日本文化厅官网数据整理而成，见https://kunishitei.bunka.go.jp/bsys/index。

前文已经提到日本一些专家学者认为对于无形民俗文化遗产这一类别，政府在资金扶持和认定上没有像无形文化遗产那样重视，这样导向性干预会对非遗的存续力造成负面影响，但笔者认为，日本的非遗名录多层分类体系这点是值得我国借鉴的。目前，我国的非遗是单层级的十类体系，因此造成了很多非遗项目在分类上归属不清或者混乱的情况。另外，日本的非遗名录中也囊括了综合类项目。无形文化遗产指定基准中的第二条为"前项艺能（工艺技能）之成立、构成上的重要要素之技法中特别优秀者"。以艺能为例，也就是说艺能相关的指定对象包括艺能本身和与其相关的技法。例如能乐、文乐、歌舞伎、组舞和音乐里的部分项目，整体和构成要素都可以指定为重要无形文化遗产。

除了分类是多层体系结构，名录也是多层级保护结构。首先，指定分为国家、县、市町三级，其中县、市町可统称为地方级。另外，对于重要的无形文化遗产和无形民俗文化遗产可以指定，没有被指定为重要无形文化遗产，但其对了解日本传统艺能和工艺技术及其变迁等具有重要意义的无形文化遗产则进行选择，针对文化遗产保存技术则进行选定。登录制度就更加灵活，国家级的保护制度基本不涉及非遗，因为可以活用而提高普通群众的关心度，因此在地方级的名录中非遗也可以进行登录。日本的非遗名录制度看起来非常复杂，但其实日本政府是根据具体情况来制定切实可行的保护政策，精准管理与施策，针对不同的类别采取不同的制度。

综上所述，构建非遗的多层次分类、多层级保护体系是非常重要也是非常有意义的，分级结构可以体现该体系的科学性、完整性、规范性和条理性，同时也可以为非遗代表性项目名录的申报、评定与管理提供更加权威的标准。因此我国应对非遗项目进行精准管理，避免单层级分类带来的弊端，继续探索多层次分类与多层级保护的非遗代表性项目名录制度。

第二节　个人、团体和社区：日本非遗代表性传承人制度经验[①]

2003年10月17日联合国教科文组织通过的《非遗公约》对"非物质文化遗产"的定义为：

> 指被各社区、群体，有时是个人，视为其文化遗产组成部分的各种社会实践、观念表述、表现形式、知识、技能以及相关的工具、实物、手工艺品和文化场所。这种非物质文化遗产世代相传，在各社区和群体适应周围环境以及与自然和历史的互动中，被不断地再创造，为这些社区和群体提供认同感和持续感，从而增强对文化多样性和人类创造力的尊重。[②]

[①] 本节的部分内容已发表，参见刘洋《日本非物质文化遗产的传承与保护经验》，载宋俊华编《中国非物质文化遗产保护发展报告（2019）》，社会科学文献出版社2020年版。

[②] 联合国教科文组织：《保护非物质文化遗产公约》第二条，2003年。

非遗与物遗最大的区别就是重视传承过程中人所发挥的作用。只要鼓励传承人去做，非遗就会活在当下；只要鼓励传承人精益求精，非遗就会越传越好，越做越好；只要鼓励传承人带徒授艺，非遗就会代代相传，永不断流。①所以保护非遗的核心要素，就是保护好非遗传承人。韩成艳在《非物质文化遗产的主体与保护主体之解析》一文中，将非遗保护的主体分为"三方五主体：一方是政府；一方是专业团队；一方是非遗的主体，细分为个人、群体和社区"②。非遗的主体也是非遗保护主体的三方之一，即个人、群体和社区的形式。

有些项目是以个人名义申报的，我国的非遗代表性传承人制度就体现了个人形式的非遗保护主体的地位，但是还有非常多非遗项目的实践传承者是团体、群体甚至是社区，例如民俗项目，这些就是群体、社区的主体形式。第二章已经研究了日本的非遗传承人认定制度，非遗的主体与保护主体都有个人、群体和社区的形式，本节从"个人、群体和社区"的角度梳理日本非遗传承人认定的经验。

一、个人：保持者认定

日本宫内省有帝室技艺员制度，在1890—1944年之间共进行了13回选定，共任命了79人，其中分类包含陶瓷、七宝、漆工、染织、金工、刀剑、绘画、雕刻、建筑、写真、篆刻、图案。帝室技艺员制度前期阶段，1888年认定了17名"宫内省工艺员"。1890年10月2日，日本第一回任命了"帝室技艺员"10人。③帝室技艺员制度后期阶段，在战争期间因为人的损失，以最大限度地保存工艺技术作为目的，1943年建立了"工艺技术保存资格者"和"艺术保存资格者"制度。"宫内省工艺员""帝室技艺员""工艺技术保存资格者"和"艺术保存资格者"制度，这些都是1950

---

① 苑利：《非物质文化遗产传承人认定标准研究》，载《原生态民族文化学刊》2019年第1期。
② 韩成艳：《非物质文化遗产的主体与保护主体之解析》，载《民俗研究》2020年第3期。
③ 其中画家5名，姓名分别为田崎芸、森宽斋、狩野永悳、守住贯鱼、桥本雅邦；雕刻员2名，姓名分别为村光云、石川光明；漆工1名，姓名为柴田顺藏；雕金员1名，姓名为加纳夏雄；织物员1名，姓名为伊达而助。日本《官报》第2191号，1890年10月2日。

年日本《文化遗产保护法》中保持者认定制度的前身。

1950年，《文化遗产保护法》制定时，第67条做了如下规定："对于无形文化遗产中价值特别高、国家不保护就有可能衰亡的，委员会应对被认定为适当的保存者，给予补助金，或者采取资材等适当的补助措施。"①1954年《文化遗产保护法》进行了第一次更新，其中第56条的3中写道，"委员会可以将无形文化遗产中重要的东西指定为重要无形文化遗产。委员会根据前款规定指定时，必须认定该重要无形文化遗产的保持者"②。1955年2月，日本第一次进行重要无形文化遗产的指定和保持者认定，首创了对非遗传承人进行认定的保护制度（见表5-6）。

表5-6　1955年日本第一次重要无形文化遗产的指定和保持者认定

艺能		工艺技术	
重要无形文化遗产	保持者	重要无形文化遗产	保持者
能シテ方	喜多六平太	陶艺·铁釉陶器	石黑宗麿
能囃子方小鼓	幸祥光	陶艺·志野	荒川丰藏
能囃子方太鼓	川崎九渊	陶艺·濑户黑	荒川丰藏
人形净琉璃文乐太夫	丰竹山城少掾	民艺陶器	滨田庄司
人形净琉璃文乐太夫	竹本住太夫	色绘陶器	富本宪吉
人形净琉璃文乐太夫	竹本纲太夫	染织·江户小牧	小宫康助
人形净琉璃文乐三味线	鹤泽清六	染织·长板中形	清水幸太郎
地呗	富崎春生	染织·长板中形	松原定吉
长呗三味线	山田抄太郎	染织·伊势型纸突雕	南部芳松
清元节三味线	清元荣寿郎	染织·伊势型纸引雕	儿玉博
歌舞伎舞蹈	坂东三津五郎	染织·伊势型纸锥雕	六谷纪久男
京舞	井上八千代	染织·伊势型纸道具雕	中岛秀吉
		染织·伊势型纸糸入	城之口みゑ

---

① 1950年《文化遗产保护法》法律第214号，第67条。
② 1954年《文化遗产保护法》法律第131号，第56条之3。

续表

艺能		工艺技术	
重要无形文化遗产	保持者	重要无形文化遗产	保持者
		莳绘	松田权六
		莳绘	高野松山
		金工·铜锣	鱼住为乐
		衣装人形	平田乡阳
		衣装人形	堀柳女

注：1955年2月，日本第一次认定艺能10件保持者12名，工艺技术15件保持者18名，共30人。

拥有"重要无形文化遗产保持者"荣誉的大师们常常被社会和媒体称为"人间国宝"。"人间国宝"保护举措在抢救和保护日本无形文化遗产方面取得了显著成效，被联合国教科文组织大力推广，并被纳入人类口头及非遗抢救和保护的整体框架中。在日本非遗体系中，在无形文化遗产的表演艺术领域、工艺技术领域与文化遗产保存技术上实施保持者认定。

二、团体、群体：保持团体认定与无形民俗文化遗产的保护团体

（一）重要无形文化遗产的团体认定制度

在日本非遗中，无形文化遗产是指那些具有较高历史价值与艺术价值的，难度较大、专业性较强的传统表演艺术与工艺技术。日本的重要无形文化遗产传承者认定不仅可以是个人也可以是集体。有三种认定方式：各个认定、综合认定和保持团体认定。其认定标准为，对具有高度技能的个人进行认定，称为"各个认定"；对两人以上成为一体共同表现的技能保持者进行认定，称为"综合认定"；对技艺表现上缺少个人特征，且属多人共同表现从而形成一体感的整体技能保持者进行认定，称为"保持者团体认定"。①

---

① 冯彤：《日本非物质文化遗产传承人制度》，载《民族艺术》2010年第1期。

在表演艺术领域实行"各个认定"和"综合认定",在工艺技术领域实行"各个认定"和"保持团体认定"。截至2020年11月1日,日本国家级重要无形文化遗产认定情况见表5-7。

表5-7 日本国家级重要无形文化遗产认定情况

类别	保持者认定[①]	保持团体等认定
艺能	57(57)	14
工艺技术	58(57)	16
合计	115(114)	40

资料来源:根据日本政府文化厅官方网站提供的资料整理而成。

三种认定方式可以简单理解为各个认定是个人认定,综合认定和保持团体认定都是团体认定的形式,但日本在表演艺术领域的团体认定时也有不同的操作方式。

1. 表演艺术

(1) 只有团体认定,例如雅乐(见表5-8)。

表5-8 雅乐认定情况

种别	指定时间	认定区分	保持者信息	艺名	认定时间	认定次数及区分	综合认定作用	团体信息	代表者	认定时间
雅楽	1955-05-12	综合认定						宫内厅式部职楽部	-	1955-05-12

资料来源:根据日本文化厅官网及各都道府县官网数据整理而成,见 https://kunishitei.bunka.go.jp/bsys/index。

(2) 整体为团体认定,构成上的重要要素为各个认定,例如能乐、文乐、歌舞伎、组舞和音乐里的一中节、荻江节等。其中以歌舞伎为例,歌舞伎整体为团体认定的形式,即综合认定,而其中构成上的重要要素,例如竹本、长呗、演员则为个人认定的形式,即各个认定(见表5-9)。

[①] 保持者有重复认定的情况,( )内为实际人数。

表5-9 歌舞伎认定情况

种别	指定时间	认定区分	保持者信息	艺名	认定时间	认定次数及区分	综合认定作用	团体信息	代表者	认定时间
歌舞伎	1965-04-20	综合认定						社团法人伝统歌舞伎保存会	林宏太郎（坂田藤十郎）	1965-04-20
歌舞伎音楽竹本	2019-10-25	各个认定	柳瀬信吾	竹本葵太夫	2019-10-25	第66次新规	竹本			
歌舞伎女方	2012-10-04	各个认定	守田伸一	坂東玉三郎	2012-10-04	第59次新规	俳優			
歌舞伎音楽長唄	1998-06-08	各个认定	宮澤雅之	杵屋淨貢	2007-09-06	第54次追加	長唄（三味線）			
			川原壽夫	鳥羽屋里長	2002-07-04	第49次追加	長唄（唄）			
歌舞伎立役	1960-04-19	各个认定	波野辰次郎	中村吉右衛門	2011-09-05	第58次追加	俳優			
			片岡孝夫	片岡仁左衛門	2015-10-01	第62次追加	俳優			
			林宏太郎	坂田藤十郎	1994-06-27	第41次追加	俳優			
			寺嶋秀幸	尾上菊五郎	2003-07-10	第50次追加	俳優			
歌舞伎脇役	1997-06-06	各个认定	河野均	中村東蔵	2016-09-30	第63次追加				
			山中宗雄	澤村田之助	2002-07-08	第49次追加	俳優			
			片岡彦人	片岡秀太郎	2019-10-25	第66次追加	俳優			

资料来源：根据日本文化厅官网及各都道府县官网数据整理而成，见https://kunishitei.bunka.go.jp/bsys/index。

（3）根据指定项目的形式来确定是各个认定还是综合认定。例如音乐、舞蹈。其中以舞蹈为例，像京舞等具有高度技能的体现者是"各个认定"，而琉球舞踊等两人以上成为一体，共同表现技能的团体则是"综合认定"（见表5-10）。

表5-10　歌舞伎舞踊、京舞、琉球舞踊认定情况[①]

种别	指定时间	认定区分	保持者信息	艺名	认定时间	认定次数及区分	综合认定作用	团体信息	代表者	认定时间
歌舞伎舞踊	1955-02-15	各个认定	柴﨑照子	花柳寿南海	2004-09-02	第51次追加				
			西川扇藏		1999-06-21	第46次追加				
京舞	2015-10-01	各个认定	觀世三千子	井上八千代	2015-10-01	第62次新规				
琉球舞踊	2009-09-02	综合认定						大城政子等35人		2009-09-02

2. 工艺艺术

根据指定项目的形式来确定是各个认定还是保持团体认定。以陶艺为例，像青瓷等具有高度的个人技能体现者为"各个认定"，小鹿田烧这种由多人共同表现，形成一体感的整体技能体现者为"保持团体认定"（见表5-11）。

表5-11　工艺技术类部分认定情况[②]

种别	指定时间	认定区分	保持者信息	艺名	认定时间	认定次数及区分	综合认定作用	团体信息	代表者	认定时间
色鍋島	1976-04-30	保持团体认定						色鍋島今右衞門技術保存会	今泉今右衞門（十四代今泉今右衞門）	1976-04-30

---

① 资料根据日本文化厅官网及各都道府县官网数据整理而成（https://kunishitei.bunka.go.jp/bsys/index）。

② 资料根据日本文化厅官网及各都道府县官网数据整理而成（https://kunishitei.bunka.go.jp/bsys/index）。

续表

种别	指定时间	认定区分	保持者信息	艺名	认定时间	认定次数及区分	综合认定作用	团体信息	代表者	认定时间
小鹿田焼	1995-05-31	保持团体认定						小鹿田焼技術保存会	小袋定雄	1995-05-31
柿右衛門（濁手）	1971-04-23	保持团体认定						柿右衛門製陶技術保存会	酒井田柿右衛門（十四代酒井田柿右衛門）	1976-04-30
志野	1994-06-27	各个认定	鈴木藏		1994-06-27	第41次新规				
青磁	2007-06-06	各个认定	中島宏		2007-09-06	第54次新规				
瀬戸黒	2010-09-06	各个认定	加藤孝造		2010-09-06	第57次新规				
鉄釉陶器	2005-08-30	各个认定	原清		2005-08-30	第52次新规				
白磁	1995-05-31	各个认定	前田昭博		2013-09-17	第60次追加				
			井上萬二		1995-05-31	第42次新规				
備前焼	2004-09-02	各个认定	伊勢﨑惇	伊勢﨑淳	2004-09-02	第51次新规				
無名異焼	2003-07-10	各个认定	伊藤窯一	五代伊藤赤水	2003-07-10	第50次新规				
釉裏金彩	2001-07-12	各个认定	吉田稔	吉田美統	2001-07-12	第48次新规				

资料来源：根据日本文化厅官网及各都道府县官网数据整理而成，见https://kunishitei.bunka.go.jp/bsys/index。

  从上述分析可以总结出，重要无形文化遗产的传承人认定相对复杂，在表演艺术领域实行"各个认定"和"综合认定"，"综合认定"中整体可以为团体认定，构成上的重要要素为各个认定，保持者同时也可以是保持团体中的成员。在工艺技术领域实行"各个认定"和"保持团体认定"的形式。

（二）重要无形民俗文化遗产的保护团体①

1954年日本修订的《文化遗产保护法》将民俗部分从有形文化遗产的类别中分离出来，单独设了民俗资料，同时制定了重要无形文化遗产的指定及其保持者的认定制度。但民俗艺能，特定的作者、演出家、演技者、演奏者等个人的特征均不明显，专家学者认为需要进行保持团体认定。1954年6月22日，文化遗产保护委员会事务局长在对各都道府县教育委员会教育长的通知中做了以下限定："保持者是重要的无形文化遗产的体现者。其数量不仅限于一人，也有多个情况。但是保持者是体现者，所以只要自然人，团体是不可能的。"②无形文化遗产指定是必须指定个人来作为保持者认定，但是没有个性的民俗艺能如果必须指定个人就会产生矛盾。所以，1954年12月25日，文化遗产保护委员会告示第55号，对保持者的认定基准又做了如下的规定："重要无形文化遗产中被指定的艺能上的保持者，个人表现特征很薄弱，如果保持者人数多，就可以将这些人的代表作为保持者认定。"③这个时候，虽然人们开始认识到认定多数保持者的方法，就保持者只限于自然人。所以如果演员人数少，但是将这些多个人作为保持者认定；如果演员人数多，就将这些人作为构成员组织保存会，并将其认定为保持者的代表。

1975年，文部省再次对《文化遗产保护法》进行了修订，在民俗资料中加入了民俗艺能，并改称为民俗文化遗产，同时在无形文化遗产加入了"保持团体"认定："因艺术或工艺技术的性质缺乏个人特色且有多数人拥有这种艺术或者工艺技术，由这些人构成主要成员的团体就是保持团体。"同年9月30日，文化厅次长对各都道府县教育委员会发布通知，对无

---

① 本节的部分内容已发表，参见刘洋《日本非物质文化遗产的传承与保护经验》，载宋俊华主编《中国非物质文化遗产保护发展报告（2019）》，社会科学文献出版社2020年版。

② 日本文化遗产保护委员会事务局长对各都道府县教育委员会教育长的通知，1954年6月22日。参见俵木悟『文化財／文化遺産としての民俗芸能：無形文化遺産時代の研究と保護』，勉誠社，2018年，卷末资料3。

③ 日本文化遗产保护委员会告示第55号，1954年12月25日。参见俵木悟『文化財／文化遺産としての民俗芸能：無形文化遺産時代の研究と保護』，勉誠社，2018年，卷末资料4。

形民俗文化遗产的认定制度做了如下说明:"无形的民俗文化遗产,有衣食住、农事、信仰、全年活动等的风俗习惯和民俗艺能,这些都是与国民生活密切相关的,认定为无形文化遗产的保持者是不符合实际情况的,所以决定不采取重要无形民俗文化遗产的保持者或保持团体的认定制度。"[①]

这是无形民俗文化遗产保存会的一个转机,无形民俗文化遗产被单列出来,没有了保持者或保持团体的认定制度,那么真的没有保持者或保持团体了吗?实际上,虽然新的重要无形民俗文化遗产没有保持者或者保持团体制度,但是在指定无形民俗文化遗产时同时也会登出保护团体。现行的《文化遗产保护法》第87条,重要民俗文化遗产中,对适合保存的地方公共团体给予一部分经费补助。这个适合保存的地方公共团体就是做重要文化遗产保护的民间团体。以风俗习惯中的生产生业为例,见表5-12。

表5-12 生产生业类保护团体清单

种别	名称	认定时间	保护团体
生产·生业（9件）	会津の御田植祭	2019-03-28	福島県喜多方市：慶徳稲荷神社お田植まつり保存会 会津美里町：御田植祭祭典委員会
	間々田のじゃがまいた	2019-03-28	栃木県間々田のじゃがまいた保存会
	樋越神明宮の春鍬祭	2002-02-12	群馬県神明宮春鍬祭保存会
	神津島のかつお釣り行事	1999-12-21	東京都物忌奈命神社かつお釣り保存会
	佐渡の車田植	1979-02-03	新潟県佐渡の車田植保存会
	奥能登のあえのこと	1976-05-04	石川県奥能登のあえのこと保存会
	壬生の花田植	1976-05-04	広島県壬生の花田植保存会
	阿蘇の農耕祭事	1982-01-14	熊本県阿蘇の農耕祭事保存会
	種子島宝満神社の御田植祭	2016-03-02	鹿児島県宝満神社赤米お田植え祭り保存会

资料来源:根据日本文化厅官网及各都道府县官网数据整理而成,见https://kunishitei.bunka.go.jp/bsys/index。

---

① 日本文化厅次长对各都道府县教育委员会的通知,1975年9月30日。参见俵木悟『文化財/文化遺産としての民俗芸能：無形文化遺産時代の研究と保護』,勉誠社,2018年,卷末资料8。

（三）选定保存技术的团体认定制度

1975年，根据《文化遗产保护法》的修订，第147条规定，文部大臣（现行法律称为文部科学大臣）可以选定有必要用传统技术或技能采取保存措施来保存文物的，作为选定的保存技术则选定其保持者和保存团体，其需要以文化遗产的保存而不可欠缺的传统技术或技能进行保存。国家为了保护选定保存技术，在制作自己的记录和培养传承者的同时，还在对保持者、保存团体等进行的技术磨炼、传承者培养等事业上进行必要的援助。

截至2020年11月1日，日本国家级选定保存技术的认定情况见表5-13。

表5-13　日本国家级选定保存技术的认定情况

选定件数	保持者	保持团体
77	54	39（34）[①]

资料来源：根据日本政府文化厅官方网站提供的资料整理而成。

选定的保存技术根据项目的形式来确定是各个认定还是保持团体认定。例如以无形文化遗产为例，对像粗苎制造这种具有高度的个人表现技能的保持者进行"各个认定"，对阿波蓝制造这种属多人共同表现，从而形成一体感的整体技能保持者进行"保持团体认定"（见表5-14）。

表5-14　粗苎制造与阿波蓝制造认定情况

种别	指定时间	认定区分	保持者信息	艺名	认定时间	认定次数及区分	综合认定作用	团体信息（技艺者的团体）	代表者	认定时间
粗苎製造	2003-07-10	个人	矢幡正門		2003-07-10					
阿波藍製造	1978-05-09	团体						阿波藍製造技術保存会	佐藤昭人	1978-05-09
……										

资料来源：根据日本文化厅官网及各都道府县官网数据整理而成，见https://kunishitei.bunka.go.jp/bsys/index。

[①] 保持者有重复的情况，（ ）内为实际人数。

通过上述的梳理可以看出，现日本无形文化遗产实施保持者与保持团体认定，很多艺能往往是由两人或两人以上成为一体而体现的，因此日本政府对艺能领域采取"综合认定"的方式认定他们为非遗的保持团体。由于工艺技术和选定保存技术往往并不必然由两人或两人以上同时完成，某些行当的个人色彩或者风格较为淡薄，且保持此技能的人数较多，因此在工艺技术和保存技术领域几乎没有综合认定，日本政府对以他们为主构成的团体予以"保持团体认定"。日本法律上将"综合认定"和"保持团体认定"都归为"团体认定"。[①]无形民俗文化遗产被单列出来后，没有设置无形民俗文化遗产保持者或保持团体的认定制度，因为民俗的传承者往往是一个地域社会或者村落的整体，不应该具体地落实到某些个人或者团体。实际上虽然新的重要无形民俗文化遗产没有保持者或者保持团体制度，但是在指定无形民俗文化遗产的同时也会登出保护团体。文化遗产保存技术根据选定项目的形式来确定是各个认定还是保持团体认定。

三、社区：文化遗产保护活用团体的指定

2018年日本政府再一次修订了《文化遗产保护法》（2018年6月8日号外法律第42号），并于2019年4月1日开始施行，其中重大的调整是新增了文化遗产保护活用计划的认定与保护活用支援团体的指定。社区是文化遗产的主体或者保护主体，让更多的普通民众积极参与到所在社区的非遗保护和活用活动中来，不仅可以繁荣地方文化，增加当地居民的文化自信，还可以促进地域的振兴和经济的发展。[②]因此这就需要改进文化遗产活用制度，在此次修订时新增了文化遗产"保护活用支援团体"的指定。文件规定，团体或其他社会组织可向所在市町村教育委员会申请指定为文化遗产保护活用团体，这是对从事文化遗产保护和活用相关团体与组织的一种激励制度。

从此次修订中可以看出，日本政府通过对"文化遗产保护活用支援团

---

① 周超：《日本文化遗产保护法律制度及中日比较研究》，中国社会科学出版社2017年版，第70页。

② 周超：《在文化遗产的"保护"与"利用"之间——关于日本〈文化遗产保护法〉2018年修订的评析》，载《文化遗产》2020年第1期。

体"指定的形式来实现文化遗产保护活用的"社区参与"。"社区"是联合国教科文组织的《非遗公约》中的重要概念，在《操作指南》中主张由社区自主管理的团体或者协会作为重要的实施方，即"在支持非物质文化遗产传承和帮助广大公众了解这些遗产对社区的重要性方面，社区自己创建和管理的社区中心或者协会可以发挥至关重要的作用"。①《人类非物质文化遗产代表作名录申报表填写备忘录》中也强调"社区成员往往只被视为资料提供者人或者受益人，而很少被看作是规划和实施保护措施关键性主体。"②"社区毫无疑问应该成为非遗保护政策的中心。"③以社区为中心保护非遗的概念一直以来都缺少一个法律制度的模式来加以实现，而日本此次《文化遗产保护法》新增的文化遗产保护活用团体的指定制度正体现了这一理念。

综上所述，从非遗的主体及保护主体"个人、群体和社区"的角度来看，日本非遗保护传承的主体不仅可以是个人，也可以是集体甚至是社区。日本早在1890年就采用帝室技艺员制度，20世纪50年代用法律将非遗作为独立的文化遗产类型进行区分和保护，同时规定了非遗"保持者"认定制度，即强调非遗个人的保护主体地位；1975年《文化遗产保护法》修订后加入了"保持团体"认定和无形民俗文化遗产的保护团体，即强调了团体、群体的保护主体地位。2018年新修订的《文化遗产保护法》又确立了"文化遗产保护活用支援团体的指定"的模式来加强"社区参与"的理念，让更多的普通民众参与到非遗的传承、保护和活用中。个人、群体和社区都有对其参与的非遗项目的参与感、认同感与骄傲感，因此想要更好地保护非遗，就要首先明确谁是传承人、传承团体（群体），从这个方面而言，日本非遗代表性传承团体（群体）的认定经验是值得我国借鉴的。

---

① 朱家玥、卢疏桐、马千里：《社区参与视角下的劳动歌谣类"非遗"传承——以镇江秀山号子与哥伦比亚—委内瑞拉劳动歌为例》，载《艺术与民俗》2020年第2期。

② UNESCO. Aide-Mémoire for Completing a Nomination to The Representative List of the Intangible Cultural Heritage of Humanity, For 2016 and Later Nominations. No. 92.

③ 杨利慧：《以社区为中心——联合国教科文组织非遗保护政策中社区的地位以及界定》，载《西北民族研究》2016年第4期。

第三节 日本对文化遗产的活用经验

第三章研究了日本活用文化遗产的思路。首先，人们认为保存文化遗产是维持和提高其文化遗产所体现的价值的行为，这里的价值指的是指定、选定、登录而体现出来的历史价值、艺术价值、学术价值、鉴赏价值等。到1990年为止，文化遗产的"活用"基本上同意公开，但其背后的想法是通过公开文化遗产，让普通人也可以感受到文化遗产指定、选定、登录所依据的历史性、艺术性、学术性、鉴赏性等价值。此时专家们只关注行政认定的历史性、艺术性、学术性、鉴赏性等价值。后来，文化遗产政策相关人员之间逐渐认识到文化遗产除了具有历史性、艺术性、学术性、鉴赏性等价值之外，还蕴含可以激发地域的自豪感和认同感的社会价值，以及产业振兴、观光振兴的经济价值，于是追求文化遗产社会价值和经济价值的意识逐渐加强，就产生了新的文化遗产"活用"的想法。

一、"保存"与"活用"两项对立的争议[①]

随着日本经济长期停滞不前以及新自由主义在世界范围内的扩张，应该更好地活用文化遗产的经济价值的想法越来越强烈。在新自由主义的影响下，不太考虑文化遗产的存在价值，通过直接或间接活用文化遗产，尽可能多地创造社会交换价值的想法逐渐在日本成为主流。虽然如此，但由于长期以来人们一直认为，历史性、艺术性、学术性、鉴赏性等价值等才是文化遗产的本质价值，突然改变这种价值体系并非易事，因此政府进一步表明了追求文化遗产的社会价值的方针。文化遗产可以成为社会的整体性，应该以文化遗产为中心进行城市建设和地域建设，诸如此类的说法产生后被纳入文化遗产政策。也许可以说，不是突然谈论带有金钱味道的文化遗产的经济价值，而是首先谈论更柔和、更容易接受的文化遗产的社会价值，在这个时候还有一种谨慎的感觉。进入21世纪，日本政府提出加

---

① 本节的部分内容已发表，参见刘洋、［日］松田阳《经济振兴与日本文化遗产的活用思路》，载《文化遗产》2021年第2期。

强观光的总体方针，在今天的日本文化遗产政策中，强调观光振兴的文化遗产活用方针表现得尤为突出，这方针政策无非就是活用文化遗产而振兴经济。

"从文化遗产的保存到活用"的想法是基于文化遗产的保存和活用是两项对立关系的想法：一方主张不要光保存，要更好地活用；另一方主张不要过度利用，应该优先保存。到目前为止，日本文化遗产的活用是持续进行的，但这是以公开为主的，如果按照近年来兴起的以经济振兴等为中心的新的活用的想法来看是不够的，而且正因为认为现有对文化遗产的活用不足，文化遗产的保护整体上似乎偏向于保存。在这里要强调的是，日本的文化遗产行政至今为止都有意识地进行保存和活用这两方面的活动，近年来被认为偏重保存，是因为如上所述"活用"的意思发生了变化。文化遗产至今为止也被活用，但随着"活用"的定义扩大，在日本"文化遗产从保存进入活用的时代"的想法也随之出现。

不仅在日本，非遗的保护和活用一直都是业界内学者讨论的问题。我国学者在对非遗保护的理论探讨中"大多使用马林诺夫斯基提出的'文化功能论'和费孝通提出的'文化开发利用观'。文化功能论更多地关注文化静态的功能，文化开发利用观则认为非遗作为文化资源在社会中是具有价值的，可以进行开发和利用"[1]。

二、从文化遗产价值体系分析活用[2]

其实讨论文化遗产是保存还是活用的言论，以及对这些表示担忧和批判的言论，都是基于文化遗产的保存和活用处于社会学中零和博弈理论的想法。一方主张不要光保存，要更好地活用；另一方主张不要过度利用，应该优先保存。虽然是相反的主张，但两者都以二元对立这一相同的理论框架为依据。因此笔者从文化遗产价值体系这一角度重新探讨日本文化遗产"从保存到活用"的思考方法。

当今围绕文化遗产的保存和活用的争论，其实是因为文化遗产具有不

---

[1] 陆霓、张继焦：《新古典"结构—功能论"：非物质文化遗产作为现代产业发展的内源性动力》，载《内蒙古社会科学（汉文版）》2020年第1期。

[2] 本小节内容有日本东京大学大学院人文社会系研究科文化资源学研究专攻松田阳副教授在"日本の文化財政策"和"文化遺産と現代社会"课上的部分观点。

同的价值。一方面呼吁保存文化遗产的人，必须承认文化遗产指定时相关的价值，那就是学术价值和艺术价值，并维持和提高其价值。另一方面，想更积极地活用文化遗产的人，在文化遗产中找到其作为产业和用于观光的文化价值，追求其经济价值。即使是同样的文化遗产，也有可能在其中找到不同种类的价值，那么围绕文化遗产的保存还是活用的问题争论始终是应该优先考虑哪一种价值。两者都在追求文化遗产的价值，但这绝不是对立的问题。

从文化遗产管理领域中"利害集团"和"价值体系"的概念来看文化遗产的价值。利害集团是指在某个文化遗产存在的时候，在其中找到某种利害关系的集团。例如，对于某个文化遗产，当地居民可以从城镇建设和土地利用的角度，政治家可以从确立和强化地区整体性的角度，观光业从事者可以从增加旅游收入的角度，专家学者可以从自己的研究、对文化遗产的热爱，或者为了维持自己的职位和社会地位的角度，与文化遗产产生利害关系。此时当地居民、政治家、观光业从事者、专家学者被认为是相关文化遗产的利害集团，各个利害集团在文化遗产上发现的利害并不一定是一致的，对某一集团有利的文化遗产活用方式，而对另一集团不利的情况也时有发生。例如观光业者可能会尝试通过在文化遗产上吸引尽可能多的游客来增加收入，但对于专家学者来说为了保护文化遗产，同时从维持文化遗产的观点来看有可能会认为这种做法是不好的，由此可见在文化遗产管理中利害集团之间的利害关系的调整是必不可少的。着眼于各种利害集团在文化遗产中发现的利害之中的利益，即与创造价值相关的部分，表现出相关关系的概念就是"价值体系"。当地居民、政治家、观光业从事者、专家学者各自在同一文化遗产上发现某种价值。

在带来某种益处的意义上，这些可能都可以与"价值"联系在一起，仔细分析其个别内容然后可以将其分成若干类。例如，一个文化遗产中发现了有助于城市建设的价值、有助于地区认同的确立的价值、有助于观光振兴的价值以及有助于学术研究的价值。在文化遗产管理方面，将这些分类项目再重新建立一个体系来考虑。同时，个体团体也有可能在文化遗产中发现多个价值项目。例如，当地居民有社会价值、经济价值和审美价值，政治家有政治价值和社会价值，观光业从事者有经济价值，专家学者也有学术价值等。在文化遗产管理方面，首先要仔细调查各利害集团在文化遗产中发现了什么样的价值，在此基础上，以最大限度地引导各利害集团从文化遗产中得到的价值整体为目标。也就是说目的是优化与某个文化遗产相关的价值体系，明确与某一文化遗产相关的利害集团，以及各集团在文化遗产中发现的价值，并与社会共享。利害集团和价值体系的概念归根结底是为了使文化遗产管理过程向社会开放的工具，采用这些理论工具的最大优点是文化遗产并不是本来就有价值，而是明确人们对文化遗产价值的认识，而文化遗产的价值又有不同的种类。[①]

另外，从文化遗产价值体系的角度看"从保存文化遗产到活用文化遗产"的想法实际上是由于现代社会对文化遗产的价值种类的认识发生变化而产生的。过去，文化遗产只具有历史性、艺术性、学术性、鉴赏性等价值，要让普通人也认识到这些文化遗产的价值，这才是文化遗产的"活用"，即"公开"的目标。如今，追求社会价值和经济价值也成为文化遗产政策的重要课题，这才是"活用"新文化遗产的目标，但是如果过分追求经济价值，则有可能损害文化遗产的历史性、艺术性、学术性、鉴赏性等价值，这种想法也根深蒂固。正因为如此才会出现"比起保存，更重视活用的话，文化遗产的本质价值就会消失"的说法。

其实如果只着眼于文化遗产的价值，保存和活用都是对文化遗产价值的认识和赋予。保持文化遗产的自然状态就是对其不加任何修饰，如果在这种状态下文化遗产就会被搁置，此时文化遗产没有价值，人们也不会有进一步提高其价值的意图。与此相反，保存和活用文化遗产的目的在于在那里已经发现了价值，维持其价值并根据情况进一步提高其价值。从价值的角度看文化遗产的保存和活用都是介入文化遗产现状的行为，在这个意义上保存和活用是同等的。

无论是保存还是利用，归根结底都是如何追求文化遗产价值的问题。因此，讨论赞成还是反对活用文化遗产的问题，不仅是非建设性的，而且本身就是错误的。文化遗产的价值是无法只用保存和活用来解释的，它具有多种多样的体系，如果对价值体系整体进行有序的调整就可以充分做到保存和活用的平衡。

---

① 松田陽：「保存と活用の二元論を超えて：文化財の価値体系を考える」，小林真理编『文化政策の現在3』，東京大学出版会，2018年，p.42。

第四节　日本全民参与非遗保护的经验

日本的每个都道府县每年都有当地独特的传统节日,日语称为"祭り"。如日本入选人类非遗代表作名录的京都祇园祭规模盛大,吸引了大批国内外游客前往观看。在日本的各种"祭り"活动往往会持续好几天,有彩车巡游、传统舞蹈展示等活动。日本传统民俗等非遗活动的主体是当地生活的居民,所以依靠当地民众自愿、自觉地来保护和传承是非常必要的。笔者在日本访学期间,感受到了日本普通民众参与各项传统文化活动的积极性。为什么日本国民非常积极参与传统文化活动呢?笔者认为其原因主要是日本的非遗活动举办于城市之中并由民间组织举办,实行市民参与型文化政策以及贯穿日本人一生的传统文化教育。

一、新城市形态下的非遗活动

日本的城市化进程比我国早很多,而我们都知道非遗大部分属于以前的农耕文化,那么在如今工业化、产业化的浪潮中如何让更多的民众参与到非遗的活动中呢?日本的经验主要为将非遗活动举办于城市之中并由民间组织举办。

(一)举办于城市之中

城市在更加现代化、工业化的同时也受到了许多规划的限制,这样一来很多的非遗活动不是被限制了就是被政府包办了。普通民众失去了组织非遗活动的自主权,逐渐从组织者变成了参与者,甚至变成了观光者。非遗离社区的人们越来越远了,这就导致了民众对非遗的热情与关注度大幅度降低。日本在城市化发展的过程中也遇到了类似的问题,经过几十年的尝试,日本形成了一套在城市中搞好大型非遗活动的经验。①

第三章叙述了日本文化遗产近年来重视活用,其中活用的一个思路就

---

① 李致伟:《通过日本百年非物质文化遗产保护历程探讨日本经验》,中国艺术研究院博士学位论文2014年,第118页。

是在现代都市中举行非遗活动。例如将地方的民俗活动打造成一个城市的文化名片。1月三重县的狮子舞、2月奈良市的追鬼、3月宫城县的延年、4月大分县的御田植祭、6月北海道的越中神乐、7月京都的祇园祭、8月仙台的七夕祭、9月大阪的岸和田乐车、10月栃木县的日光东照宫祭秋季大祭、11月宫崎县的高千穗夜神乐、12月京都的苍术庙会……日本一年到头各都道府县都有各种各样的"祭り",日本的"祭り"活动不仅得到了政府的大力支持,民众参与度也非常高。利用当地文化来打造地方特色的名片,不仅传承了文化,每次举办各种非遗活动时,都吸引了大量的本地居民及外地游客甚至外国游客前来观光,从而带动了当地的经济。[1]

（二）民间的组织方式

日本传统文化活动的内容和形式看起来与过去好像没有什么太大变化,但实际上组织形式与运作方式与过去相比有了非常大的区别。首先是举办活动的组织多是专业的协会。日本将非遗活动举办的权利委托给民间组织,这些民间成员大多是本地人,从小就一直参与该项非遗活动,了解非遗,热爱非遗,热爱家乡的传统文化。另外,他们对举办本地的"祭り"活动有着多年丰富的经验,对活动的内容、流程也非常熟悉,并且对组织非遗活动十分热衷。这种由民间组织来举办传统活动的方式,有地缘文化优势,比起单纯由政府来组织的活动更能贴近普通民众。[2]

由于组织非遗活动大多是一种民间自发性的行为,为了适应这种现代化城市运作的需要,日本对开展非遗活动的民间组织进行了大胆的运作方式创新,这体现在对筹备非遗活动的民间组织进行法人制改造,以公益社团法人或者公益财团法人的形式参与到现代非遗的组织活动中来。日本当地的各种民间组织非常多,建立了从县市到乡村覆盖全国的保护非遗等各种各样的专业协会,协会的会长由选举产生,且多数是热爱家乡的传统文化、有责任心并且在当地有很高知名度与影响力的人士。[3]协会凝聚了千万

---

[1] 国立文化財機構東京文化財研究所编:『民俗芸能の公開をめぐって』,国立文化財機構東京文化財研究所無形文化遺産部,2004年。

[2] 李致伟:《通过日本百年非物质文化遗产保护历程探讨日本经验》,中国艺术研究院博士学位论文2014年,第119页。

[3] 李致伟:《通过日本百年非物质文化遗产保护历程探讨日本经验》,中国艺术研究院博士学位论文2014年,第120页。

的非遗传承人从事传承活动，对于非遗的传承工作，地方政府、社会团体以及个人也都给予一定程度的赞助。当地民众从小就开始参与到各种传统文化活动中，在这样全民参与的热闹氛围中也就不断培养了人们的文化认同。

日本"祭り"活动为了适应城市化进程进行了改造，同时兼顾了行政与现代商业化模式的运作原则。在传承非遗的同时又将其融入现代城市文化之中，为城市打造了一张名副其实的文化名片，同时也带来了经济效益。

二、市民参与型文化政策

（一）文化民主化

在重视文化政策带来的经济价值之前，文化政策首先受到了是否有助于实现真正的民主文化的质疑。欧洲各国在"二战"后加大了对文化的补助，此后一直持续到20世纪60年代，政府对艺术的干预不断扩大是艺术文明价值体现出来的长期社会价值所推动的，因而可以让更多人平等开放地接触艺术。日本战后时期的文化政策是以降低入场费、扩充教育项目、博物馆免费化、开办国营广播等大众化方式，来提高普通民众接近艺术的机会。1970年末，日本政府向各地发送研究成果，提出文化是人类"应有的状态"这一定义的政策，一句话概括就是尊重所有个人平等地追求具有各自价值的多样的文化。[1]

了解地方城市社会实际情况的专家学者们认为，构成现实社会的个人和社会集团与以民主化为对象的文化有着不同的各自固有的文化基础，只有立足于此才能充分行使作为市民的权利。因此，文化政策提出了在"文化民主化"政策中看待艺术文化的"卓越性"。大众文化和具有地域语言的地方文化，农村、劳动者、移民等各社会团体固有的表现形式和生活方式等其他大众文化都需要被承认。同时，这些大众大文与以艺术为核心的文化具有同等价值。也有人认为不是并行共存各种文化，而是强调不同的

---

[1] 中鳩由紀子：「自治体文化政策策定プロセスにおける文化デモクラシー：共治の実現に向かって」，小林真理編『文化政策の現在3』，東京大学出版会，2018年版，p.78。

价值观相互碰撞的重要性，特别是把现代各种不同的艺术创造放在城市，唤起人们的自由讨论。①

如果确认所有个人都是民主主义主体的原则，那么民主的文化政策必然会成为各自主观的基础，这样的文化会被多元化地理解和尊重。从文化政策被规定的立场出发，文化民主化的理念要求当事人关于文化价值的自我决定，可以认为是所有人都能主动参与社会公共决策的条件，实现文化民主的实质化。②

（二）促进主动参加的文化政策

日本地方自治团体在文化政策的制定过程中，非常重视市民的参与，"市民参与"和"协作"成了地方自治团体行政工作的关键词，行政机构和市民一起考虑地区文化振兴的方针，通过两者的合作实现文化振兴的例子正逐渐增加。2001年通过的《文化艺术振兴基本法》明确规定了根据地域特性制定并实施政策的自治团体的责任和义务，此后制定以文化振兴为目的的条例和计划的自治团体数量不断增加，在各自的制定实施过程中，地区居民的意见反映到决策中的可能性进一步增大。法律明确规定，地区文化振兴取决于"自主的、主体性的"地方自治团体，所以地方自治团体制定文化振兴方针更基本的依据是地区居民的要求。

在区域内地方自治团体与市民一起深入讨论具有地域特性的文化振兴是什么样的，将固有的需求和课题反映到自治体文化行政的方针上。围绕着文化和艺术，表现出各种各样不同的人的"价值观"，互相认同，通过协商来引导地区发展的方向。每个人有什么样的文化身份是与地区的历史和生活文化相结合的，在自己生活的地区想进行什么样的文化活动和艺术活动，想怎样享受艺术和文化，希望拥有什么样的文化设施，希望公共空间成为什么样的场所或者希望自己的城市因文化和艺术而发生怎样的变化等问题，很多人都有各自的答案。地区的文化振兴基本上与所有人息息相关，政策制定过程中的讨论，是在地域社会中共同生活的个人身份性与主

---

① 中鳩由紀子：「自治体文化政策策定プロセスにおける文化デモクラシー：共治の実現に向かって」，小林真理編『文化政策の現在3』，東京大学出版会，2018年版，p.79-80。

② 中鳩由紀子：「自治体文化政策策定プロセスにおける文化デモクラシー：共治の実現に向かって」，小林真理編『文化政策の現在3』，東京大学出版会，2018年版，p.80。

体性表现的机会。①另外，前文提到民间财团对非遗也进行资金扶持，因此民间财团也可以对文化政策进行提议。因为文化政策的制定过程中行政机构和市民一起考虑地区文化的振兴方针，所以日本民众非常愿意并积极参与各种非遗活动。

三、全民传统文化教育

日本人对非遗具有较好的保护观念并非只是日本政府单纯地依靠组织各项非遗活动进行推广的结果，同时也是日本政府普及传统文化教育的结果。②

日本在制定非遗保护的各项法律和制度中，都非常注重儿童的传承和保护意识。他们认为非遗传承不仅仅在艺人之间，更需要唤起青少年维护民族传统文化的自觉意识。日本人从小就开始参加各种传统文化活动，例如"七五三"节。从江户时代开始，每年的11月15日是日本的"七五三"节，在日本多数地区，这天，3岁、5岁、7岁的孩童，都会穿上传统和服，跟父母到神社参拜，祈求健康成长。如今，大部分日本家庭会在11月15日前后的周末庆祝"七五三"节。除了去神社参拜，还会去照相馆拍一套全家福纪念照。幼儿园老师也会在节日前强调节日的重要性。

小学、初中、高中都会专门开设非遗的课程，其中既有非遗的理论课程，也有非遗的实践课。例如日本政府在中小学的课程中增加了传统艺术与传统文化课程的比重，让孩子们从小就了解能剧、歌舞伎、文乐和新年等这些日本传统艺术的表现形式和传统节日的意义。周末，学校或者传统文化儿童教室举行日本舞、武道、茶道、花道等传统文化的培训和体验活动，让孩子们在很小的时候就接触非遗。在日本各地举行的非遗活动中，几乎都有儿童方阵或者是儿童的参与，甚至为了儿童的参与，宁可打破传统仪式活动的常规。③特别值得注意的是，日本有非遗考级制度，如大家比

---

① 中鳩由紀子：「自治体文化政策策定プロセスにおける文化デモクラシー：共治の実現に向かつて」，小林真理編『文化政策の現在3』，東京大学出版会，2018年版，p.75-76。

② 国立文化財機構東京文化財研究所編：『学校教育と民俗芸能』，国立文化財機構東京文化財研究所無形文化遺産部，1999年。

③ 郑土有：《非物质文化遗产保护中的"儿童意识"——从日本民俗活动中得到的启示》，载《江西社会科学》2008年第9期。

较熟悉的空手道,这种考级类似于国内的钢琴、舞蹈等的考级制度。因此日本学校在公立老师的录用标准中加入了必须持有某项非遗资格证书的要求,例如要具有花道、剑道、茶道或者传统舞蹈等的资格证书,这种制度就保证了日本儿童从小就接受非遗的熏陶,从而积极参加各项传统文化活动。

从初中开始到大学,日本的学校有各种各样的社团,如太鼓社、传统舞蹈社、花道社、剑道社等,这些也是传承非遗的场所。学校会聘请当地该项非遗的传承人向社团人员教授相关基本技能。除了理论课,同时还注重非遗的实践,日本学校每年有一次相关表演,如学艺会、校园祭时社团人员向学校乃至社会人士展现所学内容。另外,大学设置了专门的文化遗产学科,例如东北艺术工科大学历史遗产/东北文化专业的课程设置包括了民俗信仰、民俗艺能、传统技术、祭礼、民间故事(民话)、饮食文化等多种非遗的内容。①

进入社会后,日本人也会加入各种传统文化的俱乐部,将其作为减压的方式之一。退休之后的老年人非常喜欢去博物馆,日本有非常多大大小小的公立和私立博物馆,大多数公立博物馆只收很少的费用,有时是免费的,他们觉得年轻时大部分时间忙于工作,退休后有了更多的时间和精力,让他们有机会成为当地传统文化的传承者。

在非遗保护的过程中,日本传统文化教育贯穿日本人的一生,政府十分注重民间组织及普通民众的参与,在文化政策的制定过程中行政机构和市民一起考虑地区文化的方针,所以日本民众非常愿意并积极参与各种非遗活动。

小　结

日本是基于本国国情,以非遗保护为出发点制定各项保护制度的,经过半个多世纪的发展与实践,日本已经形成了一个比较完整的非遗保护体系。日本非遗保护具有自己的特色与经验,非遗保护实践也成果丰硕,有些方面值得我们借鉴。本章从四个方面分析总结了日本非遗制度的建设经验。

---

① 康保成:《日本的文化遗产保护体制、保护意识及文化遗产学学科化问题》,载《文化遗产》2011年第2期。

其一，日本在世界上首先提出了非遗的概念，同时也积极参与人类非遗代表作名录的申报，但在保护过程中也出现了一些问题。例如，济州海女文化的申报导致日本过度集中于登录非遗项目名录、"和食：日本人的传统饮食文化"申报人类非遗代表作名录的初衷是农产品出口战略中的差别化和附加价值化，而并非和食文化。日本的非遗名录是个多层体系结构，构建非遗的多层次分类、多层级保护体系是非常重要也是非常有意义的，可以体现该体系的科学性、完整性、规范性和条理性，同时也可以为非遗代表作名录的申报、评定与管理提供更加权威的标准。

其二，从"个人、群体和社区"的角度梳理了日本非遗传承团体（群体）认定的经验。日本早在1890年就采用帝室技艺员制度，20世纪50年代用法律将非遗作为独立的文化遗产类型进行区分和保护，同时规定了非遗"保持者"认定制度，即强调非遗个人的保护主体地位；1975年，《文化遗产保护法》修订后加入了"保持团体"认定和无形民俗文化遗产的保护团体，即强调了团体、群体的保护主体地位；2018年，修订后的《文化遗产保护法》又确立了"文化遗产保护活用支援团体的指定"的模式来加强"社区参与"的理念，让更多的普通民众参与非遗的传承、保护和活用。

其三，从文化遗产价值体系的角度探讨了日本对文化遗产的"保存"与"活用"。文化遗产的价值是无法只用"保存"与"活用"来解释的，它具有多种多样的体系，如果对价值体系整体进行有序的调整就可以充分做到保存和活用的平衡。

其四，分析了为什么日本民众都积极参加各项传统文化活动。主要是因为日本的非遗活动举办于城市之中并由民间组织举办，实行市民参与型的文化政策以及贯穿日本人一生的传统文化教育。日本在举办传统文化活动时为了适应城市化进程进行了改造，兼顾了行政与现代商业化模式的运作原则，在传承非遗的同时又将其融入现代城市文化之中，为城市打造了一张名副其实的文化名片，同时也带来了经济效益。在文化政策的制定过程中，行政机构和市民一起考虑地区文化振兴的方针。日本人对非遗具有较好的保护观念也是日本政府普及传统文化教育的结果。例如，日本实行非遗考级制度以及学校在公立老师的录用标准中加入了必须持有某项非遗资格证书的要求。

第六章

日本非遗制度对我国非遗保护的启示

经过十余年的发展,我国已经建立起了比较完善的非遗保护制度体系。我国的非遗保护制度体系,顺应了世界的非遗保护发展的趋势,同时又具有中国特色。前几章已经研究了日本非遗制度建设的经验,如日本文化遗产保护体系有着自己的一套发展规律:"认识—讨论—立法—保护—再认识",并且借鉴外来的新观念,进行改造和内化再变成自己的风格。可以看出任何制度建设不可能一蹴而就,每一项政策制度都有局限性,在实践的过程中会慢慢暴露出一些问题,我们要借鉴日本先进经验,坚持因地制宜、精准施策,探索非遗项目保护的多元化、精准化道路。

第一节　非遗保护的精准管理与施策[①]

在国家的带动下，各地也出台了地方性非遗保护制度，可以看出，经过十余年的发展，我国已经建立起了比较完善的非遗保护的制度体系。我国的非遗保护制度体系，顺应了世界的非遗保护发展的趋势，同时又具有中国特色。如我国对非遗的国家、省、市、县四级保护体系，非遗传承人制度，国家文化生态保护区制度，专项资金的管理，相关机构的建立与完善，非遗工作的评估机制与自我检查等方面。尽管我国出台一系列政策制度以完善非遗的评估、保护、发展体系，但由于经验不足、协调不够等原因，我国尚未建立起一个相对卓越的制度体系。

一、非遗保护精准管理与施策的必要性与原则

我国的《中华人民共和国非物质文化遗产法》采用纲领性的表述方式来制定规范，为具体的执行层面留出了较多灵活的空间，所以非遗保护政策只适用于宏观的指导。这十余年来，我国非遗传承保护取得的重大成绩与非遗保护制度的制定和实施息息相关，这些宏观性的指导制度为非遗的保护和传承提供了政策、机制、资金、人力等保障。但我国是多民族国家，且非遗保护项目数量庞大，随着非遗的保护问题向纵深的方向发展，一系列新课题和新挑战随之产生，然而制度建设不可能一蹴而就，因此需要进一步补充细化和完善，对非遗保护进行精准管理与精准施策。

（一）非遗保护的精准管理与施策符合发展规律

2017年6月，中国非遗司司长陈通指出，"在新形势下，非遗保护工

[①] 本节的部分内容已发表，参见刘洋《非遗保护的精准管理与精准施策》，载宋俊华编《中国非物质文化遗产保护发展报告（2018）》，社会科学文献出版社2018年版；刘洋《论我国"非遗"保护的精准管理与施策》，载《广西社会科学》2019年第7期。

作要坚持'保护为主、抢救第一、合理利用、传承发展'的指导方针，秉持'创造性转化、创新性发展'新理念，以能力建设为中心，夯实工作基础，健全工作体系，巩固抢救性保护成果，提高保护传承水平，推动保护事业可持续发展。为此，要及时修订完善有关规章制度，制定指导保护工作的规范性文件，着力提高科学化、规范化水平，走向精确管理。"①

1. 非遗保护的精准管理与施策是坚定文化自信、建设社会主义文化强国的需要

习近平总书记指出，中华优秀传统文化是中华民族的精神命脉，是涵养社会主义核心价值观的重要源泉，也是我们在世界文化激荡中站稳脚跟的坚实根基。要结合新的时代条件传承和弘扬中华优秀传统文化，传承和弘扬中华美学精神。我们社会主义文艺要繁荣发展起来，必须认真学习借鉴世界各国人民创造的优秀文艺。只有坚持洋为中用、开拓创新，做到中西合璧、融会贯通，我国文艺才能更好发展繁荣起来。②

非遗是优秀传统文化在当代活态呈现的重要内容和主要载体，是联结民族情感的纽带和维系国家统一的重要基础。保护和传承非遗，是坚定文化自信、建设社会主义文化强国的重要途径和必然选择。非遗保护与传承的程度和效果直接决定了坚定文化自信、建设社会主义文化强国的效果。"巩固抢救保护成果，提高保护传承水平"③，就要精准管理与施策，推动非遗保护工作呈现出新的局面。

2. 非遗保护的精准管理与施策符合历史的要求

目前非遗的保护问题正在向纵深的方向发展，以往的保护制度机制已经无法促进非遗保护更深入，影响了非遗保护机制的发挥。粗放式保护制度导致了有些保护的方法不够科学，从而使非遗保护效果和目标之间出现了较大的偏差，因此需要对非遗保护工作进行精准管理与施策。非遗保护的精准管理与施策是从宏观到微观的转变，更加注重各要素之间的因果性和协调性，具体的项目确定自己的保护方法，使得非遗保护朝着正确的方

---

① 《让古老技艺根植灵魂融入生活》，见搜狐网（https://www.sohu.com/a/148539708_534785）。

② 新华社：《习近平在文艺工作座谈会上讲话》，见人民网（http://culture.people.com.cn/n/2014/1015/c22219-25842812.html）。

③ 王学思：《党的十八大以来我国非遗保护工作综述》，见中国政府网（https://www.gov.cn/zhuanti/2017-10/17/content_5232430.htm）。

向进行，精准管理与施策的目标在于保护和传承的效果最大化。宏观的方面要求我们关注每一个项目是朝着正确的保护的大方向，微观的角度又要求我们在每一个项目中精准管理与施策。因此，精准管理与施策不仅追求单一项目的保护效果，而且推动非遗保护的平衡与全面发展，最终实现非遗保护的有序发展和动态平衡。非遗保护的精准管理与施策是在总结我国的保护工作经验和教训的基础上而提出的更有针对性的措施。精准管理与施策意味着我国的非遗保护策略正走向一个新的高度。从粗放走向精准，从低级走向高级，从平面走向立体，从片面走向多元，这符合历史的发展规律，非遗保护的精准管理与施策是保护策略的高级阶段，是更关注全面性非遗保护策略。

（二）非遗保护精准施策的原则

非遗保护制度的制定和实施是非遗传承和保护的重要成果，同时也是实现长期有效推进非遗保护传承的重要保障。我国的非遗保护工作以"政府主导、社会参与"为基本工作原则，要根据具体情况来制定切实可行的保护制度，坚持因地制宜、精准施策，探索非遗项目保护的多元化、精准化道路。

精准施策是对粗放式非遗管理的扬弃，是走向精准管理的转变。实行精准施策就是在针对非遗保护的工作过程中，对粗放式保护、保护方向、保护目标偏离等情况提出具体的解决办法，以增强非遗保护项目的针对性，减少在保护和传承的过程中出现保护方向和保护目标偏离的问题。深化非遗保护工作的动态平衡、绩效评估，把精细施策贯彻到非遗保护的整个过程中，做到精细规划、精细分析、精细操作、精细控制、精细考核。实现从经验型到科学型、从主观到客观、从定性到量化、从静态到动态、从外延式到内涵式、从粗放型到精细化的转变。实现非遗保护的策略明晰化、体系科学化、考核全面化、全民参与化、全面协同化，从而使我国的非遗保护工作走向一个新的高度。

二、构建非遗名录的多层次分类、多层级保护体系

构建非遗的多层次分类、多层级保护体系非常重要，也是非常有意

义的，多层次结构可以体现该体系的科学性、完整性、规范性和条理性，同时也可以为非遗代表性项目名录的申报、评定与管理提供更加权威的标准。因此我国应继续探索非遗名录的多层次分类、多层级保护体系，对非遗项目目录进行精准管理与施策，避免单层级分类带来的弊端。

（一）完善非遗多层分类体系结构

我国现有的非遗项目共分十大门类，分别是民间文学，传统音乐，传统舞蹈，传统戏剧，曲艺，传统体育、游艺与杂技，传统美术，传统技艺，传统医药和民俗。我国非遗的"十分法"是我国非遗分类研究的一个具体实践，但是也还需要继续修正及调整。例如，语言既是交际工具，又是思维工具和文化载体，包含着重要的文化内涵，在经济全球化、信息化和现代化的浪潮中，汉语方言的濒危现象已经十分严重，大量富有语言特色和文化内涵的濒危方言正在迅速走向消亡。初步统计129种语言中有117种语言已经濒危或正在走向濒危。[1]一定地域的方言、一定行业的特殊语言，不仅是非遗传达的媒介，其本身就是非遗，语言的重要性不言而喻，但语言类非遗类别并不在我国非遗的十个类别中。另外，我国综合类非遗项目包含多类文化表现形式，目前也没有体现在名录中。此外，名录没有把"文化空间"作为一个单独的类别。无论是联合国教科文组织颁布的《非遗公约》，还是我国国务院办公厅颁布的《关于加强我国非物质文化遗产保护工作的意见》，都明确地把与各种传统文化表现形式相关的"文化空间"作为非遗的一个重要类别。

非遗的每一类别中又可以分为不同的种别，同一类项目之下往往也有不同的子类别。现有的单层项目名录分类体系有时导致了名录的碎片化问题。例如，将花灯拆分成传统技艺类和民俗类，在申报过程中就出现了项目拆分、碎片化申报的情况。现行十类国家级非遗代表性名录并不完整，需要根据情况增加、调整。复杂繁多、千姿百态的非遗保护项目决定了不能用统一的标准来保护，而是需要制定相应的分类保护标准。[2]因此，我国需要继续探索更加科学、更加合理的非遗多层分类体系结构。

---

[1] 庄初升：《濒危汉语方言与中国非物质文化遗产保护》，载《方言》2017年第2期。
[2] 王霄冰、胡玉福：《论非物质文化遗产保护工作的规范化与标准体系的建立》，载《文化遗产》2017年第5期。

（二）完善非遗名录多层级保护结构

我国非遗资源丰富且数量众多，面对数量众多的非遗资源，分级保护势在必行。国家力量有限，不可能不加区别地对待所有非遗项目名录，但分级制度并不是衡量非遗价值的唯一标尺。文化相对论认为每个民族的文化都有其独特的价值，是其他文化所不能代替的。因此，暂时没有进入名录或者没有列入国家级名录之非遗的价值不一定就小。

一是继续夯实国家、省、市、县四级保护体系，分门别类瞄准，针对不同的类别采取不同的制度。例如日本对于重要的无形文化遗产和无形民俗文化遗产可以指定，没有被指定为重要的无形文化遗产，但又具有重要意义的无形文化遗产则进行选择，对于文化遗产保存技术则进行选定，登录制度就更加灵活。笔者认为可以考虑借鉴日本的经验，增加非遗代表性项目名录登录制度。有些虽然没有被列入四级非遗代表性项目名录，可其对了解我国传统文化等具有重要意义，又有一定的保护或者活用价值的非遗项目可以进行登录，这样有助于提高普通群众对非遗的关心度与参与度。

二是针对不同非遗的项目情况，运用科学有效的政策对保护的对象实施精准识别、精准保护的方式。随着社会变革以及人们生活方式的变化，非遗项目的生存情况也发生了变化：有的面临濒危，有的需要大力宣传，有的违背保护理念，有的违反法律法规，这些不同的情况无法采用统一的方式进行保护。要解决好非遗保护的问题，必须把非遗的真实情况弄明白、弄清楚。把保护的对象、濒危的程度、非遗传承人的情况等弄清楚，以便进行分类施策，因人施策。如"传承基础和条件较好的项目，则需要提高传承实践能力，拓展传承发展空间；可以合理利用有较大发展潜力的项目，要搭建公共服务平台，大力支持并推动振兴；对于宣称为非物质文化遗产却违背保护基本理念，歪曲、滥用文化遗产的现象，则应该旗帜鲜明地予以规范"①。

我国非遗项目种类繁多，每一项目都具有自己的历史渊源和文化特性，因此很难制定一部涵盖所有项目的保护标准。一个药方无法治百病，非遗项目名录需要构建非遗的多层次分类、多层级保护体系，分门别类瞄

---

① 《文化部非遗司司长陈通：传统工艺的六项振兴措施》，见搜狐网（https://www.sohu.com/a/148232836_669468）。

准，针对不同的类别采取不同的制度，针对不同情况制定切实可行的保护政策，精准稳妥地提出解决方案。

三、对非遗代表性传承人认定精准施策

日本在1950年就出台了《文化遗产保护法》，在半个多世纪的实践过程中不断修订认定标准，至今为止共修订了40多次，如此频繁的修订造就了日本在文化遗产保护领域的领先制度与实践优势。我国在制定非遗保护制度的初期也借鉴了日本的保持者认定制度，即非遗代表性传承人制度。

2019年12月10日，文化和旅游部官方网站发布了《国家级非物质文化遗产代表性传承人认定与管理办法》并于2020年3月1日起开始施行。目前，我国还没有国家级非遗代表性传承团体／群体的认定与管理办法，但一些市级的条例已经明确规定团体也可以作为传承人。目前，我国的非遗传承人的认定工作虽然取得了很大的成就，但我国的传承人认定制度的设计尚存在一些漏洞，例如没有对传承团体的认定。

我国的非遗与日本非遗的范围与分类虽不相同，但日本的非遗的传承人认定方式仍值得我们借鉴和学习。我国应借鉴日本的先进经验，立足于国情完善非遗代表性传承人制度，尝试对非遗代表性传承人认定进行精准施策。

（一）对非遗传承人认定精准施策的必要性

我国的非遗代表性传承人制度对加强非遗的保护和传承具有一定的作用，完善了非遗传承体系，增强了非遗的存续力，同时也改善了非遗传承人的生活水平。目前非遗的保护问题正在向纵深的方向发展，影响了非遗保护机制的发挥，因此需要对非遗传承人认定进行精准施策。

黄梅挑花是第一批国家级非遗。2008年，黄梅挑花工艺有限公司因为侵犯黄梅挑花民间传承人的著作权而被查处。该案是由国家反盗版举报中心提起维权，而不是黄梅挑花的民间传承人。"如果由直接利益受损的民间传承人（传承团体）作为法律主体进行举报或者直接通过民事诉讼要求

赔偿，其法律逻辑才会更为顺畅。"①再例如，将赛龙舟的组织者申报为传承人，虽然组织者在该项非遗的传承中具有重要作用，他们确实为保护非遗付出了艰辛的努力，积极开展传承活动，但并未熟练掌握其传承项目的核心技艺，故申报不能通过。像赛龙舟在我国分类为传统体育、游艺与杂技类，类似于我国赛龙舟这样的项目都是与国民生活密切相关的，在日本被划分为无形民俗文化遗产的类别，没有认定非遗代表性传承人或者传承团体，但在指定无形民俗文化遗产的同时会登出该项民俗的保护团体，可以简单地理解为也是由团体来保护的。

从上述的两个具体实践可以发现，我国的代表性传承人名录制度虽然前期解决了很多问题，但在实践过程中发现有些项目缺失了对于具有群体参与性的整体把握，要避免将个人作为群体性传承项目，对于个人表现特征很薄弱的项目需要团体传承制度以增加其传承的认同感。

（二）非遗传承个人、团体、社区的精准施策

"非遗不仅是社会认同的思想基础，而且是进行价值评价、选择和判断的思想根据，还是实现价值理想的精神动力和内在张力。"②个人、群体和社区都有对其参与的非遗项目的参与感、认同感与骄傲感，因此想要更好地保护非遗，就要首先明确谁是传承人、传承团体或者传承群体，进行精准施策。

不能仅仅停留在代表性传承个人的层面上，绝大多数非遗项目是无法靠个人的能力来有效传承的。昆曲、粤剧等戏曲类需要几个人或者几十人的团队来传承，在团体传承的情况下，需要将每一位成员都调动起来并形成稳定的团队，这样才有利于在更大的范围内挑选更优秀的传承者或以防因传承人不足而失传。传统戏曲类传承人没有几年、十几年根本不可能学会，即使学会也很难糊口，最后很有可能在数十年后因为后继无人而面临窘境。

传统节日、传统仪式等民俗活动或习俗则属于传统知识的积累，是由众多群体共同承担的，它与个人的技能之类并没有太大的关联性。因此日

---

① 刘潇宇：《论日本非遗传承团体的法律制度及对我国的启示》，载《湖南人文科技学院学报》2020年第5期。

② 王福州：《"文化遗产"的中国范式及体系建构》，载《中国非物质文化遗产》2020年第2期。

本把无形文化遗产和无形民俗文化遗产的传承者认定方式做了区分,对于前者实行保存者、保存团体即传承人的认定,对于后者不实行传承人的认定。在我国,非遗的概念包括了民俗,但设计传承人认定制度时没有进行任何区分。像传统节日这种群体传承的情况,所有权归全体参加人员,更不应该设立代表性传承人,可以借鉴日本的经验设立保护团体。

另外,联合国教科文组织的《非遗公约》坚持"以社区为中心"的原则,是因为"只有社区最大限度地参与到保护非遗的整个过程中去,并在其中发挥主要的作用,带来比仅靠政府支持的保护措施更持久的持续性,非遗才能有效地开展下去"[①]。《非遗公约》一直强调非遗的整个保护过程都要社区最大限度地参与。为了体现以社区为中心的原则,日本在2018年修订法案中新增了文化遗产保护活用计划的认定与保护活用支援团体的指定,我国也可以借鉴其经验增加保护活用团体的认定等。

要想更好地保护非遗,就要首先明确谁是传承人、传承团体或者传承群体,对其进行精准施策。以往的实践证明,一个非遗项目只能有一个代表性传承人,这在一定程度上制约了集体性或群体性非遗项目的传承和保护。因此我国需要进一步健全非遗保护制度,完善非遗代表性传承团体制度设计。非遗的主体与保护主体有个人、群体和社区三种形式,如果缺少对这一维度的认识,非遗项目就无法被共享,更难以存活,因此传承人制度需要精准施策,为个人、团体、群体以及社区各方都可以达到身份的获致,提供其认同感及持续感,让非遗传承人通过他们的活态传承,使中华民族宝贵的文明永久相传。

四、活化利用以实现非遗保护的可持续性发展[②]

2018年9月国务院印发的《乡村振兴战略规划(2018—2022年)》第七篇"繁荣发展乡村文化"提出,"发展乡村特色文化产业,推动文化、旅游与其他产业深度结合、创新发展,定调乡村文化产业发展重在提质增

---

① 杨利慧:《以社区为中心——联合国教科文组织非遗保护政策中社区的地位以及界定》,载《西北民族研究》2016年第4期。

② 本节的部分内容已发表,参见刘洋、[日]松田阳《经济振兴与日本文化遗产的活用思路》,载《文化遗产》2021年第2期。

效"①。乡村振兴是我国发展战略及未来一段时期国家现代化建设的重点之一，实施乡村振兴战略，是党的十九大做出的重大决策部署，是决胜全面建成小康社会、全面建设社会主义现代化国家的重大历史任务，是新时代"三农"工作的总抓手。

（一）非遗"活"起来，助力新振兴

乡村振兴战略为今后我国的非遗保护指明了发展的方向。实施乡村振兴战略的总要求是：产业兴旺，生态宜居，乡风文明，治理有效，生活富裕。文化建设作为乡村振兴战略的重要内容之一，是乡村全面振兴不可或缺的重要组成部分。从日本文化遗产的活用政策来看，其最终振兴地方经济的目的不言而喻，这与我国的乡村振兴战略有异曲同工之妙。日本文化遗产的活用与我国乡村振兴战略既有联系又有区别。日本是强调文化遗产的活用，最终实现经济的增长；而我国是强调乡村振兴，文化建设只是手段之一。两者最终的目的均是既可以实现经济的增长，又可以构建国家文化软实力。

中华文明根植于农耕文化，乡村是中华文明的基本载体，滋养非遗的根脉和土壤。文化传承是乡村振兴的重要使命，非遗是民族文化优秀基因的体现，非遗不但具有文化属性，还具有经济属性。"非遗是乡村重要的文化、旅游和经济资源。各地具有鲜明地域、民族特色的非遗，也正成为发展乡村经济、催生乡村旅游、实现农民增收的特色文化产业。"②在新时代的背景下，让非遗在传承中焕发出新的活力来推动产业的稳健快速发展，从而为乡村振兴注入文化动能和经济动力也成为我们需要研究的课题之一。

近年来，非遗逐渐受到大众的关注，老手艺成了脱贫新动力也是不争的事实。"以非遗+的形式发展当地经济、促进产业转型升级、帮助群众脱贫致富已有了大量成功的案例。截至2020年年初，全国393个国家级贫困县和150个省级贫困县已开展非遗助力精准扶贫的工作，总共设立非遗工坊

---

① 宋俊华、周波：《2018年中国非遗保护的新使命、新发展和新趋势》，载宋俊华编《中国非物质文化遗产发展报告2019》，社会科学文献出版社2019年版，第4页。

② 杜云生：《非遗发展要符合乡村实际》，载《中国文化报》2019年10月15日第8版。

2310个，带动46.38万人参与就业，让20万建档立卡贫困户实现脱贫。"①

（二）日本非遗活用对我国非遗保护可持续性发展的启示

党的十八大以来，习近平总书记就传承和弘扬中华优秀传统文化作出一系列重要论述。他强调："让收藏在博物馆里的文物、陈列在广阔大地上的遗产、书写在古籍里的文字都活起来。"②"活起来"三个字，为文化遗产保护工作指明了方向，也是推动文明交流互鉴的内在要求。从前文对日本文化遗产活用的分析可以看出，"活起来""活用"无疑是我国与日本近年来文化遗产保护的关键词。

日本是世界上首个提出对非遗进行保护且认识到文化遗产活用的重要性的国家，我国可以借鉴日本文化遗产保护的活用思路，以非遗保护的可持续性发展为目标，利用非遗的文化价值与经济价值，让我国的非遗保护跨越一个新的高度，更加有效地助力乡村振兴。前面已经分析了日本的物遗和非遗活用经历了三个阶段的认识，即"公开、普及、教育""应用于城市建设""追求经济效益"。

首先，关于非遗保护的公开、普及和教育。我国应当继续加大非遗的宣传和教育力度，培养全民的非遗保护和传承意识，营造良好的非遗保护和传承氛围，使非遗保护成为民众的自觉行为。日本在考虑文化遗产特性的同时，利用多种手段积极进行公开和活用，以充实广大国民亲近文化遗产的机会。如在国立剧场开展能乐和歌舞伎等传统艺术的鉴赏教室活动，在展示的过程中最大限度地发挥宣传和教育的功能。另外，要特别注重儿童的非遗传承和保护意识。传承不仅仅在传承人之间，更需要唤起大众，特别是青少年维护民族文化根脉的自觉意识，引领青少年是传承非遗的百年大计。

其次，非遗应用于城市建设中。在乡村振兴中非遗保护存在很多问题，文化认同的缺失显得尤为严峻。活态的非遗需要活态传承，让非遗"见人见物见生活"是传承发展的关键。非遗保护需要走进现代人的生活当中，避免失去传承基因，同时还要积极推动非遗在日常生活中焕发新的

---

① 李韵：《文化遗产活起来 百姓生活更精彩》，载《光明日报》2020年10月28日第1版。

② 张贺、王珏：《让收藏在博物馆里的文物活起来》，载《人民日报》2023年5月18日第4版。

活力，加强对非遗的研究和精准施策，让非遗保护深入本质。如让非遗传承人带动更多的人投身到乡村文化建设中，丰富农村文化业态，让非遗保护理念和非遗产品能够高品质地进入现代人的生活中。①

最后，追求非遗的经济效益。日本有日本遗产认定制度和观光立国战略，而我国在乡村振兴战略规划中也明确提出"发展乡村特色文化产业"，推动文化、旅游与其他产业深度结合、创新发展。我国目前缺乏对文化遗产的整体认知、包装和推广，并且与地区传统文化及经济社会发展背景联系不足，②要充分挖掘当地历史、传统文化与非遗的契合点，打造地方文化的品牌化，加强非遗生产性保护，带动就业，促进非遗的文化价值与经济价值的有效对接。如让非遗产业积极参与到乡村旅游的市场里，避免低水平恶质化的竞争，积极开发非遗产品的多样化、特色化、创新化，让非遗成为乡村脱贫致富奔小康、拉动内需促发展的重要途径，③让"非遗+"成为新的经济增长点。

中日两国都不约而同地采用了申请等方式保护本国的非遗，不仅树立了国际文化形象，同时通过一系列文化政策从根本上解决了非遗保护的核心问题，为实现非遗的整体性保护营造了条件，最终既弘扬了传统文化，又提升了国民经济效益。从战略高度来看，我国对非遗的保护丝毫不逊于日本，在非遗占有资源和数量方面我国也占有绝对的优势，但因为我国起步晚，在实践工作上确实还存在许多不足。我国在非遗保护的活用中还有很大的提升空间，需进一步学习日本非遗保护的制度建立、传承人才认定和储备、创新活用、管理推广等方面，让我国的非遗保护再跨越一个新的高度。

文化遗产是在漫长的历史长河中孕育和传承下来的宝贵财富，它赋予人们精神上的富足和心灵上的寄托。"文化遗产只有通过适当途径发挥作用，通过特定方式被大众所关注与分享，才能具有旺盛的生命力。"④这样的文化遗产和人们的交流将成为创造美好未来的力量。当景美民美的"社

---

① 赵罡：《非遗助力乡村振兴》，见中国大理网新闻（https://www.sohu.com/a/271727688_185829）。

② 刘鑫：《遗产故事构建下文化遗产群的整体利用及其旅游开发——基于"日本遗产"事业的启示》，载《中国文化产业评论》2018年第1期。

③ 徐业礼：《浅析非遗在实施乡村振兴战略中的作用》，见中国社会科学网（http://ex.cssn.cn/dzyx/dzyx_mtgz/201807/t20180724_4509354.shtml）。

④ 单霁翔：《让文化遗产活起来》，载《人民日报》2019年5月17日第13版。

会美"与国富民强的"现实美"达到完美地统一时，自然就会实现"美丽中国"！

第二节　完善传统戏剧类非遗代表性传承团体认定

非遗与物遗最大的区别就是重视传承过程中人所发挥的作用，因此我们需要明确谁是传承人，从而对非遗传承人进行精准施策。对非遗实行代表性传承人认定制度是我国非遗保护工作中的重要一环，认定了非遗传承人，非遗才能有序地进行传承。这体现了我国对非遗活态传承中的核心要素——"人"的保护，但目前非遗代表性传承人认定制度的不足就是对于集体传承、大众实践的项目没有施行非遗代表性传承团体（群体）的认定。

2020年5月26日，文化和旅游部非遗司下发了《关于贯彻落实〈国家级非物质文化遗产代表性传承人认定与管理办法〉的通知》（简称《通知》），《通知》指出"对于主要依靠集体传承、大众实践的项目，要更加审慎地推荐认定个人为国家级非物质文化遗产代表性传承人。鼓励试点开展代表性传承团体认定工作"[①]。2021年5月25日，文化和旅游部印发了《"十四五"非物质文化遗产保护规划》，其中明确指出"对于集体传承、大众实践的项目，探索认定非遗代表性传承团体（群体）。在条件具备的地区，试点开展非遗代表性传承团体（群体）认定工作，探索有效的工作方法。做好非遗代表性传承团体（群体）与非遗代表性传承人有关工

---

① 文化和旅游部非物质文化遗产司：《关于贯彻落实〈国家级非物质文化遗产代表性传承人认定与管理办法〉的通知》，见中国民俗学网（https://www.chinesefolklore.org.cn/web/index.php?NewsID=19808&Page=1）。

作的衔接配合"①。2021年8月2日,中共中央办公厅、国务院办公厅印发了《关于进一步加强非物质文化遗产保护工作的意见》,其中也特别强调"完善代表性传承人制度。健全国家、省、市、县代表性传承人认定与管理制度,以传承为中心审慎开展推荐认定工作。对集体传承、大众实践的项目,探索认定代表性传承团体(群体)"②。这一系列的文件都说明建立非遗代表性传承团体(群体)认定制度非常重要。

尽管从2020年开始,国家出台了相关文件明确提出探索认定非遗代表性传承团体(群体),但至今为止没有真正的相关认定制度。我国的粤剧与日本的歌舞伎都入选了人类非遗代表作名录,下面从日本歌舞伎的国家级保持者/保持团体信息与我国粤剧的国家级代表性传承人信息的对比中探讨日本的保持团体认定制度对我国传统戏剧类非遗代表性传承人认定精准施策的启示。

一、日本传统艺能团体认定与我国传统戏剧类传承人认定比较分析

歌舞伎是日本最具代表性的传统表演艺术,2005年被列为联合国教科文组织人类非遗代表作名录。在日本国家级非遗代表性传承人(团体)认定中,歌舞伎整体是团体认定,其"构成上的重要要素"为各个认定(见表6-1)。

其一,歌舞伎整体为团体认定。歌舞伎整体在1965年4月20日被指定为日本重要无形文化遗产综合认定,保持团体为社团法人传统歌舞伎保存会,保存会代表者是林宏太郎(坂田藤十郎)。在团体认定中明确其在团体中的作用,例如林宏太郎(坂田藤十郎)是歌舞伎团体认定成员,其在团体认定中的作用是演员。

其二,歌舞伎"构成上的重要要素"剧本、女形、主角、配角、三味线、长呗等都可以进行各个认定。各个认定的成员同时也是团体认定的成员,例如林宏太郎(坂田藤十郎)是歌舞伎团体认定成员也是歌舞伎主角

---

① 文化和旅游部:《关于印发〈"十四五"非物质文化遗产保护规划〉的通知》,见中国政府网(http://www.gov.cn/zhengce/zhengceku/2021-06/09/content_5616511.htm)。
② 中共中央办公厅、国务院办公厅:《关于进一步加强非物质文化遗产保护工作的意见》,见中国政府网(http://www.gov.cn/gongbao/content/2021/content_5633447.htm)。

各个认定人员，即"人间国宝"。

另外，一般情况下日本的非遗传承人在生病或被认为不能履行该项非遗的传承职责时将被取消"重要无形文化遗产保持者"的认定称号。但是如果是被认定为传承团体的情况，即使该团体的代表人去世，该传承团体仍可以继续享有"重要无形文化遗产保持团体"的荣誉称号，但需要重新评选和上报团体代表人。

表6-1 日本国家级重要无形文化遗产认定情况——歌舞伎

种别	指定时间	认定区分	保持者信息	艺名	认定时间	认定次数及区分	综合认定作用	团体信息	代表者	认定时间
歌舞伎	1965-04-20	综合认定						社团法人伝統歌舞伎保存会	林宏太郎（坂田藤十郎）	1965-04-20
歌舞伎音楽竹本	2019-10-25	各个认定	柳瀬信吾	竹本葵太夫	2019-10-25	第66次新規	竹本			
歌舞伎女方	2012-10-04	各个认定	守田伸一	坂東玉三郎	2012-10-04	第59次新規	俳優			
歌舞伎音楽長唄	1998-06-08	各个认定	宮澤雅之	杵屋淨貢	2007-09-06	第54次追加	長唄（三味線）			
			川原壽夫	鳥羽屋里長	2002-07-04	第49次追加	長唄（唄）			
歌舞伎立役	1960-04-19	各个认定	波野辰次郎	中村吉右衛門	2011-09-05	第58次追加	俳優			
			片岡孝夫	片岡仁左衛門	2015-10-01	第62次追加				
			林宏太郎	坂田藤十郎	1994-06-27	第41次追加	俳優			
			寺嶋秀幸	尾上菊五郎	2003-07-10	第50次追加	俳優			
歌舞伎脇役	1997-06-06	各个认定	河野均	中村東蔵	2016-09-30	第63次追加				

续表

种别	指定时间	认定区分	保持者信息	艺名	认定时间	认定次数及区分	综合认定作用	团体信息	代表者	认定时间
歌舞伎胁役	1997-06-06	各个认定	山中宗雄	澤村田之助	2002-07-08	第49次追加	俳優			
			片冈彦人	片冈秀太郎	2019-10-25	第66次追加	俳優			

资料来源：根据日本文化厅官网及各都道府县官网数据整理而成，见https://kunishitei.bunka.go.jp/bsys/index。

粤剧在2006年入选我国第一批国家级非遗代表性项目名录，2009年被列为联合国教科文组织人类非遗代表作名录。我国国家级非遗代表性项目粤剧代表性传承人信息见表6-2。

表6-2　我国国家级非遗项目粤剧代表性传承人信息

项目名称	姓名	类别	项目编号	批次	申报地区
粤剧	陈剑声	传统戏剧	Ⅳ-36	第二批	香港特别行政区
粤剧	红线女	传统戏剧	Ⅳ-36	第二批	广东省广州市
粤剧	罗家宝	传统戏剧	Ⅳ-36	第四批	广东省文化厅
粤剧	丁凡	传统戏剧	Ⅳ-36	第五批	广东省文化厅
粤剧	欧小胡	传统戏剧	Ⅳ-36	第五批	广东省广州市
粤剧	林国光	传统戏剧	Ⅳ-36	第五批	广东省吴川市
粤剧	冯杏元	传统戏剧	Ⅳ-36	第五批	广西壮族自治区南宁市

资料来源：根据中国非物质文化遗产网数据整理而成，见https://www.ihchina.cn/?key=%D1%CF%B3%AC&cate_type=all&att=s8589934592%3A8589934979。

从表6-2中可以看出，我国目前7位国家级粤剧代表性传承人都是粤剧演员。我国可以借鉴日本的歌舞伎认定经验，在传统戏剧类非遗增加传承团体认定的形式，同时在认定代表性传承人时考虑增加配角以及乐器演奏者、导演、编剧等其他非演员类传承人的认定形式。

二、日本传统艺能团体认定对我国传统戏剧类传承人制度的启示

传统戏剧类非遗需要传承团体的认定方式，同时考虑增加配角以及乐器演奏者、导演、编剧等其他非演员类传承个人的认定形式。

首先，必须认同项目团队的贡献。在一个剧团中，一出剧目至少需要6~7个人才能完成，必须通过团体成员共同参与、分工合作、默契配合，缺少其中的任何一位都无法实现项目的有序、有效传承。我国的粤剧代表性传承人名录全部为演员，但其实导演、编剧、唱腔设计等均起到非常大的作用，这类非遗的传承是以团体的形式完成的，要遵守利益共沾的原则，让为该非遗传承做出过贡献的每个人都获得"好处"。荣誉称号往往被赋予了权威和荣誉感，如果我们无视这一规律，把好处都给了所谓的"代表性传承人"，好心的补贴就会成为一柄利刃，无形中割裂了传承人之间的友情，使传承变得更加困难。因此，不能仅仅停留在代表性传承个人的层面上，绝大多数非遗项目是无法靠个人的能力来有效传承的，昆曲、粤剧等戏剧类非遗需要几个人或者几十人的团队来传承，在团体传承的情况下，需要将每一位成员都调动起来并形成稳定的团队，这样也有利于在更大的范围内挑选更优秀的传承者或以防因传承人不足而使非遗项目失传。

其次，可以更加明确传承人或者传承团体的责任和义务。如果一味地进行粗放式管理，不尊重非遗的传承规律，对于集体传承的项目如果只是一味地施行"精英化"的保护思路，将本应由团体传承的项目的责任与义务都归到一个人名下，很容易引发传承人之间的矛盾，导致其他项目成员认为传承非遗并非自己的责任与义务而放弃传承。传承人或传承团体必须根据责任和贡献的不同享有不同的权利，传承出了问题需要寻找相对应的监督者、责任者，而有了成绩也要及时对相关人员进行表扬和奖励。

传统戏剧类非遗增加代表性传承团体的认定方式可以增强团队全体成员对该项非遗传承的身份认同感，巩固传承人之间的和谐关系，也只有这样才能将传承的责任和义务分解到不同的个体，从而让传统戏剧类非遗得到可持续性发展。

第三节　新媒体时代传统戏剧类非遗的活用与振兴

情感是互动仪式链理论中的核心组成要素与结果，一场互动仪式的成败关键在于集体情感的强度，因此本节则以日本歌舞伎活用的具体案例来分析"面对面"及新媒体时代虚拟社区互动仪式中的情感能量的体现和结果，并进一步探讨新媒体时代我国传统戏剧类非遗的活用和振兴。

一、情感能量视域下歌舞伎的活用经验

社会学在20世纪初发展为一个独立的学科，美国社会学家兰德尔·柯林斯的互动仪式链理论是整合微观和宏观社会理论最杰出的代表之一。"情感在心理学领域被看成是一种个体的情绪和心理态势，而在柯林斯的互动仪式中，情感却成为主导人际关系，影响人际行为以及构成整个社会的基础和力量。"①

（一）互动仪式链理论诠释

互动仪式链理论的互动仪式是以"在场"为前提，但随着社会的发展及科学技术的应用出现了虚拟社交场所，社会出现了新的交互方式，因此很多学者探讨了在行动者缺场的情况下，互动仪式链是否可以在虚拟社区发生并对互动仪式链理论的基础模型进行了修改。

1. "在场"的微观基础模型

"互动仪式链理论以在场的互动仪式为前提，分析同一个地理空间面对面的互动。"②互动仪式链主要由四种要素组成："1. 共同在场；

---

① 张旭昭：《互动仪式链视阈下微信"抢红包"互动研究》，载《新闻研究导刊》2016年第7期。
② 兰德尔·柯林斯：《互动仪式链》，林聚任、王鹏、宋丽君译，商务印书馆2009年版，第32页。

2. 身份限定；3. 共同的关注焦点；4. 共同的情感体验。"①当上述组成要素有效地综合并积累到高程度的相互关注与情感共享时，参与者会有以下体验："1. 群体团结感和身份认同感；2. 个体情感能量；3. 社会关系符号；4. 道德标准。从上可以看出情感是互动仪式链理论中的核心组成要素和结果。"②如图6-1所示。

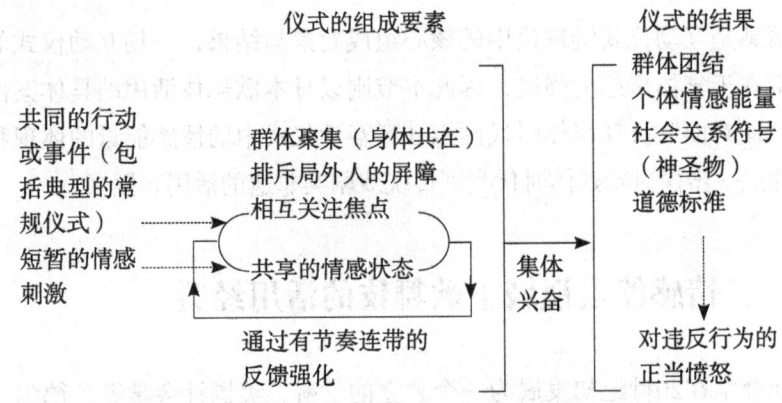

图6-1 柯林斯互动仪式链理论模型

（资料来源：兰德尔·柯林斯《互动仪式链》，林聚任、王鹏、宋丽君译，商务印书馆2009年版，第87页）

2. 虚拟社区中的互动仪式链

近些年来，随着互联网、数字化技术等现代信息技术在日常生活中的实际运用，人们可以在虚拟环境中交流互动。柯林斯将互动仪式链理论严格限定在面对面的互动，如果行动者不亲身在场，互动仪式链还有可能发生吗？③

第一，共同在场。在虚拟社区中无法面对面互动，身体是缺场的。第二，身份限定。在虚拟社区的互动仪式中参与者不存在非常严格的身份界限。例如，微博、B站、知乎、豆瓣的任何用户都可以参与话题的讨论。第三，共同的关注焦点。虚拟社区互动仪式中关注焦点是符号。第四，共同

---

① 李钧鹏、茹文俊：《论虚拟社区中的互动仪式链》，载《广东社会科学》2020年第4期。
② 郭振：《互动仪式链视角下非遗保护的探索——以均安"关帝侯王出游"为例》，载《中国地名》2019年第12期。
③ 李钧鹏、茹文俊：《论虚拟社区中的互动仪式链》，载《广东社会科学》2020年第4期。

的情感体验。在虚拟社区中，个人的情感状态不容易被察觉，因为呈现在眼前的只是符号或者文字，而且信息反馈还有可能是延迟的，不会马上反馈给对方产生的情感。李钧鹏、茹文俊在《论虚拟社区中的互动仪式链》一文中认为，如果要用柯林斯的互动仪式链理论来分析虚拟社区中的互动仪式，就要对基础模型进行修正（如图6-2所示）。

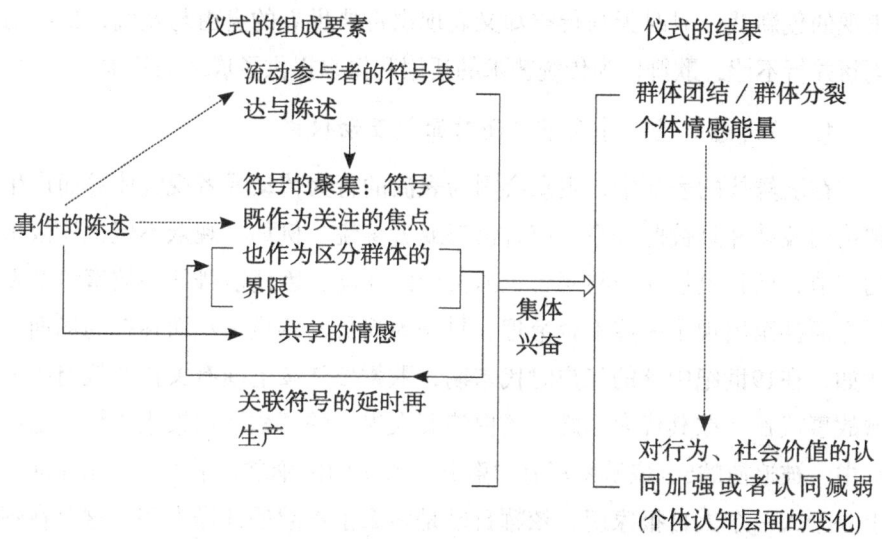

图6-2 虚拟社区中的互动仪式链模型理论

（资料来源：李钧鹏、茹文俊《论虚拟社区中的互动仪式链》，载《广东社会科学》2020年第4期）

互动仪式链在互动仪式运行中有两个过程性要件，即要相互关注与情感连带。情感是互动仪式链理论中的核心组成要素和仪式的结果，无论是"在场"的面对面互动，还是虚拟环境中的交流互动，"情感能量作为一种动机力量，不仅使人们的主观体验有序，而且赋予人们以力量，指导行动的方向"①。积极的情感能量就是互动主体参与下一次相同或类似互动的内生动力。

（二）情感能量的体现与结果——以歌舞伎为例

互联网、数字化等现代信息技术在日常生活中的实际运用为日本歌舞伎的活用、传承、创新带来了难得的发展空间和发展机遇，下面在互动仪

---

① ［美］乔纳森·特纳、简·斯戴兹：《情感社会学》，孙俊才、文军译，上海人民出版社2007年版，第8页。

式链理论情感能量的视域下分析和解读日本歌舞伎成功的创新模式与活用经验。

歌舞伎是日本最具有代表性的传统表演艺术之一，除了自身戏剧表演艺术的独特性外，最令世界剧坛刮目相看的是以现代商业模式高密度地循环。传统艺术结合商业化运营，借用东西方经典文学创作或运用数字技术表现的创新戏，时时天马行空却又表现出古典世界的自由与宽阔，传统与创新并行不悖，歌舞伎为传统艺术的活用和振兴提供了成功的范本。

1. "情感能量"导向下"面对面"互动仪式

在歌舞伎的表演中，观众会因为表演的行为传动或者视觉体验而产生情绪的波动并且彼此分享，或者愤怒或者喜悦。例如，观众不但关注故事的情节，而且更加享受与舞台上演员们的互动，因此歌舞伎在故事情节发展方面甚至出现了一些不合情理、只是为演员们的重头戏而存在的场面。例如，在19世纪中叶的江户时代末期，歌舞伎陆续上演有关抢夺钱财的盗贼故事戏目。在其代表作之一《白浪五人男》的"稻濑川聚集之场"这出戏中，被追捕的5个盗贼将写有"盗贼"大字的雨伞拿在手中并排站在河岸上一个人一个人自报家门，炫耀自己是多么了不起的江洋大盗。这个在现实中绝不可能发生的场面，作为5位演员聚集一堂的豪华重头戏，却在歌舞伎中非常受欢迎。[①]另外，歌舞伎以五彩斑斓的色彩、巧夺天工的机关道具来强化精彩的舞台呈现。方形舞台中心有一个可以360°左右旋转的圆形装置来切换场景，圆形里还有好几块长方形可以上下移动，像演绎江洋大盗石川五右卫门的《楼门五三桐》这出戏里，五右卫门站在京都雕梁画栋的南禅寺山门上观赏漫山遍野的樱花，这时整个建筑物向上抬升，露出第一层山门，五右卫门站立的位置变成第二层，楼下出现了他的仇人。类似这种一楼变二楼，整个屋顶翻转过来的大型装置变幻具有相当艳丽奇幻的视觉冲击效果，仿佛一幅移动的锦绘。加上其他位置及花道上的隐形机关和剧场高空吊装设备，一人演十几个角色、快速变换服装、飞天遁地等令人眼花缭乱的表演技巧，[②]同时歌舞伎表演时为了使饰演角色的演员与观众获

---

① 《为了让观众高兴》，见ユネスコ無形文化遺産歌舞伎への誘い网（https://www2.ntj.jac.go.jp/unesco/kabuki/sc/feature/feature2.html#a）。

② 李玲：《传统与创新并举的古典戏剧——日本歌舞伎》，见日本国际交流基金会网（https://www.jpfbj.cn/jp/sys/?p=3432）。

得一体感，在观众席上设有连接舞台的通道，被称为"花道"，体现了歌舞伎高度的娱乐性。这些表演或者舞台艺术以调动观众无意识或者下意识的复杂视觉与感官体验体现了互动仪式中的情感能量。

另以歌舞伎的题材为例，近年来，日本松竹株式会社表演的新歌舞伎除了以小说和落语为原作外，以连环画、漫画、莎士比亚作品和中国古代作品等超越时代和种类的题材为基础与歌舞伎相结合的演出也不断增加。2015年8月，在美国拉斯维加斯的贝拉吉欧酒店的喷泉中，市川染五郎（现在的第十代松本幸四郎）等人表演了《Koi-Tsukami "fight with a carp"》，5场公演约聚集了10万名观众。第二年5月，MGM Grand酒店的剧场上演了6场《狮子王SHI-SHI-O "The Adventures of the Mythical Lion"》。另外，二代目市川猿翁认为，在现代社会以传统表演形式为主的歌舞伎已经无法引起年轻人的共鸣，因此创立了"超级歌舞伎"。2015年，东京新桥演舞场上演了改编自日本人气漫画《海贼王》的歌舞伎，主角路飞由四代目市川猿之助饰演，"创作者们大胆地在舞台上加入了爆破、快速换装、吊威亚等特效"①。除了《海贼王》改编剧目外，根据中国和日本古代小说或传说改编的剧目《龙王》《新三国志》《八犬传》以及改编自芭蕾舞剧的《蝴蝶夫人》也是超级歌舞伎的经典作品，也受到了观众的广泛好评。除了题材还有与场所、人物等的创新结合，如模仿江户戏剧小屋的"平成中村座"的公演，在美术馆内的大厅上演的"sistenna歌舞伎"。从2018年3月开始由三丽鸥株式会社与松竹株式会社合作推出的娱乐新歌舞伎《かわいい歌舞伎-Hello Kitty桃太郎剧团》一直在东京三丽鸥彩虹乐园上演，Hello Kitty表演歌舞伎充分展现了动漫角色可爱的一面，博得了非常高的人气。

从以上这些例子可以看出，歌舞伎在表演过程中提供了一个思维、情感和感官延伸的空间。通过视觉的认知，即人们通过华丽的舞台、变化的服装等，或者通过思维的认知、熟悉的知识，例如《狮子王》《海贼王》《三国志》等，看懂晦涩难懂的歌舞伎从而调动无意为之的感官体验，例如欢喜、紧张、恐惧、惊讶等，使身体从一种经验状态转向另一种经验状态。演员通过与观众的互动，彼此之间建立了情感连接，消除了人际间的隔阂，活跃了互动过程的气氛，人与人之间的情感状态就会瞬时爆发，也

---

① 《先有三国志，后有海贼王：为了吸引年轻人，日本歌舞伎真的拼了》，见今日头条（https://www.toutiao.com/i6555663074534097421/）。

就是说人们在观看歌舞伎这个互动仪式中建立了情感协调，于是情感能量也随之产生。

2. 虚拟社区互动仪式的结果：情感能量

歌舞伎也随着互联网、数字化等技术的发展而进行了大胆的创新。2017年3月和2018年3月，熊本和福岛先后举办了虚拟歌舞伎演出，以拉斯维加斯的公演录像为基础，使用日本电信电话株式会社（NTT）的沉浸式临场感进行的全新虚拟歌舞伎演出。作为面向下一代歌舞伎鉴赏的尝试，第一次推出了充满临场感的观剧体验，在会场上融合歌舞伎特点的"限取""大向"和研究所技术的"互动歌舞伎"非常受欢迎。另外，从2016年开始，日本松竹株式会社和DWANGO株式会社联合制作"超歌舞伎"，在"niconico超会议室"内反复公演。2016年，中村狮童与虚拟歌姬初音未来合作将超歌舞伎曲目《今昔飨宴千本樱》搬上了舞台。中村狮童师出日本歌舞伎的名门"万屋"一门，自幼接受传统戏剧训练，1978年以7岁的稚龄首次登上歌舞伎舞台。初音未来是2007年8月31日由CRYPTON FUTURE MEDIA以雅马哈的VOCALOID系列语音合成程序为基础开发的音源库。[①]超歌舞伎《今昔飨宴千本樱》"在技术上应用了身姿抽出投射技术，可以即时将真人演员的影像投射于屏幕上，同时运用超音波的超指向性音响技术给初音未来的影像配音，使观众能感受到初音未来在剧中的发声"[②]。超歌舞伎的出现打破了长久以来古典艺术的固有印象，是在尊重多元的基础上颠覆常识，让传统艺术一次又一次实现进化。

一个人的情感能量是决定其能否产生进一步互动的关键之一。互动者因为"体会到充实的干劲和信心十足的感受，便会通过主动增强谈话和身体姿态的同步化方式，向其他参与者表达自己的关注并进行反馈"[③]。例如，超歌舞伎设有网络直播，用户可以在线观看。虽然在直播过程中观众不在现场，但观众可以根据自己的感受用弹幕无声地"挂声"叫出屋号，中村狮童是"万屋"，初音未来是"初音屋"，这种互动的过程会使情感

---

① 《一人分饰两角 初音未来出演"超歌舞伎"详情公布》，见今日头条（https://www.toutiao.com/i6533543195194688004/）。

② 韩若冰：《非物质文化遗产的活化、传承与创新——以"情动机制"为视角》，载《民俗研究》2019年第6期。

③ [美]乔纳森·特纳：《人类情感：社会学的理论》，孙俊才、文军译，东方出版社2009年版，第81页。

升温，能量增强。但在虚拟社区的互动仪式中，情感能量难以被其他人感知，能够被观测到的是作为符号的语言文字或者表达情感的图片，例如上例中弹幕的形式或者直播中点赞、打赏的形式，这些符号也是虚拟互动中的结果，即产生情感能量。

无论是面对面还是在虚拟社区中，高度的互相关注和高度的情感结合在一起，让参与者之间产生了情感共鸣，并在互动体验之中使得情感能量得到强化，保证了整个互动仪式的进行。同时情感能量成为一种资本，人们在互动仪式过程中投入情感能量的同时最后也会获得情感收益，这些体现了情感是互动仪式中的核心组成要素和结果。

二、新媒体时代与我国传统戏剧的振兴

"戏曲具有悠久的历史、独特的魅力和深厚的群众基础，是表现和传承中华优秀传统文化的重要载体。"[①]如何在当代生活中传承发展，再现历史的繁荣，是长期困扰传统戏剧类非遗的一个难题。

（一）情动与戏剧振兴

情感能量是参与者之间在互动过程中情感体验的结果，并且积极的情感能量是互动者参与下一次相同或类似互动的动力。互动仪式链理论为传承、创新和振兴戏剧类非遗提供了新的视角。

路应昆在《戏曲音乐创作的古今变迁》一文中指出，"在过去时代艺人从事戏曲演唱和创作是为了谋生，他们的上帝是观众，他们必须把娱悦观众以满足观众需求作为第一目标，可归结为观众主导，作品是走通俗路线，创作自由度很大。文人的创作是为了自见才情，可归结为创作者主导，作品定位于高雅，不仅追求精致，而且注重格律，以致昆腔也走上格律化之路。20世纪50年代以来，戏曲剧团由政府包办，创作首先是为完成上面交给的任务，故可说是政府主导。近三四十年来戏曲音乐创作成绩不理想，其中一个基本原因是对观众需求的忽视"。[②]

[①] 国务院办公厅：《关于支持戏曲传承发展的若干政策》，中央政府门户网站，2015年7月17日，http://www.gov.cn/xinwen/2015-07/17/content_2899040.htm。

[②] 路应昆：《戏曲音乐创作的古今变迁》，载《民族艺术研究》2017年第3期。

明代戏曲理论家王骥德曾说："剧戏之道，出之贵实，而用之贵虚。"对于大部分普通老百姓来说，一是听不懂戏曲，二是没有兴趣。既然欣赏戏曲存在困难，那么我们就要创新，注重观众的需求和与观众的互动，戏曲只有不断地吸引年轻人投身其中，才能让自身的活力涌动起来。在互联网、新媒体等数字技术的影响下，新兴的文化传承模式已经诞生，在新时代让技术变得有温度、内容更加丰富多彩，关注大众的需求，让观众产生情感共鸣是非常重要的。

（二）粤剧电影《白蛇传·情》的出圈

2021年5月20日上映的电影《白蛇传·情》是以非遗的粤剧为基底，用4K技术加以呈现，故事改编也符合当代年轻人的观念，让该片上映后就自带"种草"优势，上映超一周豆瓣评分高达8.2分，全网舆情正面评论占比96%，首周购票用户画像中超五成是24岁及其以下的观众。不仅如此，在几乎没有任何前期宣传的情况下，这部电影的终极预告也登上了B站的热门第一、豆瓣实时热门书影音排行榜第一，可以说《白蛇传·情》已然成为年轻人的第一部粤剧电影。

究其原因，这部粤剧电影更加注重年轻观众的需求，互动中让观众产生情感共鸣，正如本片的名字一样处处现"情"。第一，《白蛇传》是家喻户晓的民间传说，这次改编基本遵循了经典版本，观众接受起来毫无难度，突出展现爱情的美好，为观众提供了一个思维延伸的空间。第二，用视觉突破舞台局限。例如，影片以宋代绘画的形式打造东方美学，精心设计了西湖断桥、灵芝仙山等场景。同时用特效拍戏曲片，在大银幕上可以看到白素贞掠过云海、昆仑雪山神鹿奔跃等画面，视觉冲击力很强。尤其是全片高潮段落的"水漫金山"，全程大胆使用特效，滔天江浪中白素贞、小青与法海斗法，气势恢宏，这让人在感官上觉得格外惊喜，为观众提供了一个感官延伸的空间。第三，听觉创新。电影充分发挥了粤剧的魅力，即使没听过粤剧的人也会觉得声声入耳。影片毫不掩饰他们对于年轻人的"讨好"，有别于传统粤剧唱腔，有意减少"梆黄"味较重的部分，不但更通俗流行，还融合了西洋管弦乐，让年轻观众更易接受。① 在演绎

---

① 《〈白蛇传·情〉画风令人惊艳之外，更有这些粤剧之美值得被看到》，见文汇客户端（https://wenhui.whb.cn/third/baidu/202105/30/407047.html）。

"水漫金山"这场"动作戏"时,交响乐所独有的宏大,让观众在听觉上感受到紧张的氛围感,为观众提供了一个听觉延伸的空间。最后,关于打戏。"唱、念、做、打"是中国戏曲表演的四种艺术手段。在"水漫金山"那场戏中,袖子不仅仅是武器,还可以让观众感受到女主内心愤怒、焦急的情感,为观众提供了一个情感延伸的空间。在整个互动仪式中可以让观众产生情感共鸣,因此追求新生活方式的年轻人纷纷慕名前去观看。

同时,网友们也积极进行虚拟互动,例如《白蛇传·情》预告片登陆B站时,"惊艳""浪漫""唯美"等赞美之词反复出现在弹幕中,也有人表示"宋代美学气韵画幅下的一举手一投足,让人感觉这就是传统戏曲应有的模样"①。微博与论坛有热搜和评论的功能,一个话题一旦被关注,关注量会越来越大,于是话题受到越来越多人的讨论,极易形成密集性观点。②因此在微博、豆瓣、知乎等虚拟社区的互动中,该片均取得了很多的关注与很高的评价。《白蛇传·情》导演张险峰表示:"一些非遗文化只有在撕掉固有的老土标签,进行新编创造,以个性、包容的新姿态去吸引年轻人的喜好……只有这种独特的带有中国气质的'潮'才能抓住当代青年的眼球。"③

兰德尔·柯林斯的互动仪式链理论非常重视情感能量的作用,通过互动为参与者带来了情感共鸣,使他们感到有信心,也有愿望参与下一次相同或类似的互动。在观看传统戏剧的过程中,如果让观众既满足需求又获得自我成长,那么正性情感唤醒引发愉悦的情绪反应,积极的情感能量就可以使观众参与到下一次的观看活动中,这样形成良好的互动关系,就可以促进戏剧传承的可持续性发展。

近年来,日本对非遗的保护政策为保存加上活用,如今日本的歌舞伎以现代商业模式高密度地循环,运用高科技手段活用歌舞伎的方式,使歌舞伎比以往更受广大观众的喜爱。歌舞伎长期坚持多元化的保护道路,取得了很好的成效。这对研究我国传统戏剧类非遗的创新与传承具有较大借

---

① 《〈白蛇传·情〉为什么成功"出圈"?》,见中国青年网(http://www.315xwsy.com/news/20276.html)。

② 李钧鹏、茹文俊:《论虚拟社区中的互动仪式链》,载《广东社会科学》2020年第4期。

③ 《豆瓣8.2!电影〈白蛇传·情〉出圈 引领国粹新潮流》,见腾讯网(https://new.qq.com/omn/20210531/20210531A0DUX700.html)。

鉴价值。实践证明"影音像"工作的目的不仅仅是为了给戏曲留下完美的艺术记录，也可以充分利用"影音像"对传统戏曲活用进行传播与创新。在新媒体时代，传统戏剧的传承需要关注观众的需求和与观众的互动，不断推出深受人民群众喜爱和欢迎的优秀戏剧形式，让中国传统戏剧早日再次迎来生机焕发的春天。

第四节 全民非遗保护与传承教育

人民群众既是非遗的创造者，同时也是非遗的传承者和保护者，非遗保护是一项需要全民参与的大事，如何让全体普通民众参与到保护和传承非遗的工作中，成为迫切需要解决的难题。而在诸多实践中都发现目前我国民众对于非遗的基本知识都是缺乏的或者说不是系统的，这很大程度上导致了民众对部分非遗的认同度不高。

前文已经研究了日本民众非常愿意并积极参与各种文化活动，日本人对非遗具有较好的保护观念并非只是日本政府单纯地依靠各种非遗普及教育的结果，同时也是日本政府普及日本传统文化教育的结果。2011年颁布的《中华人民共和国非物质文化遗产法》第34条强调："学校应当按照国务院教育主管部门的规定，开展相关的非物质文化遗产教育。"[①]使非遗活态地承续，通过学校教育培育新生代传承人以及非遗传承人研习培训成为探索传承的新路径，要让14亿中国人都成为传播中华美德、中华文化的主体。

一、非遗进校园常态化

（一）高等教育

在现代教育体制下，学校教育是形成个人知识体系及世界观、人生观

---

① 《中华人民共和国非物质文化遗产法》第34条。

和价值观的重要环节，但是当下据相关调查研究发现，"部分大学生并不了解非遗的基本知识与理论，对自身所在社区存在的非遗也所知甚少，甚至一小部分大学生受到外来不良文化的影响，对非遗的保护缺乏认同感，缺乏保护我国非遗保护的决心和责任感"①。

1. 非遗融入思政教育

2019年3月，习近平总书记在学校思想政治理论课教师座谈会上指出，"中华民族几千年来形成了博大精深的优秀传统文化，我们党带领人民在革命、建设、改革过程中锻造的革命文化和社会主义先进文化，为思政课建设提供了深厚力量"②。非遗是优秀传统文化的重要内容和主要载体，可以增强国家文化软实力，是实现伟大中国梦的天然文脉。非遗基本知识融入大学思政课程建设可以引领大学生的价值观，有助于大学生建立文化自信，构建民族认同与国家认同。

现阶段只有少数高校开设了关于非遗的课程，但可以将非遗融入大学的思政教育，非遗是思想政治教育的优质教学资源。例如医学与药学专业的学生应该开展非遗知识的学习。习近平总书记在致中国中医科学院成立60周年贺信中就我国中医药继承发展问题指出，"中医药学是中国古代科学的瑰宝，也是打开中华文明宝库的钥匙"③。传统中医药文化包含着中华民族几千年的健康养生理念和实践经验，凝聚着中华民族的博大智慧。这些非遗的基本知识如果输送给医学与药学专业的学生，一定会有助于他们对本专业的热爱，从而增加学习动力。

2. 加强非遗学科建设与非遗学的研究

我国对非遗基础理论和实践应用的研究还在起步阶段，缺乏理论储备。目前关于非遗保护理论的研究尚少，多数学者有着不同的学术背景，有的研究民俗，有的研究戏曲，有的研究手工艺等，对保护措施和行动理论的研究较少，造成了理论与实践相脱节的现象。因此，需要在高校进一

---

① 王茜：《非物质文化遗产在大学生思想政治教育中的价值及融入路径》，载《吕梁教育学院学报》2019年第3期。

② 刘倩：《非物质文化遗产融入思想政治教育的价值与路径》，载《学校党建与思想教育》2020年第10期。

③ 习近平：《习近平致中国中医科学院成立60周年贺信》，见中央政府网（http://www.gov.cn/xinwen/2015-12/22/content_5026645.htm）。

步加强非遗保护制度、保护理论等学术性研究，同时将政策制度研究与具体实践相结合，这也有助于非遗项目保护与传承得到更有效的指导。

应在高校加强非遗专业人才的培养，探索学校教育培育新生代传承人的模式。目前专门从事非遗教育与非遗研究的教师寥寥无几，因此大学生们无法有效地进行非遗基础知识学习和进行相关非遗活动的实践，导致大学生缺乏对非遗保护和传承的关心与支持。2020年9月22日，天津大学冯骥才教授代表中国文化教育界，向习近平总书记作了关于《建立国家非遗保护的科学体系》的重要汇报。在这次汇报中冯骥才教授谈及了非遗学科建设与非遗保护人才培养问题。① 2021年3月1日，教育部官网发布了《教育部关于公布2020年度普通高等学校本科专业备案和审批结果的通知》，其中《列入普通高等学校本科专业目录的新专业名单（2021年）》中的艺术学门类新增非物质文化遗产保护专业，见表6-3。

表6-3　列入普通高等学校本科专业目录的新专业名单（2021年）

序号	门类	专业类	专业代码	专业名称	学位授予门类	修业年限	增设年份
1	法学	社会学类	030307T	社会政策	法学	四年	2020
2	法学	公安学类	030621TK	反恐警务	法学	四年	2020
3	法学	公安学类	030622TK	消防政治工作	法学	四年	2020
4	教育学	教育学类	040113T	融合教育	教育学	四年	2020
5	历史学	历史学类	060108T	古文字学	历史学	四年	2020
6	理学	物理学类	070206T	量子信息科学	理学	四年	2020
7	理学	化学类	070306T	化学测量学与技术	理学	四年	2020
8	理学	大气科学类	070603T	气象技术与工程	理学、工学	四年	2020
9	工学	机械类	080217T	增材制造工程	工学	四年	2020
10	工学	机械类	080218T	智能交互设计	工学	四年	2020
11	工学	机械类	080219T	应急装备技术与工程	工学	四年	2020

① 苑利、顾军：《非物质文化遗产学学科建设的若干问题》，载《东南文化》2021年第3期。

续表

序号	门类	专业类	专业代码	专业名称	学位授予门类	修业年限	增设年份
12	工学	能源动力类	080505T	能源服务工程	工学	四年	2020
13	工学	电气类	080607T	能源互联网工程	工学	四年	2020
14	工学	电子信息类	080719T	柔性电子学	工学	四年	2020
15	工学	电子信息类	080720T	智能测控工程	工学	四年	2020
16	工学	自动化类	080808T	智能工程与创意设计	工学	四年	2020
17	工学	计算机类	080918TK	密码科学与技术	工学	四年	2020
18	工学	土木类	081011T	城市水系统工程	工学	四年	2020
19	工学	矿业类	081507T	智能采矿工程	工学	四年	2020
20	工学	交通运输类	081811T	智慧交通	工学	四年	2020
21	工学	航空航天类	082010T	智能飞行器技术	工学	四年	2020
22	工学	公安技术类	083112TK	食品药品环境犯罪侦查技术	工学	四年	2020
23	农学	植物生产类	090115T	生物农药科学与工程	农学	四年	2020
24	农学	自然保护与环境生态类	090205T	土地科学与技术	农学	四年	2020
25	农学	动物生产类	090306T	饲料工程	农学、工学	四年	2020
26	农学	动物生产类	090307T	智慧牧业科学与工程	农学	四年	2020
27	农学	动物医学类	090406TK	兽医公共卫生	农学	五年	2020
28	医学	公共卫生与预防医学类	100406T	运动与公共健康	理学	四年	2020
29	医学	医学技术类	101012T	生物医药数据科学	理学	四年	2020
30	医学	医学技术类	101013T	智能影像工程	工学	四年	2020
31	管理学	工商管理类	120216T	创业管理	管理学	四年	2020
32	管理学	公共管理类	120415TK	海关检验检疫安全	管理学	四年	2020
33	管理学	公共管理类	120416TK	海外安全管理	管理学	四年	2020

续表

序号	门类	专业类	专业代码	专业名称	学位授予门类	修业年限	增设年份
34	管理学	公共管理类	120417T	自然资源登记与管理	管理学	四年	2020
35	艺术学	艺术学理论类	130103T	非物质文化遗产保护	艺术学	四年	2020
36	艺术学	音乐与舞蹈学类	130212T	音乐教育	艺术学	四年	2020
37	艺术学	美术学类	130411T	纤维艺术	艺术学	四年	2020

非遗学科是一门新兴交叉学科，既符合社会的发展需要，又符合科学的发展规律。非遗学科是为了解决非遗的基础理论与传承、保护实践问题而设，也是为人类社会的可持续发展而设。[1]但当前非遗是个新兴的学科，专业设置仍存在一些亟待解决的问题：非遗能够成为学科吗？应该偏理论研究还是偏实践研究？与其他学科，如民俗学、传统戏曲、传统中医药学的关系是什么？与其他学科的界限是什么？学科范式是什么？研究方法中的田野调查与人类学、民俗学的田野调查有何异同？非遗属于哪个一级学科更合适？如果由学校教育来培育新生代传承人应该是什么形式？……非遗的学科化道路才刚开始，后续需要相关专家学者对上述一系列问题继续做出更加积极的探索和解答。

（二）中小学教育

非遗是在漫长的历史长河中靠人们口传心授，一代一代传承下来的。在非遗保护活动中，需要强化对青少年的非遗重要性的教育，只有让他们真正自觉地参与非遗活动，承担起传承的职责，非遗才有可能代代传承。[2]2017年，中共中央办公厅、国务院办公厅印发的《关于实施中华优秀传统文化传承发展工程的意见》明确提出："非遗传承和传统文化传承要全方位、全学段、全过程融入从幼儿园到大学直至继续教育，并要以幼儿

---

[1] 宋俊华：《论构建非物质文化遗产学科共同体》，载《文化遗产》2019年第2期。
[2] 郑土有：《非物质文化遗产保护中的"儿童意识"——从日本民俗活动中得到的启示》，载《江西社会科学》2008年第9期。

园、小学、中学教材为重点,构建中华文化课程和教材体。"①

学校教育是非遗传承发展的有效平台,学校需要增加传统文化知识的学习。应在教材中增加有关我国的传统节日、神话、歌谣、民间故事以及四大发明等知识。少年儿童对新的事物存在好奇的心理,所以可以利用现代新媒体技术促进少年儿童对传统文化的学习。

对于非遗的学习一定要"走出去",强调书本知识与实践体验相结合。可以在课堂增加实践课,例如剪纸、书法、太极拳等课程,另外还可以根据当地的非遗资源开展见学等活动,如广东中山市的咸水歌在2005年成为首批国家级非遗后就进入了当地的小学课堂。②

最后,笔者认为可以借鉴日本的经验,增加非遗考级制度,以及在公立学校相关学科老师的录用标准中加入必须持有某项非遗资格证书的要求,让儿童从小就接受非遗氛围的熏陶,从而积极参加各项传统文化活动。另外可以借鉴日本传承研修的经验,探索通过学校教育培育新生代传承人的新路径。

二、研培中加强非遗理论学习

研培计划是我国非遗保护的一项新的"中国经验",国家先后印发了《关于实施中国非物质文化遗产传承人群研修研习培训计划的通知》《中国非物质文化遗传承人群研修研习培训计划实施方案(2018—2020)》等工作文件。组织传承人群到高校中去学习非遗保护理念、提升自身技能并开展交流研讨与实践。

非遗保护不仅是全民共识,还与国家相关政策深度嵌合,按理人们对非遗应有基本认识,但实际情况却远非如此。在研培中发现部分学员对非遗保护基本知识严重匮乏,模糊认识、理解不到位甚至误识屡见不鲜。③目前研培人群不仅是传承人,还包括项目的持有者、从业者以及保护工作

---

① 中共中央办公厅、国务院办公厅:《关于实施中华优秀传统文化传承发展工程的意见》,见中国政府网(http://www.gov.cn/zhengce/2017-01/25/content_5163472.htm)。

② 刘倩:《非物质文化遗产与高校德育教育——以广东地区音乐类文化艺术为例》,载《传承》2014年第11期。

③ 巫宇军:《从争议到共识:非遗研培的再认识与实践》,载《文化遗产》2021年第4期。

者。如果对非遗的基本知识、保护和传承基本理念都理解不清楚，或者持有错误的观点的话，对非遗的传承可以说会造成很大的破坏。因此进一步加强研培计划的基础理论的学习，可以帮助非遗传承人群、非遗保护工作者们"强基础、拓眼界、增学养"，提高文化素养、审美能力、学习能力以及增强非遗保护理念，从而增强文化自信，提高非遗保护传承水平，提升可持续发展能力。[①]

非遗本身的属性决定了非遗发展与传承的保护主力应当来自民间，同时非遗是以人为核心的活态传承，非遗传承和发展的生命在人，所以非遗的保护工作在秉承传统、不失其本的基础上，要更加全面地让全员参与。我国需要教育培养大批具有较高非遗保护意识的民众，同时形成非遗的消费群体。这些年的非遗保护工作确立了一个重要理念是"见人见物见生活"，除了融入当代人的生活，让非遗在千家万户的日常生活中得到传承外，还必须重视非遗的全民培训，而不仅是非遗传承人、相关从业者或者保护工作者。由于非遗具有活态性，随着工业化、城镇化的发展，有些非遗不能得到积极有效的传承和保护导致濒危，只有全民认识到非遗的重要性并积极传承和保护非遗，非遗才能一代一代传承下去。我国可以立足于本国国情，在以非遗的发展规律为导向的基础上，增加民间保护的力量，慎重地结合日本的先进经验，制定出适应中国，具有中国特色的非遗保护之路。[②]

小　结

我国的国情与日本不同，日本的制度经验不一定适合我国，中日非遗保护工作有同有异，可以取长补短。可以结合我国经济社会发展和非遗保护的具体国情，慎重地结合日本的一些先进经验，坚持因地制宜、精准施策，探索非遗项目保护的多元化、精准化道路。

非遗保护需要精准管理与施策：其一，非遗项目名录需要构建非遗的多层次分类、多层级保护体系，分门别类瞄准，针对不同的类别采取不

---

① 王晨阳：《以实践探索非遗教育与学科建设之路——从中国非遗传承人群研修研习培训计划说起》，载《民俗研究》2021年第4期。

② 李致伟：《通过日本百年非物质文化遗产保护历程探讨日本经验》，中国艺术研究院博士学位论文2014年，第148页。

同的制度，针对不同情况制定切实可行的保护政策，精准稳妥地提出解决方案。其二，非遗的主体与保护主体有个人、团体（群体）和社区三种形式，如果缺少对这一维度的认识，非遗项目就无法被共享，更难以存活。因此传承人认定制度需要精准施策，让个人、团体、群体以及社区各方都可以达到身份的获致，增强其认同感及责任感。其三，非遗需要"活"起来，以非遗保护的可持续性发展为目标，利用非遗的文化价值与经济价值，让我国的非遗保护跨越一个新的高度，更加有效地助力乡村振兴。

如何在当代生活中传承发展，再现历史的繁荣，是长期困扰传统戏剧类非遗的一个难题。其一，通过日本歌舞伎的国家级保持者/保持团体信息与我国粤剧的国家级代表性传承人信息的对比研究，笔者认为传统戏剧类非遗可增加代表性传承团体的认定方式，同时在认定代表性传承人时考虑增加配角以及乐器演奏者、导演、编剧等其他非演员类传承人的认定。其二，在互动仪式链理论情感能量的视域下分析和解读日本歌舞伎成功的创新模式与活用经验，笔者认为，随着社会的快速发展，传统戏曲需要活用与创新，注重观众的需求和与观众的互动。

最后，全民需要进行非遗保护与传承教育。除了让非遗在千家万户的日常生活中得到传承外，必须重视非遗的全民培训。在诸多实践中都发现，目前民众对于非遗的基本知识都是缺乏的或者不是系统的。因此从小学一直到大学，从普通人群到非遗传承人、相关工作者都需要进行非遗基础理念学习，让民众认识到非遗的重要性，愿意并积极参与各种文化活动，非遗才能一代一代地传承下去。笔者认为，可以借鉴日本的经验，增加非遗考级制度，以及在公立学校相关学科老师的录用标准中加入必须持有某项非遗资格证书的要求，让儿童从小就接受非遗的熏陶，从而更加积极地参加各项传统文化活动。

结　语

　　党的十八大以来，习近平总书记关于中国传统文化传承发展发表了一系列重要讲话，他指出要实现中华民族伟大复兴的"中国梦"，离不开中华民族传统优秀文化这个"根"与"魂"。因此，传承与保护我国非遗是实现"中国梦"的重要组成部分，而非遗保护制度建设过程是非遗保护理念不断成熟、社会参与度不断提高、非遗不断嵌入主流话语的过程。2005年，我国全面启动了非遗保护工作。十多年来，我国非遗保护经历了动员宣传、申报名录、建立保护制度到传承保护实践等阶段，正逐步朝着科学化、规范化和可持续化的方向发展。我国在各级各类的非遗项目名录评审、公布调整、生产性保护、文化生态保护、数字化保护、法律保护、国际交流与合作保护等方面积累了丰富的经验。其中我国非遗代表性项目名录与代表性传承人制度的设立和实施，在我国非遗的抢救、保护与传承工作中发挥了积极作用，取得了巨大的成就，不仅获得了我国社会各界的肯定，而且得到了联合国教科文组织及其他国家政府、非遗保护和研究机构的广泛关注，成为我国向外界展示"中国经验"的一个重要内容。

　　中日两国都不约而同地采用了申请列入人类非遗代表作名录的方式保护本国的非遗，树立国际文化形象。同时制定一系列保护制度，如法律法规、行政措施、政策措施与经济措施等，从根本上解决了非遗保护的核心问题，为实现非遗的整体性保护营造了条件，最终既弘扬了传统文化，又提升了国民经济效益。从战略高度而言，我国对非遗的保护丝毫不逊于日本，尽管我国出台了一系列政策制度以完善非遗的评估、保护、发展体系，但由于我国非遗保护起步晚，经验不足、协调不够等原因，我国尚未建立起一个相对卓越的管理体系。

　　20世纪50年代，日本制定颁布《文化遗产保护法》标志着日本对非遗保护理念的提出。日本非遗保护工作对世界范围内的非遗保护有着深远的影响和巨大的贡献。日本是基于本国国情和以非遗保护为出发点制定各项保护制度的，日本人矛盾的性格反映在制定文化政策上显得既拘谨又创新。极端保守的日本人没有轻易地改变自己的文化遗产体系，整体还是对文化遗产进行"统合式"的保护。即便如此保守，日本还是善于在制度建设中求变创新，在保护文化遗产上如今也不再徘徊，转向活用文化遗产以振兴经济，表现出鲜明的双重性。日本的非遗保护具有自己的特色与经验，非遗保护实践也成果丰硕，有些方面值得我们借鉴。本书通过对日本非遗保护的法律法规、政策措施与经济措施以及歌舞伎保护项目实践的考述、分析，系统全面地研究了日本非遗的保护制度并揭示其发展规律、总结了具有日本特色的非遗保护制度经验并探讨日本非遗制度对我国非遗保护的启示。通过对日本非遗保护制度最核心部分的研究和对日本非遗的田野调查，笔者从中意识到中日非遗保护工作有同有异，可以取长补短。

我国的非遗保护工作要以"政府主导、社会参与"为基本工作原则，根据具体情况来制定切实可行的保护政策，坚持因地制宜、精准施策，探索非遗项目保护的多元化、精准化道路。在非遗保护制度建设上提出以下建议：其一，非遗项目名录需要构建多层次分类、多层级保护体系，分门别类瞄准，针对不同的类别采取不同的制度，针对不同情况制定切实可行的保护政策，精准稳妥地提出解决方案。可以增加非遗代表性项目名录登录制度。有些非遗项目虽然没有被列入四级非遗代表性项目名录，但其对了解我国传统文化等具有重要意义，将具有一定的保护或者活用价值的非遗项目进行登录，有助于加强普通群众的对非遗的关注。其二，落实非遗代表性传承团体认定制度。传承人认定需要精准施策，让个人、团体、群体以及社区各方都可以达到身份的获致，增强其认同感及责任感。其三，非遗需要"活"起来，以非遗保护的可持续性发展为目标，利用非遗的文化价值与经济价值，让我国的非遗保护跨越一个新的高度，更加有效地助力乡村振兴。其四，加强全民非遗保护与传承教育。可以增加非遗考级制度，以及在公立学校相关学科老师的录用标准中加入必须持有某项非遗资格证书的要求。通过全面分析日本歌舞伎的多元化道路及其制度保障措施，在我国传统戏剧类非遗项目实践上建议：其一，增加代表性传承团体的认定方式，同时在认定代表性传承人时考虑增加配角以及乐器演奏者、导演、编剧等其他非演员类传承人的认定。其二，在新媒体时代下，传统戏曲需要活用与创新，注重观众的需求和与观众的互动。

另外，本书也存在不足之处：对日本非遗项目名录的评估机制、传承人的管理及保障机制的研究本书几乎未涉及。因为经费等客观原因，对日本非遗的传承与保护调查主要集中在日本本州地区，九州、四国与北海道地区笔者并未亲自调查，只是研读了部分文献资料，多少留下了一些遗憾。

我国作为非遗大国，对非遗的保护既要解决我国非遗保护工作中的科学、规范和可持续发展等实际问题，又要能够从我国具体的保护实践中跳出来，为国际社会非遗保护制度的建设提供示范和经验。虽然日本非遗研究历史悠久、经验丰富，但我国的国情与日本不同，日本经验不一定适合我国，不能照抄日本的模式。当前国际国内社会发展和非遗保护的新形势下，需综合考虑联合国教科文组织非遗保护的理念、理论、方法，结合我国经济社会的发展情况和非遗保护的具体实际，在以非遗的发展规律为导向的基础上，慎重地结合日本的先进经验，走出一条适合我国、具有中国特色的非遗保护之路。

附 录

附录一 日本国家级重要无形文化遗产指定与认定情况

根据日本文化厅官网及各都道府县官网，笔者整理了日本国家级重要无形文化遗产认定具体情况，见表7-1。①

表7-1 日本国家级重要无形文化遗产认定情况

类别	各个认定②	综合认定	保持团体认定
艺能	51（51）	14	
工艺技术	59（58）		16
合计	110（109）	14	16

资料来源：根据日本文化厅官网提供的资料整理而成，见https://bunka.nii.ac.jp/。

一、日本国家级重要无形文化遗产艺能类认定情况和选择情况

（一）日本国家级重要无形文化遗产艺能类认定情况

日本国家级重要无形文化遗产艺能类具体认定情况见表7-2至表7-9。

---

① 截至2021年12月1日，笔者根据日本文化厅官网及各都道府县官网数据整理而成，见https://kunishitei.bunka.go.jp/bsys/index。

② 保持者有重复认定的情况，（）内为实际人数。

表7-2 雅乐认定情况

序号	种别	指定时间	认定区分	保持者信息	艺名	认定时间	认定次数及区分	综合认定作用	团体信息	代表者	认定时间
1	雅楽	1955-05-12	综合认定						宫内厅式部职楽部	-	1955-05-12

资料来源：根据日本文化厅官网提供的资料整理而成，见https://kunishitei.bunka.go.jp/bsys/index。

表7-3 能乐认定情况

序号	种别	指定时间	认定区分	保持者信息	艺名	认定时间	认定次数及区分	综合认定作用	团体信息	代表者	认定时间
1	能楽	1957-12-04	综合认定						一般社团法人日本能楽会	野村四郎	1957-12-04
2	能囃子方小鼓	1998-06-08	各个认定	大倉源次郎		2017-10-02	第64次新规	小鼓方（大倉流）			
3	狂言	1967-04-10	各个认定	野村二朗	野村万作	2007-09-06	第54次追加	狂言（和泉流）			
				山本東次郎		2012-10-04	第59次追加	狂言（大蔵流）			
				野村太良	野村萬	1997-06-06	第44次追加	狂言（和泉流）			
4	能シテ方	1955-02-15	各个认定	友枝昭世		2008-09-11	第55次追加	シテ方			
				梅若善政	梅若玄祥	2014-10-23	第61次追加	シテ方（觀世流）			
				野村四郎		2016-09-30	第63次追加				
				大槻文藏		2016-09-30	第63次追加				
5	能囃子方大鼓	1998-06-08	各个认定	安福建雄		1998-06-08	第45次新规	大鼓方（高安流）			

续表

序号	种别	指定时间	认定区分	保持者信息	艺名	认定时间	认定次数及区分	综合认定作用	团体信息	代表者	认定时间
				龟井忠雄		2002-07-08	第45次追加	大鼓方（葛野流）			
				柿原崇志		2018-09-25	第65次追加	大鼓方（高安流）			
6	能嘱子方太鼓	2014-10-23	各个认定	三岛元太郎		2014-10-23	第61次新规	太鼓方（金春流）			
7	能嘱子方笛	2009-09-02	各个认定	一嚗仙幸		2009-09-02	第56次新规	笛方（一嚗流）			

资料来源：根据日本文化厅官网提供的资料整理而成，见https://kunishitei.bunka.go.jp/bsys/index。

表7-4 文乐认定情况

序号	种别	指定时间	认定区分	保持者信息	艺名	认定时间	认定次数及区分	综合认定作用	团体信息	代表者	认定时间
1	人形净瑠璃文楽	1955-05-12	综合认定						人形净瑠璃文楽座	（太夫）竹本住太夫（三味線）鶴澤寬治（人形）吉田簑助	1955-05-12
2	人形净瑠璃文楽三味線	1985-04-13	各个认定	中能岛浩	鶴澤清治	2007-09-06	第54次追加	三味線			
				白井康夫	鶴澤寬治	1997-06-06	第44次追加	三味線			
3	人形净瑠璃文楽太夫	1971-04-23	各个认定	村上五郎	豊竹嶋太夫	2015-10-01	第62次追加				

续表

序号	种别	指定时间	认定区分	保持者信息	艺名	认定时间	认定次数及区分	综合认定作用	团体信息	代表者	认定时间
				岸本欣一	竹本住太夫	1989-05-06	第36次追加	太夫			
				生田陽三	豊竹咲太夫	2019-10-25	第66次追加	太夫			
4	人形浄瑠璃文楽人形	1977-04-25	各个认定	平尾勝義	吉田簑助	1994-06-27	第41次新规	人形			
				荻野恒利	吉田和生	2007-10-02	第64次新规	人形			

资料来源：根据日本文化厅官网提供的资料整理而成，见https://kunishitei.bunka.go.jp/bsys/index。

表7-5 歌舞伎认定情况

序号	种别	指定时间	认定区分	保持者信息	艺名	认定时间	认定次数及区分	综合认定作用	团体信息	代表者	认定时间
1	歌舞伎	1965-04-20	综合认定						社团法人伝統歌舞伎保存会	林宏太郎（坂田藤十郎）	1965-04-20
2	歌舞伎音楽竹本	2019-10-25	各个认定	柳瀬信吾	竹本葵太夫	2019-10-25	第66次新规	竹本			
3	歌舞伎女方	2012-10-04	各个认定	守田伸一	坂東玉三郎	2012-10-04	第59次新规	俳優			
4	歌舞伎音楽長唄	1998-06-08	各个认定	宮澤雅之	杵屋淨貢	2007-09-06	第54次追加	長唄（三味線）			
				川原壽夫	鳥羽屋里長	2002-07-04	第49次追加	長唄（唄）			

续表

序号	种别	指定时间	认定区分	保持者信息	艺名	认定时间	认定次数及区分	综合认定作用	团体信息	代表者	认定时间
5	歌舞伎立役	1960-04-19	各个认定	波野辰次郎	中村吉右衛門	2011-09-05	第58次追加	俳優			
				片岡孝夫	片岡仁左衛門	2015-10-01	第62次追加				
				林宏太郎	坂田藤十郎	1994-06-27	第41次追加	俳優			
				寺嶋秀幸	尾上菊五郎	2003-07-10	第50次追加	俳優			
6	歌舞伎脇役	1997-06-06	各个认定	河野均	中村東蔵	2016-09-30	第63次追加				
				山中宗雄	澤村田之助	2002-07-08	第49次追加	俳優			
				片岡彦人	片岡秀太郎	2019-10-25	第66次追加	俳優			

资料来源：根据日本文化厅官网提供的资料整理而成，见https://kunishitei.bunka.go.jp/bsys/index。

表7-6 组舞认定情况

序号	种别	指定时间	认定区分	保持者信息	艺名	认定时间	认定次数及区分	综合认定作用	团体信息	代表者	认定时间
1	組踊	1972-05-15	综合认定						伝統組踊保存会		1972-05-15
2	組踊音楽太鼓	2017-10-02	各个认定	比嘉聰		2017-10-02	第64次新规	太鼓			

续表

序号	种别	指定时间	认定区分	保持者信息	艺名	认定时间	认定次数及区分	综合认定作用	团体信息	代表者	认定时间
3	組踊音楽歌三線	2005-08-30	各个认定	城間德太郎		2005-08-30	第52次新规	歌三線			
				西江喜春		2011-09-05	第58次追加	歌三線			
4	組踊立方	2006-09-15	各个认定	德村正吉	宮城能鳳	2006-09-15	第53次新规	立方			

资料来源：根据日本文化厅官网提供的资料整理而成，见https://kunishitei.bunka.go.jp/bsys/index。

表7-7 音乐认定情况

序号	种别	指定时间	认定区分	保持者信息	艺名	认定时间	认定次数及区分	综合认定作用	团体信息	代表者	认定时间
1	琵琶	2016-09-30	各个认定	奥村和美	奥村旭翠	2016-09-30	第63次新规				
2	一中節	1993-04-15	综合认定						一中節保存会	宇治紫文	1993-04-15
3	一中節三味線	2001-07-12	各个认定	東峯子	宇治文蝶	2001-07-21	第48次新规				
4	一中節浄瑠璃	1999-06-21	各个认定	梅津ふじ	宇治紫文	1999-06-21	第46次新规				
5	荻江節	1993-04-15	综合认定						荻江節保存会	荻江ちか	1993-04-15
6	河東節	1993-04-15	综合认定						河東節保存会	山彦節子	1993-04-15
7	河東節三味線	2009-09-02	各个认定	八田美千代	山彦千子	2009-09-02	第56次新规				
8	河東節浄瑠璃	1994-06-27	各个认定	小林峯子	山彦節子	1994-06-27	第41次新规				

续表

序号	种别	指定时间	认定区分	保持者信息	艺名	认定时间	认定次数及区分	综合认定作用	团体信息	代表者	认定时间
9	義太夫節	1980-04-21	综合认定						義太夫節保存会	竹本越道	1980-04-21
10	義太夫節淨瑠璃	1999-06-21	各个认定	上田悦子	竹本駒之助	1999-06-21	第46次新规	太夫			
11	清元節	2014-10-23	综合认定								
12	清元節三味線	2003-07-10	各个认定	松原清之介	清元梅吉	2013-09-26	第60次追加				
				小柳泰一	清元榮三	2003-07-10	第50次新规				
13	清元節淨瑠璃	2003-07-10	各个认定	佐川好忠	清元清寿太夫	2003-07-10	第50次新规				
14	地歌	2009-09-02	各个认定	八田清	富山清琴	2009-09-02	第56次新规				
15	尺八	1982-04-20	各个认定	青木静夫	青木鈴慕	1999-06-21	第46次追加				
16	新内節三味線	2001-07-12	各个认定	角田富章	新内仲三郎	2001-07-12	第48次新规				
17	新内節淨瑠璃	2001-07-12	各个认定	高橋行道	鶴賀若狹掾	2001-07-12	第48次新规				
18	箏曲	1966-04-25	各个认定	米川操	米川文子	2008-09-11	第55次追加				
				木原司都子	山勢松韻	2001-07-12	第48次追加				
19	常磐津節	1981-04-20	综合认定						常磐津節保存会	常磐津英寿	1981-04-20

续表

序号	种别	指定时间	认定区分	保持者信息	艺名	认定时间	认定次数及区分	综合认定作用	团体信息	代表者	认定时间
20	常磐津節三味線	1992-05-15	各个认定	鈴木英二	常磐津英寿	1992-05-15	第39次新规	三味線			
21	長唄	1974-04-20	各个认定	杵家安廣	杵屋喜三郎	1997-06-06	第44次追加				
				宮田哲男		1998-06-08	第45次追加				
22	長唄三味線	1987-04-20	各个认定	中川昇一	今藤政太郎	2013-09-26	第60次新规				
				牟田口照國	杵屋勝国	2019-10-25	第66次追加	三味線			
23	長唄鳴物	1993-04-15	各个认定	安倍康仁	堅田喜久	1999-06-21	第46次追加				
				中川勳	藤舎名生	2019-10-25	第66次追加				
24	宮薗節	1993-04-15	综合认定						宮薗節保存会	宮薗千碌	1993-04-15
25	宮薗節净瑠璃	2007-09-06	各个认定	佐藤佐喜子	宮薗千碌	1944-09-06	第54次新规	太夫			
26	琉球古典音樂	2000-06-06	各个认定	島袋正雄		2000-06-06	第47次新规				
				照喜名朝一		2000-06-06	第47次新规				
				中村一雄		2019-10-25	第66次追加				

资料来源：根据日本文化厅官网提供的资料整理而成，见https://kunishitei.bunka.go.jp/bsys/index。

表7-8 舞蹈认定情况

序号	种别	指定时间	认定区分	保持者信息	艺名	认定时间	认定次数及区分	综合认定作用	团体信息	代表者	认定时间
1	歌舞伎舞踊	1955-02-15	各个认定	柴﨑照子	花柳寿南海	2004-09-02	第51次追加				
				西川扇藏		1999-06-21	第46次追加				
2	京舞	2015-10-01	各个认定	觀世三千子	井上八千代	2015-10-01	第62次新规				
3	琉球舞踊	2009-09-02	综合认定								

资料来源：根据日本文化厅官网提供的资料整理而成，见https://kunishitei.bunka.go.jp/bsys/index。

表7-9 演艺认定情况

序号	种别	指定时间	认定区分	保持者信息	艺名	认定时间	认定次数及区分	综合认定作用	团体信息	代表者	认定时间
1	ちょっとお聞きしたいことがあるんですが談	2002-07-08	各个认定	浅野清太郎	一龍斎貞水	2002-07-08	第49次新规				
				渡邉孝夫	神田松鯉	2019-10-25	第66次追加				
2	古典落語	1995-05-31	各个认定	郡山剛藏	柳家小三治	2014-10-23	第61次追加				

资料来源：根据日本文化厅官网提供的资料整理而成，见https://kunishitei.bunka.go.jp/bsys/index。

其他（0件）

（二）日本国家级重要无形文化遗产艺能类选择情况

日本国家级重要无形文化遗产艺能类具体选择情况见表7-10至表7-13。

表7-10 能乐选择情况

序号	种别	选择时间	选择区分	保持者信息	艺名	认定时间	选择次数及区分	综合认定作用	团体信息	代表者	认定时间
1	鹭流狂言	1997-05-27							山口鹭流狂言保存会		1997-05-27

资料来源：根据日本文化厅官网提供的资料整理而成，见https://kunishitei.bunka.go.jp/bsys/index。

表7-11 歌舞伎选择情况

序号	种别	选择时间	选择区分	保持者信息	艺名	认定时间	选择次数及区分	综合认定作用	团体信息	代表者	认定时间
1	歌舞伎演技の型	1978-03-25		牧野五郎四郎	五世尾上新七	1978-03-25					
2	歌舞伎演技の型	1978-03-25		重光重夫	初世中村松若	1978-03-25					
3	歌舞伎演技の型	1986-04-15		稻村仙太郎	三世尾上多贺藏	1986-04-15					
4	歌舞伎演技の型	1986-04-15		松本英辅	初世加贺屋鹤助	1986-04-15			0		
5	歌舞伎演技の型	1986-04-15		荻原清治郎	三世中村梅花	1986-04-15					
6	歌舞伎演技の型	1986-04-15		上林千里	市川猿三郎	1986-04-15					

续表

序号	种别	选择时间	选择区分	保持者信息	艺名	认定时间	选择次数及区分	综合认定作用	团体信息	代表者	认定时间
7	歌舞伎演技の型	1964-03-24		千代田宗次郎	四世尾上梅朝	1964-03-24					
8	歌舞伎のタテの型	1964-03-24		秋元安雄	坂東八重之助	1964-03-24					
9	下座音楽	1955-03-19							杵屋栄蔵社中		1955-03-19
10	下座音楽	1964-03-24		奥瀬孝	十一世田中傳左衛門	1964-03-24					

资料来源：根据日本文化厅官网提供的资料整理而成，见https://kunishitei.bunka.go.jp/bsys/index。

表7-12 音乐选择情况

序号	种别	选择时间	选择区分	保持者信息	艺名	认定时间	选择次数及区分	综合认定作用	团体信息	代表者	认定时间
1	東流二絃琴	1973-03-27		根岸千枝子	藤舎芦翠	1973-03-27					
2	東流二絃琴	1973-03-27		相川雪子	藤舎芦雪	1973-03-27					
3	郁田流筝曲	1980-04-04		高橋冨美		1980-04-04					
4	郁田流筝曲	1980-04-04		葛西はるゑ	葛西春枝	1980-04-04					
5	一絃琴	1955-03-19		秋沢久寿栄		1955-03-19					

续表

序号	种别	选择时间	选择区分	保持者信息	艺名	认定时间	选择次数及区分	综合认定作用	团体信息	代表者	认定时间
6	一絃琴	1957-03-30		山城一水		1957-03-30					
7	一絃琴	1961-03-31		倉知志ん	倉知素風	1961-03-31					
8	一絃琴	1961-03-31		平野ヨシ	平野美子	1961-03-31					
9	一絃琴	1977-06-01		松崎春江	松崎一水	1977-06-01					
10	一絃琴	1980-04-04		稲垣積代		1980-04-04					
11	一中節	1955-03-19		篠原治	二世都一広	1955-03-19					
12	一中節	1955-03-19		菅野平太郎	四世菅野序遊	1955-03-19					
13	一中節	1957-03-30		斎藤コウ	宇治文雅	1957-03-30					
14	一中節	1970-04-17		中野郁太郎	二世菅野序柳	1970-04-17					
15	荻江節	1955-06-19		竹村すず	初世荻江寿友	1955-06-19					
16	奥浄瑠璃	1961-03-31		北峰一之進	北峰精悦	1961-03-31					
17	河東節	1957-03-30		田中米子	二世山彦文子	1957-03-30					
18	河東節	1957-03-30		田中な可	山彦仲子	1957-03-30					

续表

序号	种别	选择时间	选择区分	保持者信息	艺名	认定时间	选择次数及区分	综合认定作用	团体信息	代表者	认定时间
19	義太夫節	1970-04-17		横田ヨシエ	豊竹団司	1970-04-17					
20	義太夫節	1970-04-17		塩谷ツル	二世豊澤小住	1970-04-17					
21	義太夫節	1970-04-17		岩井あさの	豊竹小仙	1970-04-17					
22	義太夫節	1970-04-17		小原貞	豊澤猿公	1970-04-17					
23	義太夫節	1970-04-17		岡野定男	豊澤和孝	1970-04-17					
24	京極流箏曲	1973-03-27		雨田外次郎	雨田光平	1973-03-27					
25	胡弓	1966-04-25		山田広	山田広代	1966-04-25					
26	胡弓	1966-04-25		竹内愛	竹内和代	1966-04-25					
27	胡弓	1966-04-25		小枝指睦奥子	市川雛代	1966-04-25					
28	瞽女唄	1970-04-17		伊平ソイ	伊平たけ	1970-04-17					
29	瞽女唄	1970-04-17		杉本キクイ	杉本ハル	1970-04-17					
30	瞽女唄	1978-03-25		小林ハル		1978-03-25					
31	地唄	1957-03-30		小林ゆき		1957-03-30					

续表

序号	种别	选择时间	选择区分	保持者信息	艺名	认定时间	选择次数及区分	综合认定作用	团体信息	代表者	认定时间
32	地唄	1957-03-30		萩原三代	萩原正吟	1957-03-30					
33	地唄	1957-03-30		布原初	菊原初子	1957-03-30					
34	真言声明	1955-03-19		中川善教		1955-03-19					
35	真言声明	1978-03-25		青木融光		1978-03-25					
36	新内節	1957-03-30		大木ワカ	五世富士松魯遊	1957-03-30					
37	新内節	1957-03-30		鈴木寿	八世鶴賀若狭掾	1957-03-30					
38	新内節	1957-03-30		井上猛一	岡本文彌	1957-03-30					
39	筑紫流箏曲	1957-03-20		前川れい		1957-03-20					
40	筑紫流箏曲	1957-03-20		井上ミナ		1957-03-20					
41	天台声明	1955-03-19		中山玄雄		1955-03-19					
42	富本節	1957-03-30				1957-03-30					
43	肥後琵琶	1973-03-27							肥後琵琶保存会		1973-03-27
44	平曲	1955-03-19		井野川孝治	井野川孝次	1955-03-19					

续表

序号	种别	选择时间	选择区分	保持者信息	艺名	认定时间	选择次数及区分	综合认定作用	团体信息	代表者	认定时间
45	平曲	1955-03-19		土居崎富夫	土居崎正富	1955-03-19					
46	平曲	1955-03-19		三品保雄	三品正保	1955-03-19					
47	平曲	1969-04-07		館山甲午		1969-04-07					
48	宮薗節	1957-03-30		鎗田有	三世宮薗千寿	1957-03-30					
49	宮薗節	1957-03-30		轟はん	四世宮薗千之	1957-03-30					
50	明清楽	1978-03-25		中村キラ		1978-03-25					
51	明清楽	1978-03-25		渡瀬チヨ子		1978-03-25					
52	八雲琴	1957-03-20		大岸婦志江	大岸藤琴	1957-03-20					
53	八雲琴	1957-03-20		一色てる	一色輝琴	1957-03-20					
54	八雲琴	1961-03-31		田中沢二	田中緒琴	1961-03-31					
55	八雲琴	1968-03-28		山本雨宝	山本震琴	1968-03-28					
56	八橋流箏曲	1969-04-07		真田志ん	真田新	1969-04-07					

资料来源：根据日本文化厅官网提供的资料整理而成，见https://kunishitei.bunka.go.jp/bsys/index。

表7-13 演艺选择情况

序号	种别	选择时间	选择区分	保持者信息	艺名	认定时间	选择次数及区分	综合认定作用	团体信息	代表者	认定时间
1	上方寄席下座音楽	1962-03-30		岡本トミ	林家とみ	1962-03-30					
2	講談	1997-05-27		浜井弘	神田山陽	1997-05-27					
3	講談	1997-05-27		浅井美喜夫	旭堂南陵	1997-05-27					
4	講談	1997-05-27		岩間虎雄	小金井芦州	1997-05-27					
5	和妻	1997-05-27							社団法人日本奇術協会		1997-05-27

资料来源：根据日本文化厅官网提供的资料整理而成，见https://kunishitei.bunka.go.jp/bsys/index。

二、日本国家级重要无形文化遗产艺工艺技术类认定情况和选择情况

（一）日本国家级重要无形文化遗产工艺技术类认定情况

日本国家级重要无形文化遗产工艺技术类具体认定情况见表7-14至表7-20。

表7-14 陶艺认定情况

序号	种别	指定时间	认定区分	保持者信息	艺名	认定时间	认定次数及区分	团队认定作用	团体信息	代表者	认定时间
1	色鍋島	1976-04-30	保持团体认定						色鍋島今右衛門技術保存会	今泉今右衛門（十四代今泉今右衛門）	1976-04-30

续表

序号	种别	指定时间	认定区分	保持者信息	艺名	认定时间	认定次数及区分	团队认定作用	团体信息	代表者	认定时间
2	小鹿田烧	1995-05-31	保持团体认定						小鹿田烧技術保存会	小袋定雄	1995-05-31
3	柿右衛門（濁手）	1971-04-23	保持团体认定						柿右衛門製陶技術保存会	酒井田柿右衛門（十四代酒井田柿右衛門）	1976-04-30
4	志野	1994-06-27	各个认定	鈴木藏		1994-06-27	第41次新規				
5	青磁	2007-06-06	各个认定	中島宏		2007-09-06	第54次新規				
6	瀬戸黒	2010-09-06	各个认定	加藤孝造		2010-09-06	第57次新規				
7	鉄釉陶器	2005-08-30	各个认定	原清		2005-08-30	第52次新規				
8	白磁	1995-05-31	各个认定	前田昭博		2013-09-17	第60次追加				
				井上萬二		1995-05-31	第42次新規				
9	備前焼	2004-09-02	各个认定	伊勢﨑惇	伊勢﨑淳	2004-09-02	第51次新規				
10	無名異焼	2003-07-10	各个认定	伊藤窯一	五代伊藤赤水	2003-07-10	第50次新規				
11	釉裏金彩	2001-07-12	各个认定	吉田稔	吉田美統	2001-07-12	第48次新規				

资料来源：根据日本文化厅官网提供的资料整理而成，见https://kunishitei.bunka.go.jp/bsys/index。

表7-15 染织认定情况

序号	种别	指定时间	认定区分	保持者信息	艺名	认定时间	认定次数及区分	团队认定作用	团体信息	代表者	认定时间
1	伊勢型紙	1993-04-15	保持团体认定						伊勢型紙技術保存会	六谷泰英	1993-04-15
2	江戸小紋	1978-04-26	各个认定	小宮康孝		1978-04-26	第25次新規				
3	小千谷縮・越後上布	1955-05-12	保持团体认定						越後上布・小千谷縮布技術保存協会	小河正義	1976-04-30
4	喜如嘉の芭蕉布	1974-04-20	保持团体认定						喜如嘉の芭蕉布保存会	平良敏子	1976-04-30
5	久米島紬	2004-09-02	保持团体认定						久米島紬保持団体	山城宗太郎	2004-09-02
6	久留米絣	1957-04-25	保持团体认定						重要無形文化財久留米絣技術保持者会	松枝哲也	1976-04-30
7	献上博多織	2003-07-10	各个认定	小川規三郎		2003-07-10	第50次新規				
8	刺繡	1997-06-06	各个认定	福田喜重		1997-06-06	第44次新規				
9	首里の織物	1998-06-08	各个认定	宮平初子		1998-06-08	第45次新規				
10	精好仙台平	2002-07-08	各个认定	甲田綏郎		2002-07-08	第49次新規				
11	経錦	2000-06-06	各个认定	北村武資		2000-06-06	第47次新規				
12	紬織	1990-04-25	各个认定	佐々木苑子		2005-08-30	第52次追加				

续表

序号	种别	指定时间	认定区分	保持者信息	艺名	认定时间	认定次数及区分	团队认定作用	团体信息	代表者	认定时间
				村上良子		2016-09-30	第63次追加				
				志村ふくみ		1990-04-25	第37次新规				
13	芭蕉布	2000-06-06	各个认定	平良敏子		2000-06-06	第47次新规				
14	红型	1996-05-10	各个认定	玉那霸有公		1996-05-10	第43次新规				
15	宫古上布	1978-04-26	保持团体认定						宫古上布保持团体	新里玲子	1978-04-26
16	木版摺更纱	2008-09-11	各个认定	铃田滋人		2008-09-11	第55次新规				
17	纹纱	2010-09-06	各个认定	土屋顺纪		2010-09-06	第57次新规				
18	结城紬	1956-04-24	保持团体认定						本场结城紬技术保持会	石川好太郎	1976-04-30
19	友禅	1955-05-12	各个认定	森口邦彦		2007-09-06	第54次追加				
				二塚長生		2010-09-06	第57次追加				
20	罗	1995-05-31	各个认定	北村武资		1995-05-31	第42次新规				
21	有职织物	1999-06-21	各个认定	喜多川俵二		1999-06-21	第46次新规				

资料来源：根据日本文化厅官网提供的资料整理而成，见https://kunishitei.bunka.go.jp/bsys/index。

表7-16 漆艺认定情况

序号	种别	指定时间	认定区分	保持者信息	艺名	认定时间	认定次数及区分	团队认定作用	团体信息	代表者	认定时间
1	髹漆	1974-04-20	各个认定	小森邦博	小森邦衞	2006-09-15	第53次追加				
				增村紀一郎		2008-09-11	第55次追加				
				大西勲		2002-07-08	第49次追加				
2	蒟醬	1985-04-13	各个认定	山下義人		2013-09-17	第60次追加				
				磯井正美		1985-04-13	第32次新规				
				太田儔		1994-06-27	第41次追加				
3	沈金	1999-06-21	各个认定	前史雄		1999-06-21	第46次新规				
4	蒔絵	1955-02-15	各个认定	室瀬和美		2008-09-11	第55次追加				
				中野孝一		2010-09-06	第57次追加				
5	螺鈿	1999-06-21	各个认定	北村謙一	北村昭斎	1999-06-21	第46次新规				
6	輪島塗	1977-04-25	保持团体认定						輪島塗技術保存会	小森邦博	1977-04-25

资料来源：根据日本文化厅官网提供的资料整理而成，见https://kunishitei.bunka.go.jp/bsys/index。

表7-17 金工认定情况

序号	种别	指定时间	认定区分	保持者信息	艺名	认定时间	认定次数及区分	团队认定作用	团体信息	代表者	认定时间
1	锻金	1995-05-31	各个认定	田口壽恒		2006-09-15	第53次追加				
				玉川宣夫		2010-09-06	第57次追加				
				大角幸枝		2015-10-01	第62次追加				
				奥山喜藏	奥山峰石	1995-05-31	第42次新规				
2	铸金	1993-04-15	各个认定	大澤幸勝	大澤光民	2005-08-30	第52次追加				
3	彫金	1978-04-26	各个认定	中川衛		2004-09-02	第51次追加				
				桂剛	桂盛仁	2008-09-11	第55次追加				
				山本晃		2014-10-23	第61次追加				
4	刀剑研磨	1975-04-23	各个认定	本阿彌道弘	本阿彌光洲	1951-09-23	第61次新规				
5	铜鑼	2002-07-08	各个认定	魚住安彦	三代魚住為楽	2002-07-08	第49次新规				

资料来源：根据日本文化厅官网提供的资料整理而成，见https://kunishitei.bunka.go.jp/bsys/index。

表7-18 竹木工认定情况

序号	种别	指定时间	认定区分	保持者信息	艺名	认定时间	认定次数及区分	团队认定作用	团体信息	代表者	认定时间
1	竹工芸	1982-04-20	各个认定	勝城一二	勝城蒼鳳	2005-08-30	第52次追加				

续表

序号	种别	指定时间	认定区分	保持者信息	艺名	认定时间	认定次数及区分	团队认定作用	团体信息	代表者	认定时间
				藤沼昇		2012-10-04	第59次追加				
2	木工芸	1984-04-09	各个认定	村山明		2003-07-10	第50次追加				
				須田賢司		2014-10-23	第61次追加				
				川北良造		1994-06-27	第41次追加				
				大坂弘道		1997-06-06	第44次追加				
				中川清司		2001-07-12	第48次追加				

资料来源：根据日本文化厅官网提供的资料整理而成，见https://kunishitei.bunka.go.jp/bsys/index。

表7-19 人形认定情况

序号	种别	指定时间	认定区分	保持者信息	艺名	认定时间	认定次数及区分	团队认定作用	团体信息	代表者	认定时间
1	衣裳人形	1986-04-28	各个认定	今井信子	秋山信子	1996-05-10	第43次追加				
2	桐塑人形	2002-07-08	各个认定	林駒夫		2002-07-08	第49次追加				

资料来源：根据日本文化厅官网提供的资料整理而成，见https://kunishitei.bunka.go.jp/bsys/index。

拨镂（0件）

表7-20 手漉和纸认定情况

序号	种别	指定时间	认定区分	保持者信息	艺名	认定时间	认定次数及区分	团队认定作用	团体信息	代表者	认定时间
1	越前奉書	2000-06-06	各个认定	岩野市兵衛	九代岩野市兵衛	2000-06-06	第47次新規				
2	石州半紙	1969-04-15	保持団体認定						石州半紙技術者会	川平正男	1976-04-30
3	土佐典具帖紙	2001-07-12	各个认定	濱田幸雄		2001-07-12	第48次新規				
4	名塩雁皮紙	2002-07-08	各个认定	谷野武信	谷野剛惟	2002-07-08	第49次新規				
5	細川紙	1978-04-26	保持団体認定						細川紙技術者協会	鷹野禎三	1978-04-26
6	本美濃紙	1969-04-15	保持団体認定						本美濃紙保存会	澤村正	1976-04-30

资料来源：根据日本文化厅官网提供的资料整理而成，见https://kunishitei.bunka.go.jp/bsys/index。

截金（0件）

其他（0件）

（二）日本国家级重要无形文化遗产工艺技术类具体选择情况

日本国家级重要无形文化遗产工艺技术类具体选择情况见表7-21至表7-29。

表7-21 陶艺选择情况

序号	种别	选择时间	选择区分	保持者信息	艺名	认定时间	选择次数及区分	团队认定作用	团体信息	代表者	认定时间
1	上絵付（色鍋島）	1957-03-30		今泉今右衛門	十二代今泉今右衛門	1957-03-30					
2	上絵付（黄地紅彩）	1957-03-30		加藤一	加藤土師萌	1957-03-30					
3	織部	1957-03-30		加藤唐九郎		1957-03-30					
4	小鹿田燒	1970-04-17							小鹿田燒技術保存会		1970-04-17
5	柿右衛門	1955-03-19		酒井田柿右衛門	十二代酒井田柿右衛門	1955-03-19					
6	唐津燒	1955-03-19		中里無庵	十二代中里太郎右衛門	1955-03-19					
7	磁器大物成型のろくろ技法	1964-03-24		奥川忠右衛門		1964-03-24					
8	祥瑞	1955-03-19		川瀬五作	川瀬竹春	1955-03-19					
9	辰砂	1957-03-30		宇野宗太郎	宇野宗甕	1957-03-30					
10	青磁	1957-03-30		宇野宗太郎	宇野宗甕	1957-03-30					
11	瀬戸丸窯	1957-03-30		加藤庄平		1957-03-30					
12	丹波立杭窯	1957-03-30							丹波立杭窯保存会		1957-03-30

续表

序号	种别	选择时间	选择区分	保持者信息	艺名	认定时间	选择次数及区分	团队认定作用	团体信息	代表者	认定时间
13	壺屋の荒燒	1977-06-01							沖縄陶器保存会		1977-06-01
14	萩燒	1957-03-30		三輪邦廣	三輪休和	1957-03-30					
				十二代坂倉新兵衛		1957-03-30					
15	樂燒	1978-03-25		樂吉左衛門	十四代樂吉左衛門	1978-03-25					

资料来源：根据日本文化厅官网提供的资料整理而成，见https://kunishitei.bunka.go.jp/bsys/index。

表7-22 染织选择情况

序号	种别	选择时间	选择区分	保持者信息	艺名	认定时间	选择次数及区分	团队认定作用	团体信息	代表者	认定时间
1	有松鳴海絞	1957-03-30							愛知県絞技術保存会		1957-03-30
2	かっぺた織	1962-03-30		玉置びん		1962-03-30					
3	黄八丈	1957-03-30							黄八丈技術保存会		1957-03-30
4	組紐	1960-03-25		道明新兵衛		1960-03-25					
				五嶋敏太郎		1960-03-25					
5	紫根染	1978-03-25		八重樫フジ		1978-03-25					
6	紫根染・茜染	1957-03-30		栗山文次郎		1957-03-30					

附录

续表

序号	种别	选择时间	选择区分	保持者信息	艺名	认定时间	选择次数及区分	团队认定作用	团体信息	代表者	认定时间
7	刺繡	1978-03-25		相沢吉太郎		1978-03-25					
8	上代植物染	1956-03-31		後藤貞像	後藤博山	1956-03-31					
9	白石紙布	1955-03-19		片倉信光		1955-03-19					
				佐藤忠太郎		1955-03-19					
10	丹波布	1957-03-30							丹波布技術保存会		1957-03-30
11	唐棧縞	1972-04-10		斎藤頴		1972-04-10					
				斎藤光司		1972-04-10					
12	広瀬絣	1972-04-10							広瀬絣技術者会		1972-04-10
13	紋章上絵	1975-04-23							紋章上絵保存会		1975-04-23
14	和裁	1960-03-25		小見外次郎		1960-03-25					

资料来源：根据日本文化厅官网提供的资料整理而成，见https://kunishitei.bunka.go.jp/bsys/index。

表7-23　漆艺选择情况

序号	种别	选择时间	选择区分	保持者信息	艺名	认定时间	选择次数及区分	团队认定作用	团体信息	代表者	认定时间
1	粟野春慶	1976-04-20		稲川義良		1976-04-20					
				稲川昌三		1976-04-20					

续表

序号	种别	选择时间	选择区分	保持者信息	艺名	认定时间	选择次数及区分	团队认定作用	团体信息	代表者	认定时间
2	存清	1957-03-30		香川勇	香川宗石	1957-03-30					
3	能代春慶	1957-03-30		石岡庄寿郎		1957-03-30					
4	飛騨春慶	1957-03-30							飛騨春慶技術保存会		1957-03-30
5	蒔絵用具	1957-03-30		小宮又兵衛		1957-03-30					
6	村上堆朱	1955-03-19		板垣孝一	板垣臥石	1955-03-19					
				鈴木孝吉	鈴木秋湖	1955-03-19					
7	螺鈿	1957-03-30		片岡照三郎	片岡華江	1957-03-30					

资料来源：根据日本文化厅官网提供的资料整理而成，见https://kunishitei.bunka.go.jp/bsys/index。

表7-24 金工选择情况

序号	种别	选择时间	选择区分	保持者信息	艺名	认定时间	选择次数及区分	团队认定作用	团体信息	代表者	认定时间
1	秋田銀線細工	1955-03-19		伊藤徳太郎		1955-03-19					
				高坂水雄	高坂雄水	1955-03-19					
2	加賀象嵌	1972-04-10		米沢弘安		1972-04-10					

续表

序号	种别	选择时间	选择区分	保持者信息	艺名	认定时间	选择次数及区分	团队认定作用	团体信息	代表者	认定时间
3	茶の湯釜（肌づくり）	1973-03-27		根来実三		1973-03-27					
4	鋳鏡研磨	1972-04-10		山本真治	山本凰龍	1972-04-10					
5	燕の鎚起銅器の製作技術	1980-04-04							玉川覚平ほか七名		1980-04-04
6	流込象嵌及び鏨付け透入り鉄袋打	1973-03-27		寺西末吉	寺西宗山	1973-03-27					
7	南部茶の湯釜南部鉄瓶	1974-04-09		鈴木繁吉	鈴木盛久	1974-04-09					
8	布目象嵌	1957-03-30		鹿島榮一	鹿島一谷	1957-03-30					
9	肥後透及び肥後象嵌	1963-03-30		米光太平	米光光正	1963-03-30					
10	蝋型鋳造	1974-04-09		須賀精一	須賀松園	1974-04-09					

资料来源：根据日本文化厅官网提供的资料整理而成，见https://kunishitei.bunka.go.jp/bsys/index。

表7-25 竹木工选择情况

序号	种别	选择时间	选择区分	保持者信息	艺名	认定时间	选择次数及区分	团队认定作用	团体信息	代表者	认定时间
1	唐木技法	1971-04-21		竹内寅松	竹内碧外	1971-04-21					

续表

序号	种别	选择时间	选择区分	保持者信息	艺名	认定时间	选择次数及区分	团队认定作用	团体信息	代表者	认定时间
2	木画	1957-03-30		木内友吉	木内省古	1957-03-30					

资料来源：根据日本文化厅官网提供的资料整理而成，见https://kunishitei.bunka.go.jp/bsys/index。

表7-26 人形选择情况

序号	种别	选择时间	选择区分	保持者信息	艺名	认定时间	选择次数及区分	团队认定作用	团体信息	代表者	认定时间
1	人形の胡粉仕上の技法	1966-04-25		原德重	原米洲	1966-04-25					

资料来源：根据日本文化厅官网提供的资料整理而成，见https://kunishitei.bunka.go.jp/bsys/index。

表7-27 手漉和纸选择情况

序号	种别	选择时间	选择区分	保持者信息	艺名	认定时间	选择次数及区分	团队认定作用	团体信息	代表者	认定时间
1	小国紙	1973-03-27							小国紙保存会		1973-03-27
2	清帳紙	1977-06-01		片岡藤義		1977-06-01					
3	泉貨紙	1980-04-04		菊地定重		1980-04-04					
4	手漉和紙用具製作	1975-04-23							土佐手漉和紙用具製作技術保存会		1975-04-23
5	土佐典具帖紙	1973-03-27							土佐典具帖紙保存会		1973-03-27

续表

序号	种别	选择时间	选择区分	保持者信息	艺名	认定时间	选择次数及区分	团队认定作用	团体信息	代表者	认定时间
6	西の内紙	1977-06-01		菊池五介		1977-06-01					
				菊池一男		1977-06-01					
				小野瀬角次		1977-06-01					
7	程村紙	1977-06-01		福田長太郎		1977-06-01					

资料来源：根据日本文化厅官网提供的资料整理而成，见https://kunishitei.bunka.go.jp/bsys/index。

表7-28 截金选择情况

序号	种别	选择时间	选择区分	保持者信息	艺名	认定时间	选择次数及区分	团队认定作用	团体信息	代表者	认定时间
1	截金	1955-03-19		西出大三		1955-03-19					
				永田清高		2018-03-19					
				北村喜市		1955-03-19					

资料来源：根据日本文化厅官网提供的资料整理而成，见https://kunishitei.bunka.go.jp/bsys/index。

表7-29 其他选择情况

序号	种别	选择时间	选择区分	保持者信息	艺名	认定时间	选择次数及区分	团队认定作用	团体信息	代表者	认定时间
1	七宝	1957-03-30									1957-03-30

续表

序号	种别	选择时间	选择区分	保持者信息	艺名	认定时间	选择次数及区分	团队认定作用	团体信息	代表者	认定时间
2	刀剑柄卷	1956-03-31		山口修吉	三世山口柄平	1956-03-31					
3	木版画	1957-03-30									1957-03-30

资料来源：根据日本文化厅官网提供的资料整理而成，见https://kunishitei.bunka.go.jp/bsys/index。

附录二　日本国家级重要无形民俗文化遗产保护团体情况

根据日本文化厅官网及各都道府县官网整理的日本国家级重要无形民俗文化遗产保护团体具体情况。①

一、日本国家级重要无形民俗文化遗产具体认定情况

日本国家级重要无形民俗文化遗产具体认定情况见表7-30至表7-32。

表7-30　风俗习惯认定情况

序号	种别	名称	认定时间	保护团体
1	生産・生業（9件）	会津の御田植祭	2019-03-28	福島県喜多方市：慶德稲荷神社お田植まつり保存会 会津美里町：御田植祭祭典委員会
		間々田のじゃがまいた	2019-03-28	栃木県間々田のじゃがまいた保存会
		樋越神明宮の春鍬祭	2002-02-12	群馬県神明宮春鍬祭保存会
		神津島のかつお釣り行事	1999-12-21	東京都物忌奈命神社かつお釣り保存会
		佐渡の車田植	1979-02-03	新潟県佐渡の車田植保存会
		奥能登のあえのこと	1976-05-04	石川県奥能登のあえのこと保存会
		壬生の花田植	1976-05-04	広島県壬生の花田植保存会
		阿蘇の農耕祭事	1982-01-14	熊本県阿蘇の農耕祭事保存会
		種子島宝満神社の御田植祭	2016-03-02	鹿児島県宝満神社赤米お田植え祭り保存会

---

① 截至2021年12月1日，笔者根据日本文化厅官网及各都道府县官网数据整理而成，见https://kunishitei.bunka.go.jp/bsys/index。

续表

序号	种别	名称	认定时间	保护团体
2	人生・儀礼（6件）	泉山の登拝行事	1997-12-15	青森県泉山七歳児初参り保存会
		羽田のお山がけ	2000-12-27	宮城県羽田神社総代会
		木幡の幡祭り	2004-02-06	福島県木幡幡祭保存会
		川俣の元服式	1987-01-08	栃木県川俣自治会
		岩槻の古式土俵入り	2005-02-21	埼玉県釣上の子ども相撲土俵入り保存会、笹久保の古式子ども土俵入り保存会
		春日の婿押し	1995-12-26	福岡県春日三期組合
3	娯楽・競技（10件）	刈和野の大綱引き	1984-01-21	秋田県刈和野大綱引保存会
		相馬野馬追	1978-05-22	福島県相馬野馬追保存会
		秩父吉田の龍勢	2018-03-08	埼玉県吉田龍勢保存会
		牛の角突きの習俗	1978-05-22	新潟県二十村郷牛の角突き習俗保存会
		敦賀西町の綱引き	1986-01-14	福井県夷子大黒綱引保存会
		但馬久谷の菖蒲綱引き	1989-03-20	兵庫県久谷菖蒲綱保存会
		因幡の菖蒲綱引き	1987-01-08	鳥取県宝木菖蒲綱保存会、水尻菖蒲綱保存会、青谷連合菖蒲綱保存会、大羽尾菖蒲綱保存会
		三朝のジンショ	2009-03-11	鳥取県三朝区ジンショ保存会
		生里のモモテ	2014-03-10	香川県生里ももて祭保存会
		呼子の大綱引き	2013-03-12	佐賀県呼子大綱引振興会
4	社会生活（民俗知識）（2件）	上州白久保のお茶講	1990-03-29	群馬県白久保お茶講保存会
		粟生のおも講と堂徒式	2005-02-21	和歌山県粟生のおも講と堂徒式保存会
5	年中行事（34件）	吉浜のスネカ	2004-02-06	岩手県吉浜スネカ保存会
		月浜のえんずのわり	2006-03-15	宮城県えんずのわり保存会

续表

序号	种别	名称	认定时间	保护团体
5	年中行事（34件）	米川の水かぶり	2000-12-27	宮城県米川の水かぶり保存会
		男鹿のナマハゲ	1978-05-22	秋田県男鹿のナマハゲ保存会
		上郷の小正月行事	1998-12-16	秋田県横岡サエの神保存会 大森サエの神保存会
		六郷のカマクラ行事	1982-01-14	秋田県六郷町カマクラ保存会
		三島のサイノカミ	2008-03-13	福島県三島町年中行事保存会
		遊佐の小正月行事	1999-12-21	山形県遊佐のアマハゲ保存会
		猪俣の百八燈	1987-01-08	埼玉県猪俣の百八灯保存会
		大磯の左義長	1997-12-15	神奈川県大磯町左義長保存会
		三戸のオショロ流し	2011-03-09	神奈川県三戸お精霊流し保存会
		青海の竹のからかい	1987-12-28	新潟県青海竹のからかい保存会
		邑町のサイノカミ	2010-03-12	富山県塞の神まつり保存会
		能登のアマメハギ	1979-02-03	石川県能登のアマメハギ・面様年頭保存会（能登町秋吉地区アマメハギ保存会、門前町アマメハギ保存会、輪島市面様年頭保存会）
		野沢温泉の道祖神祭り	1993-12-13	長野県野沢温泉村野沢組
		鳥羽の火祭り	2004-02-06	愛知県鳥羽区
		志摩加茂五郷の盆祭行事	1987-12-28	三重県松尾地下、河内地下
		東光寺の鬼会	2006-03-15	兵庫県東光寺追儺式及び田遊び保存会
		江包・大西の御綱	2012-03-08	奈良県江包・大西の御綱祭り保存会
		陀々堂の鬼はしり	1995-12-26	奈良県念仏寺鬼はしり保存会
		酒津のトンドウ	2007-03-07	鳥取県酒津とんど祭り保存会

续表

序号	种别	名称	认定时间	保护团体
5	年中行事（34件）	五十猛のグロ	2005-02-21	島根県大浦グロ保存会
		阿月の神明祭	2009-03-11	山口県神明祭顕彰会
		地福のトイトイ	2012-03-08	山口県地福といとい保存会
		周防祖生の柱松行事	1989-03-20	山口県祖生柱松行事保存会 中村柱松保存会、山田柱松保存会、落合柱松保存会
		大善寺玉垂宮の鬼夜	1994-12-13	福岡県大善寺玉垂宮鬼夜保存会
		見島のカセドリ	2002-02-20	佐賀県加勢鳥保存会
		下崎山のヘトマト行事	1987-01-08	長崎県下崎山町内会
		秋名のアラセツ行事	1985-01-12	鹿児島県秋名ヒラセマンカイ保存会
		悪石島のボゼ	2017-03-03	鹿児島県悪石島の盆踊り保存会
		甑島のトシドン	1977-05-17	鹿児島県甑島トシドン保存会（手打港トシドン保存会、手打籠トシドン保存会、手打本町トシドン保存会、片野浦トシドン保存会、青瀬トシドン保存会、瀬々野浦トシドン保存会）
		薩摩硫黄島のメンドン	2017-03-03	鹿児島県硫黄島八朔太鼓踊り保存会
		南薩摩の十五夜行事	1981-01-21	鹿児島県枕崎市十五夜行事保存会、知覧町十五夜行事保存会、坊津町十五夜行事保存会
		宮古島のパーントゥ	1993-12-13	沖縄県宮古島市島尻自治会、宮古島市野原部落会
6	祭礼（信仰）（69件）	青森のねぶた	1980-01-28	青森県ねぶた祭保存会
		岩木山の登拝行事	1984-01-21	青森県お山参詣保存会
		八戸三社大祭の山車行事	2004-02-06	青森県八戸三社大祭山車祭り行事保存会
		弘前のねぷた	1980-01-28	青森県弘前ねぷた保存会

续表

序号	种别	名称	认定时间	保护团体
6	祭礼（信仰）（69件）	室根神社祭のマツリバ行事	1985-01-12	岩手県室根神社祭保存会
		秋田の竿灯	1980-01-28	秋田県秋田市竿灯会
		角館祭りのやま行事	1991-02-21	秋田県角館のお祭り保存会
		土崎神明社祭の曳山行事	1997-12-15	秋田県土崎神明社奉賛会
		東湖八坂神社のトウニン（統人）行事	1986-01-14	秋田県東湖八坂神社崇敬会 船越町内連合会
		花輪祭の屋台行事	2014-03-10	秋田県花輪ばやし祭典委員会
		金沢の羽山ごもり	1980-01-28	福島県羽山ごもり保存会
		田島祇園祭のおとうや行事	1981-01-21	福島県田島祇園祭のおとうや行事保存会
		松例祭の大松明行事	2014-03-10	山形県松例祭保存会
		新庄まつりの山車行事	2009-03-11	山形県新庄まつり山車行事保存会
		鹿沼今宮神社祭の屋台行事	2003-02-20	栃木県鹿沼いまみや付け祭り保存会
		烏山の山あげ行事	1979-02-03	栃木県烏山山あげ保存会
		発光路の強飯式	1996-12-20	栃木県発光路妙見神社青年部
		片品の猿追い祭	2000-12-27	群馬県猿追い祭保存会
		川越氷川祭の山車行事	2005-02-21	埼玉県川越氷川祭の山車行事保存会
		秩父祭の屋台行事と神楽	1979-02-03	埼玉県秩父祭保存委員会
		常陸大津の御船祭	2017-03-03	茨城県常陸大津の御船祭保存会
		日立風流物	1977-05-17	茨城県日立郷土芸能保存会
		佐原の山車行事	2004-02-06	千葉県佐原山車行事伝承保存会

续表

序号	种别	名称	认定时间	保护团体
6	祭礼（信仰）（69件）	白間津のオオマチ（大祭）行事	1992-03-11	千葉県白間津区
		茂名の里芋祭	2005-02-21	千葉県茂名区
		貴船神社の船祭り	1996-12-20	神奈川県貴船祭保存会
		浦佐毘沙門堂の裸押合	2018-03-08	新潟県浦佐毘沙門堂裸押合大祭委員会
		山北のボタモチ祭り	1999-12-21	新潟県中浜ボタモチ祭保存会、杉平ボタモチ祭保存会、岩石ボタモチ保存会
		村上祭の屋台行事	2018-03-08	新潟県村上まつり保存会
		魚津のタテモン行事	1997-12-15	富山県魚津たてもん保存会
		城端神明宮祭の曳山行事	2002-02-12	富山県城端曳山祭保存会
		高岡御車山祭の御車山行事	1979-02-03	富山県高岡御車山保存会
		滑川のネブタ流し	1999-12-21	富山県中川原、常盤町一区・二区・三区
		熊甲二十日祭の枠旗行事	1981-01-21	石川県お熊甲祭奉賛会
		気多の鵜祭の習俗	2000-12-27	石川県気多大社、鵜浦町会
		青柏祭の曳山行事	1983-01-11	石川県青柏祭でか山保存会
		吉田の火祭	2012-03-08	山梨県吉田の火祭保存会
		小菅の柱松行事	2011-03-09	長野県小菅柱松保存会
		大垣祭の軕行事	2015-03-02	岐阜県大垣祭保存会
		高山祭の屋台行事	1979-02-03	岐阜県日枝神社氏子山王祭保存会、八幡宮氏子八幡祭保存会
		古川祭の起し太鼓・屋台行事	1980-01-28	岐阜県古川祭保存会
		大江八幡神社の御船行事	1999-12-21	静岡県大江氏子会

续表

序号	种别	名称	认定时间	保护团体
6	祭礼（信仰）（69件）	見付天神裸祭	2000-12-27	静岡県見付天神裸祭保存会
		犬山祭の車山行事	2006-03-15	愛知県犬山祭保存会
		尾張津島天王祭の車楽舟行事	1980-01-28	愛知県尾張津島天王祭協賛会
		亀崎潮干祭の山車行事	2006-03-15	愛知県亀崎潮干祭保存会
		須成祭の車楽船行事と神葭流し	2012-03-08	愛知県須成文化財保護委員会
		豊橋神明社の鬼祭	1980-01-28	愛知県豊橋鬼祭保存会
		上野天神祭のダンジリ行事	2002-02-12	三重県上野文化美術保存会
		桑名石取祭の祭車行事	2007-03-07	三重県桑名石取祭保存会
		鳥出神社の鯨船行事	1997-12-15	三重県富田鯨船保存会連合会
		近江中山の芋競べ祭り	1991-02-21	滋賀県芋くらべ祭保存会
		大津祭の曳山行事	2016-03-02	滋賀県大津祭保存会
		長浜曳山祭の曳山行事	1979-02-03	滋賀県（公益財団法人）長浜曳山文化協会
		三上のずいき祭	2005-02-21	滋賀県ずいき祭保存会
		坂越の船祭	2012-03-08	兵庫県坂越の船渡御祭保存会
		河内祭の御舟行事	1999-12-21	和歌山県古座川河内祭保存会、古座獅子舞保存会
		新宮の速玉祭・御燈祭り	2016-03-02	和歌山県熊野速玉大社祭事保存会
		那智の扇祭り	2015-03-02	和歌山県那智の扇祭り保存会
		京都祇園祭の山鉾行事	1979-02-03	京都府公益財団法人祇園祭山鉾連合会
		涌出宮の宮座行事	1986-01-14	京都府涌出宮宮座行事保存会

续表

序号	种别	名称	认定时间	保护团体
6	祭礼（信仰）（69件）	西大寺の会陽	2016-03-02	岡山県西大寺会陽保存会
		等覚寺の松会	1998-12-16	福岡県等覚寺松会保存会
		戸畑祇園大山笠行事	1980-01-28	福岡県戸畑祇園大山笠振興会
		博多祇園山笠行事	1979-02-03	福岡県博多祇園山笠振興会
		唐津くんちの曳山行事	1980-01-28	佐賀県唐津曳山取締会
		八代妙見祭の神幸行事	2011-03-09	熊本県八代妙見祭保存振興会
		日田祇園の曳山行事	1996-12-20	大分県日田祇園山鉾振興会
		塩屋湾のウンガミ	1997-12-15	沖縄県田港区、屋古区、塩屋区、白浜区

资料来源：根据日本文化厅官网提供的资料整理而成，见https://kunishitei.bunka.go.jp/bsys/index。

表7-31 民俗艺能认定情况

序号	种别	名称	认定时间	保护团体
1	神楽（39件）	松前神楽	2018-03-08	北海道松前神楽北海道連合保存会
		下北の能舞	1989-03-20	青森県下北の能舞保存連合会　東通村郷土芸能保存連合会能舞部門、むつ市能舞保存会、横浜町郷土芸能保存会能舞部門
		鵜鳥神楽	2015-03-02	岩手県鵜鳥神楽保存会
		黒森神楽	2006-03-15	岩手県黒森神楽保存会
		早池峰神楽	1976-05-04	岩手県早池峰神楽保存会、大償神楽保存会、岳神楽保存会
		雄勝法印神楽	1996-12-20	宮城県雄勝法印神楽保存会
		根子番楽	2004-02-06	秋田県根子番楽保存会
		保呂羽山の霜月神楽	1977-05-17	秋田県保呂羽山霜月神楽保存会

续表

序号	种别	名称	认定时间	保护团体
1	神楽（39件）	本海獅子舞番楽	2011-03-09	秋田県本海獅子舞番楽伝承者協議会、上百宅講中、下百宅講中、上直根講中、中直根講中、前ノ沢講中、下直根講中、猿倉講中、興屋講中、二階講中、天池講中、八木山講中、平根講中、提鍋講中
		杉沢比山	1978-05-22	山形県杉沢比山保存会
		玉敷神社神楽	2008-03-13	埼玉県玉敷神社神楽保存会
		鷲宮催馬楽神楽	1976-05-04	埼玉県催馬楽神楽保存会
		江戸の里神楽	1994-12-13	東京都若山社中、間宮社中、松本社中、山本社中
		河口の稚児の舞	2017-03-03	山梨県河口の稚児の舞保存会
		天竜村の霜月神楽	1978-05-22	長野県坂部大森諏訪神社氏子会、向方お潔め祭保存会、池大神社氏子会
		遠山の霜月祭	1979-02-03	長野県南信濃村遠山霜月保存会、大野神社氏子会、三条神社氏子会、八重河内正八幡神社遠山霜月、祭保存会、城神社氏子会、愛宕神社氏子会、和田諏訪神社遠山霜月祭保存会、日月神社氏子会、稲荷神社氏子会、木沢八幡神社遠山霜月祭保存会、白山神社氏子会、御熊野神社氏子会、宇佐八幡神社氏子会、遠山天満宮奉賛会、上村遠山霜月祭保存会　上村遠山霜月祭保存会上町支部、上村遠山霜月祭保存会中郷支部、上村遠山霜月祭保存会程野支部、上村遠山霜月祭保存会下栗支部
		花祭	1976-05-04	愛知県北設楽花祭保存会、古戸花祭保存会、下粟代花祭保存会、小林花祭保存会、中設楽花祭保存会、月花祭保存会、布川花祭保存会、足込花祭保存会、御園花祭保存会、東薗目花祭保存会、河内花祭保存会、中在家花祭保存会、山内花祭保存会、間黒花祭保存会、坂宇場花祭保存会、上黒川花祭保存会、下黒川花祭保存会、津具花祭保存会

续表

序号	种别	名称	认定时间	保护团体
1	神楽 （39件）	伊勢太神楽	1981-01-21	三重県伊勢太神楽講社
		御頭神事	1977-05-17	三重県高向区
		阿万の風流大踊小踊	2011-03-09	兵庫県阿万風流踊保存会
		大土地神楽	2005-02-21	島根県大土地神楽保存会神楽方
		大元神楽	1979-02-03	島根県邑智郡大元神楽保存会
		佐陀神能	1976-05-04	島根県佐陀神能保持者会
		備中神楽	1979-02-03	岡山県備中神楽成羽保存会
		比婆荒神神楽	1979-02-03	広島県比婆荒神神楽保存会
		岩国行波の神舞	1979-02-03	山口県岩国行波の神舞保存会
		三作神楽	2000-12-27	山口県三作神楽保存会
		伊予神楽	1981-01-21	愛媛県伊予神楽かんなぎ会
		土佐の神楽	1980-01-28	高知県いざなぎ流御祈祷保存会、岩原・永渕神楽保存会、本川神楽保存会、安居神楽保存会、池川神楽保存会、多野川岩戸神楽保存会、梼原町津野山神楽保存会、東津野村津野山神楽保存会、幡多神楽保存会
		豊前神楽	2016-03-02	福岡県豊前神楽保存連合会、大分県豊前神楽保存連合会
		壱岐神楽	1987-01-08	長崎県壱岐神楽保存会
		五島神楽	2016-03-02	長崎県五島神楽連合会
		平戸神楽	1987-01-08	長崎県平戸神楽振興会
		球磨神楽	2013-03-12	熊本県球磨神楽保存会
		御嶽神楽	2007-03-07	大分県御嶽神楽保存会
		椎葉神楽	1991-02-21	宮崎県椎葉神楽保存連合会
		高千穂の夜神楽	1978-05-22	宮崎県高千穂地区神楽保存会、岩戸地区神楽保存会、田原地区神楽保存会、上野地区神楽保存会

续表

序号	种别	名称	认定时间	保护团体
1	神楽（39件）	高原の神舞	2010-03-11	宮崎県狭野神楽保存会、祓川神楽保存会
		米良神楽	1977-05-17	宮崎県銀鏡神楽保存会
2	田楽（25件）	八戸のえんぶり	1979-02-03	青森県八戸地方えんぶり連合協議会
		山屋の田植踊	1981-01-21	岩手県山屋田植踊保存会
		秋保の田植踊	1976-05-04	宮城県秋保の田植踊保存会、湯元の田植踊保存会、長袋の田植踊保存会、馬場の田植踊保存会
		石井の七福神と田植踊	1995-12-26	福島県石井芸能保存会
		御宝殿の稚児田楽・風流	1976-05-04	福島県御宝殿熊野神社田楽保存会
		都々古別神社の御田植	2004-02-06	福島県八槻都々古別神社御田植保存会
		板橋の田遊び	1976-05-04	東京都板橋の田遊び保存連合会、徳丸の田遊び保存会、下赤塚の田遊び保存会
		水海の田楽・能舞	1976-05-04	福井県鵜甘神社氏子会
		睦月神事	1978-05-22	福井県賀茂神社睦月神事奉賛会
		下呂の田の神祭	1981-01-21	岐阜県下呂の田の神祭保存会
		西浦の田楽	1976-05-04	静岡県西浦田楽保存会
		蛭ヶ谷の田遊び	2012-03-08	静岡県蛭ヶ谷田遊び保存会
		藤守の田遊び	1977-05-17	静岡県藤守の田遊び保存会
		三河の田楽	1978-05-22	愛知県三河田楽連合保存会、田峰田楽保存会、鳳来寺田楽保存会、黒沢田楽保存会
		磯部の御神田	1990-03-29	三重県磯部の御神田奉仕会
		住吉の御田植	1979-02-03	大阪府御田植神事保存会

续表

序号	种别	名称	认定时间	保护团体
2	田楽（25件）	杉野原の御田舞	1987-12-28	和歌山県杉野原の御田の舞保存会
		那智の田楽	1976-05-04	和歌山県那智田楽保存会
		花園の御田舞	1981-01-21	和歌山県花園村郷土古典芸能保存会
		田原の御田	2000-12-27	京都府多治神社民俗芸能保存会
		隠岐の田楽と庭の舞	1992-03-11	島根県隠岐の田楽と庭の舞保存連合会、美田八幡宮田楽保存会（美田）、日吉神社庭の舞保存会（浦郷）
		安芸のはやし田	1997-12-15	広島県安芸のはやし田連合保存会、新庄郷土芸術保存会、原田はやし田保存会
		塩原の大山供養田植	2002-02-12	広島県小奴可地区芸能保存会
		吉良川の御田祭	1977-05-17	高知県御田祭保存会
		白鬚神社の田楽	2000-12-27	佐賀県白鬚神社の田楽保存会
3	風流（39件）	鬼剣舞	1993-12-13	岩手県鬼剣舞連合保存会、岩崎鬼剣舞保存会、滑田鬼剣舞保存会、朴ノ木沢念仏剣舞保存会、川西念仏剣舞保存会
		永井の大念仏剣舞	1980-01-28	岩手県永井大念仏剣舞保存会
		毛馬内の盆踊	1998-12-16	秋田県毛馬内盆踊保存会
		西馬音内の盆踊	1981-01-21	秋田県西馬音内盆踊保存会
		小河内の鹿島踊	1980-01-28	東京都小河内の郷土芸能保存団体協議会
		下平井の鳳凰の舞	2006-03-15	東京都鳳凰の舞保存会
		新島の大踊	2005-02-21	東京都新島大踊保存会、若郷大踊保存会
		チャッキラコ	1976-05-04	神奈川県ちゃっきらこ保存会

续表

序号	种别	名称	认定时间	保护团体
3	風流（39件）	山北のお峰入り	1981-01-21	神奈川県お峯入り保存会
		綾子舞	1976-05-04	新潟県柏崎市綾子舞保存振興会
		大の阪	1998-12-16	新潟県大の阪の会
		無生野の大念仏	1995-12-26	山梨県無生野大念仏保存会
		跡部の踊り念仏	2000-12-27	長野県跡部踊り念仏保存会
		新野の盆踊	1998-12-16	長野県新野高原盆踊りの会
		和合の念仏踊	2014-03-10	長野県和合念佛踊り保存会
		郡上踊	1996-12-20	岐阜県郡上踊り保存会
		有東木の盆踊	1999-12-21	静岡県有東木芸能保存会
		徳山の盆踊	1987-12-28	静岡県徳山古典芸能保存会
		綾渡の夜念仏と盆踊	1997-12-15	愛知県綾渡夜念仏と盆踊り保存会
		勝手神社の神事踊	2018-03-08	三重県勝手神社神事踊保存会
		近江湖南のサンヤレ踊り	2020-03-16	滋賀県草津のサンヤレ踊り保存協議会，小杖祭り保存会
		近江のケンケト祭り長刀振り	2020-03-16	滋賀県近江のケンケト祭り長刀振り連合保存会
		十津川の大踊	1989-03-20	奈良県十津川村小原武蔵西川大踊保存会、小原踊保存会、武蔵踊保存会、西川踊保存会
		京都の六斎念仏	1983-01-11	京都府六斎念仏保存団体連合会、梅津六斎保存会、吉祥院六斎保存会、空也念仏郡保存会、久世六斎保存会、小山郷六斎保存会、西院六斎念仏保存会、西方寺六斎保存会、嵯峨野六斎念仏保存会、千本六斎会、中堂六斎会、壬生六斎念仏講中、上鳥羽橋上鉦講中、六波羅蜜寺空也踊躍念仏保存会、円覚寺六斎念仏講、桂六斎念仏保存会

续表

序号	种别	名称	认定时间	保护团体
3	風流（39件）	久多の花笠踊	1997-12-15	京都府久多花笠踊保存会
		やすらい花	1987-01-08	京都府やすらい踊保存団体連合会、今宮やすらい会、上賀茂やすらい踊保存会、川上やすらい踊保存会、玄武やすらい踊保存会
		津和野弥栄神社の鷺舞	1994-12-13	島根県弥栄神社の鷺舞保存会
		大宮踊	1997-12-15	岡山県大宮踊保存会
		白石踊	1976-05-04	岡山県白石踊会
		西祖谷の神代踊	1976-05-04	徳島県神代踊保存会
		綾子踊	1976-05-04	香川県佐文綾子踊保存会
		滝宮の念仏踊	1977-05-17	滝宮念仏踊保存会
		感応楽	2020-03-16	福岡県豊前感応楽保存会
		武雄の荒踊	1977-05-17	佐賀県高瀬荒踊保存会、中野荒踊保存会、宇土手荒踊保存会
		大村の郡三踊（寿古踊・沖田踊・黒丸踊）	2014-03-10	長崎県寿古踊保存会、沖田踊保存会、黒丸踊保存会
		平戸のジャンガラ	1997-12-15	長崎県平戸市自安和楽念仏保存振興会
		吉弘楽	1996-12-20	大分県吉弘楽保存会
		五ケ瀬の荒踊	1987-01-08	宮崎県荒踊保存会
		市来の七夕踊	1981-01-21	鹿児島県七夕踊保存会
4	語り物・祝福芸（6件）	越前万歳	1995-12-26	福井県武生市越前万歳保存会
		尾張万歳	1996-12-20	愛知県尾張万歳保存会
		三河万歳	1995-12-26	愛知県三河万歳連合保存会、安城の三河万歳保存会、西尾市三河万歳保存会、幸田町三河万歳保存会
		題目立	1976-05-04	奈良県題目立保存会
		幸若舞	1976-05-04	福岡県幸若舞社中

续表

序号	种别	名称	认定时间	保护团体
		博多松囃子	2020-03-16	福岡県博多松囃子振興会
5	延年・おこない（7件）	毛越寺の延年	1977-05-17	岩手県毛越寺延年の舞保存会
		小迫の延年	1979-02-03	宮城県小迫延年保存会
		小滝のチョウクライロ舞	2004-02-06	秋田県鳥海山小滝舞楽保存会
		根知山寺の延年	1980-01-28	新潟県日吉神社奉賛会
		長滝の延年	1977-05-17	岐阜県長滝の延年保存会
		遠江のひよんどりとおくない	1994-12-13	静岡県寺野会伝承保存会、川名ひよんどり保存会、懐山おくない保存会
		隠岐国分寺蓮華会舞	1977-05-17	島根県隠岐国分寺蓮華会舞保存会
6	渡来芸・舞台芸（37件）	大日堂舞楽	1976-05-04	秋田県大日堂舞楽保存会
		黒川能	1976-05-04	山形県黒川能保存会
		林家舞楽	1981-01-21	山形県谷地の舞楽保存会
		安中中宿の燈篭人形	1977-05-17	群馬県中宿糸繰燈篭人形保存会
		綱火	1976-05-04	茨城県綱火保存連合会、高岡流綱火更進団、小張松下流綱火保存会
		鬼来迎	1976-05-04	千葉県鬼来迎保存会
		相模人形芝居	1980-01-28	神奈川県相模人形芝居連合会、林座、長谷座、下中座
		糸魚川・能生の舞楽	1980-01-28	新潟県天津神社舞楽会、白山神社文化財保存会
		佐渡の人形芝居（文弥人形、説経人形、のろま人形）	1977-05-17	新潟県佐渡人形芝居保存会、佐渡文弥人形振興会、新穂村人形保存会
		弥彦神社燈篭おしと舞楽	1978-05-22	新潟県弥彦神社舞楽燈篭神事保存会

续表

序号	种别	名称	认定时间	保护团体
6	渡来芸・舞台芸（37件）	越中の稚児舞	1982-01-14	富山県加茂神社神事伝承会（稚児舞の部）、明日稚児舞保存会、熊野神社稚児舞保存会
		尾口のでくまわし	1977-05-17	石川県深瀬木偶廻し保存会、尾口村東二口区文弥人形浄瑠璃保存会
		糸崎の仏舞	2004-02-06	福井県仏舞保存会
		天津司舞	1976-05-04	山梨県天津司舞保存会
		大鹿歌舞伎	2017-03-03	長野県大鹿歌舞伎保存会
		能郷の能・狂言	1976-05-04	岐阜県能と狂言の保存会
		真桑人形浄瑠璃	1984-01-19	岐阜県真桑文楽保存会
		遠江森町の舞楽	1982-01-14	静岡県小国神社古式舞楽保存会、山名神社天王祭舞楽保存会、天宮神社十二段舞楽保存会
		知立の山車文楽とからくり	1990-03-29	愛知県知立山車文楽保存会、知立からくり保存会
		安乗の人形芝居	1980-01-28	三重県安乗人形芝居保存会
		聖霊会の舞楽	1976-05-04	大阪府天王寺舞楽協会
		淡路人形浄瑠璃	1976-05-0	兵庫県財団法人淡路人形協会
		車大歳神社の翁舞	2000-12-27	兵庫県車大歳神社翁舞保存会
		奈良豆比古神社の翁舞	2000-12-27	奈良県奈良豆比古神社翁舞講
		佐伯灯籠	2009-03-11	京都府佐伯灯籠保存会
		嵯峨大念仏狂言	1986-01-14	京都府嵯峨大念仏狂言保存会
		松尾寺の仏舞	2004-02-06	京都府松尾寺仏舞保存会
		壬生狂言	1976-05-04	京都府壬生大念仏講中

续表

序号	种别	名称	认定时间	保护团体
6	渡来芸・舞台芸（37件）	阿波人形浄瑠璃	1999-12-21	徳島県財団法人阿波人形浄瑠璃振興会
		八幡古表神社の傀儡子の舞と相撲	1983-01-11	福岡県細男舞保存会
		八女福島の燈篭人形	1977-05-17	福岡県文化財福島燈篭人形保存会
		菊池の松囃子	1998-12-16	熊本県御松囃子御能保存会
		古要神社の傀儡子の舞と相撲	1983-01-11	大分県古要傀儡子保存会
		山之口の文弥人形	1995-12-26	宮崎県山之口麓文弥節人形浄瑠璃保存会
		諸鈍芝居	1976-05-04	鹿児島県諸鈍芝居保存会
		東郷文弥節人形浄瑠璃	2008-03-13	鹿児島県東郷文弥節人形浄瑠璃保存会
		与論の十五夜踊	1993-12-13	鹿児島県与論十五夜踊り保存会
7	その他（18件）	アイヌ古式舞踊	1984-01-21	北海道アイヌ古式舞踊連合保存会、札幌ウポポ保存会、千歳アイヌ文化伝承保存会、旭川チカップニアイヌ民族文化保存会、白老民族芸能保存会、鵡川アイヌ無形文化伝承保存会、平取アイヌ文化保存会、門別ウタリ文化保存会、新冠民族文化保存会、静内民族文化保存会、三石民族文化保存会、浦河ウタリ文化保存会、様似民族文化保存会、帯広カムイトゥウポポ保存会、春採アイヌ古式舞踊釧路リムセ保存会、弟子屈町屈斜路古丹アイヌ文化保存会、阿寒アイヌ民族文化保存会、白糠アイヌ文化保存会
		雨宮の神事芸能	1981-01-21	長野県雨宮坐日吉神社御神事保存会
		雪祭	1977-05-17	長野県伊豆神社雪祭り保存会

续表

序号	种别	名称	认定时间	保护团体
7	その他（18件）	南宮の神事芸能	1979-02-03	岐阜県南宮神社神事芸能保存会
		上鴨川住吉神社神事舞	1977-05-17	兵庫県住吉神社神事舞踊保存会
		春日若宮おん祭の神事芸能	1979-02-03	奈良県春日若宮おん祭保存会
		因幡・但馬の麒麟獅子舞	2020-03-16	鳥取県無形民俗文化財「因幡の麒麟獅子舞」連合保存会、但馬地域麒麟獅子舞保存会
		小倉祇園祭の小倉祇園太鼓	2019-03-28	福岡県小倉祇園太鼓保存振興会
		竹崎観世音寺修正会鬼祭	1985-01-12	佐賀県竹崎観世音寺修正会鬼祭保存会
		長崎くんちの奉納踊	1979-02-03	長崎県伝統芸能振興会
		修正鬼会	1977-05-17	大分県長岩屋修正鬼会保存会、岩戸寺修正鬼会保存会、成仏寺修正鬼会保存会
		安田のシヌグ	1978-05-22	沖縄県安田古文化財保存会
		伊江島の村踊	1998-12-16	沖縄県伊江村民俗芸能保存会
		西表島の節祭	1991-02-21	沖縄県西表民俗芸能保存会
		小浜島の盆、結願祭、種子取祭の芸能	2007-03-07	沖縄県小浜民俗芸能保存会
		竹富島の種子取	1977-05-17	沖縄県竹富島民俗芸能保存会
		多良間の豊年祭	1976-05-04	沖縄県多良間村民俗芸能保存会
		与那国島の祭事の芸能	1985-01-21	沖縄県与那国民俗芸能保存会、東地区芸能保存会、西地区芸能保存会、島中地区芸能保存会、比川地区芸能保存会、久部良地区芸能保存会

资料来源：根据日本文化厅官网提供的资料整理而成，见https://kunishitei.bunka.go.jp/bsys/index。

表7-32　民俗技术认定情况

序号	种别	名称	认定时间	保护团体
1	生産・生業（14件）	津軽海峡及び周辺地域における和船製作技術	2006-03-15	青森県津軽海峡及び周辺地域における和船製作技術保存会
		秋田のイタヤ箕製作技術	2009-03-11	秋田県オエダラ箕製作技術保存会　角館イタヤ細工製作技術保存会
		鴻巣の赤物製作技術	2011-03-09	埼玉県鴻巣の赤物保存会
		上総掘りの技術	2006-03-15	千葉県上総掘り技術伝承研究会
		木積の藤箕製作技術	2009-03-11	千葉県木積箕づくり保存会
		小木のたらい舟製作技術	2007-03-07	新潟県小木たらい舟製作技術保存会
		論田・熊無の藤箕製作技術	2013-03-12	富山県論田・熊無藤箕づくり技術保存会
		能登の揚浜式製塩の技術	2008-03-13	石川県能登の揚浜式製塩保存会
		輪島の海女漁の技術	2018-03-08	石川県輪島の海女漁保存振興会
		長良川の鵜飼漁の技術	2015-03-02	岐阜県長良川鵜飼保存会、小瀬鵜飼保存会
		鳥羽・志摩の海女漁の技術	2017-03-03	三重県鳥羽海女保存会・志摩海女保存会
		吉野の樽丸製作技術	2008-03-13	奈良県吉野の樽丸製作技術保存会
		阿波の太布製造技術	2017-03-03	徳島県阿波太布製造技法保存伝承会
		別府明礬温泉の湯の花製造技術	2006-03-15	大分県明礬温泉湯の花製造技術保存会
2	衣食住（3件）	越中福岡の菅笠製作技術	2009-03-11	富山県越中福岡の菅笠製作技術保存会
		江名子バンドリの製作技術	2007-03-07	岐阜県江名子バンドリ保存会
		与論島の芭蕉布製造技術	2020-03-16	鹿児島県与論島芭蕉布保存会

资料来源：根据日本文化厅官网提供的资料整理而成，见https://kunishitei.bunka.go.jp/bsys/index。

二、日本国家级重要无形民俗文化遗产具体选择情况

日本国家级重要无形民俗文化遗产具体选择情况见表7-33至表7-36。

表7-33　风俗习惯选择情况

序号	种别	名称	选择时间	保护团体
1	生産・生業（49件）	アイヌの建築技術及び儀礼	1960-03-01	北海道特定せず
		青森県津軽地方の虫送り	2010-03-11	青森県特定せず
		青森県南部地方の虫送り	2004-02-16	青森県特定せず
		北上山地の畑作習俗	1984-12-20	岩手県特定せず
		南部の酒造習俗	1980-12-12	岩手県特定せず
		八郎潟漁撈習俗	1959-03-01	秋田県特定せず
		中付駑者の習俗	1977-06-01	福島県特定せず
		下野の水車習俗	1991-02-02	栃木県特定せず
		神津島のかつお釣り行事	1991-02-02	東京都物忌奈命神社，かつお釣り保存会
		越後・佐渡のいらくさ紡織習俗	1973-11-05	新潟県特定せず
		越後のしな布紡織習俗	1967-03-01	新潟県特定せず
		ドブネの製作工程	1954-11-01	新潟県特定せず
		七尾の酒造習俗	1982-12-21	石川県特定せず
		奈良田の焼畑習俗	1984-12-20	山梨県特定せず
		中馬制	1954-11-01	長野県特定せず
		松本のミキノクチ製作習俗	1998-12-01	長野県特定せず
		美濃の水車習俗	1990-03-09	岐阜県特定せず
		稲取のハンマアサマ	2002-02-12	静岡県特定せず

续表

序号	种别	名称	选择时间	保护团体
1	生产・生業（49件）	祖父江の虫送り	1991-02-02	愛知県島本新田虫送り保存会
		知多木綿の紡織習俗	1979-12-07	愛知県特定せず
		松阪木綿の紡織習俗	1981-12-24	三重県特定せず
		兵庫県の酒造習俗	1968-03-01	兵庫県特定せず
		丹後の漁撈習俗	1987-12-18	京都府特定せず
		丹後の藤布紡織習俗	1983-12-16	京都府特定せず
		出雲の藤布紡織習俗	1967-03-01	島根県特定せず
		ともどの製作工程	1958-03-01	島根県特定せず
		布施神社のお田植祭	1978-01-31	岡山県布施神社お田植祭保存会
		安芸・備後の水車習俗	1984-12-20	広島県特定せず
		阿波の太布紡織習俗	1962-03-01	徳島県特定せず
		土佐の焼畑習俗	1986-12-17	高知県特定せず
		筑前・筑後の水車習俗	1985-12-20	福岡県特定せず
		有明海漁撈習俗	1959-03-01	佐賀県特定せず
		田代の売薬習俗	1995-12-26	佐賀県特定せず
		北松浦の収穫儀礼	1980-12-12	長崎県きねかけ祭り保存会、お歳入れ保存会
		対馬の釣鉤製作習俗	1986-12-17	長崎県特定せず
		大分の鰻絵習俗	1996-11-28	大分県特定せず
		豊後の水車習俗	1983-12-16	大分県特定せず
		北川上流域の農耕習俗	1990-03-09	宮崎県特定せず

続表

序号	种别	名称	选择时间	保护团体
1	生産・生業（49件）	日向の焼畑習俗	1985-12-20	宮崎県特定せず
		甑島の葛布の紡織習俗	1970-03-01	鹿児島県特定せず
		種子島のまるきぶねの製作習俗	1969-03-01	鹿児島県特定せず
		種子島宝満神社のお田植祭	1970-11-01	鹿児島県特定せず
		芭蕉布の紡織習俗	1969-03-01	鹿児島県特定せず
		久高島の漁撈習俗	1994-12-13	沖縄県特定せず
		木地屋の生活伝承	1955-03-01	木地師の習俗1（滋賀県・三重県） 木地師の習俗2（愛知県・岐阜県） 木地師の習俗3（新潟県・石川県）
		狩猟習俗	1957-03-01	狩猟習俗1（秋田県・山形県・茨城県） 狩猟習俗2（新潟県・宮崎県）
		背負運搬習俗	1956-03-01	（埼玉県）
		田植に関する習俗	1955-03-01	岩手県の田植習俗 田植に関する習俗2（茨城県・富山県） 田植に関する習俗3（秋田県・新潟県・岐阜県） 田植に関する習俗4（島根県・広島県） 田植に関する習俗5（高知県・長崎県・鹿児島県）
		白山麓の焼畑習俗	1985-12-20	焼畑習俗（岐阜県・高知県）
2	人生・儀礼（15件）	泉山の登拝習俗	1979-12-07	青森県泉山七歳児初参り保存会
		白川犬卒都婆のゴンダチ	2004-02-16	宮城県羽山神社総代会
		木幡の幡祭り	1994-12-13	福島県木幡幡祭保存会
		庄内のモリ供養の習俗	2000-12-25	山形県特定せず

续表

序号	种别	名称	选择时间	保护团体
2	人生・儀礼（15件）	生子神社の泣き相撲	1996-11-28	栃木県生子神社氏子
		若狭の産小屋習俗	1976-12-25	福井県特定せず
		戸沢のねじ行事	1996-11-28	長野県戸沢のねじと馬引き保存会
		伊豆・駿河の水祝い	1983-12-16	静岡県下多賀神社水浴せ式保存会，江浦伝統文化保存会
		近江八日市の大凧揚げ習俗	1993-11-26	滋賀県東近江大凧保存会
		春日の婿押し	1991-02-02	福岡県春日三期組合
		早尾のスッキョン行事	1982-12-21	熊本県スッキョン行事保存会
		関東の大凧揚げ習俗	1991-02-02	特定せず
		山陰の大凧揚げ習俗	1994-12-13	島根県・鳥取県
		東海地方の大凧揚げ習俗	1992-02-25	静岡県・愛知県
		南奥羽の水祝儀	1990-03-09	宮城県・福島県
3	娯楽・競技（15件）	湯津上のダイモジ（大捻縄）引き	1993-11-26	栃木県佐良土区
		日向の綱引き行事	1980-12-12	福井県日向水中綱引保存会
		因幡宝木のしょうぶ綱	1984-12-20	鳥取県宝木のしょうぶ綱保存会
		上淀の八朔綱引き	2008-03-13	鳥取県上淀自治会
		三朝のジンショ	1999-12-03	鳥取県三朝区
		隠岐の牛突きの習俗	1978-12-08	島根県隠岐の牛突きの習俗保存会
		ヒッタカ	1976-12-25	岡山県ヒッタカ保存会
		玉祖神社の占手相撲	1997-12-04	山口県占手神事保存会

续表

序号	种别	名称	选择时间	保护团体
3	娯楽・競技（15件）	南予地方の牛の角突き習俗	1995-12-26	愛媛県特定せず
		呼子の大綱引き	2003-02-20	佐賀県呼子大綱引振興会
		壱岐の船競漕行事	1991-02-02	長崎県特定せず
		加治木のくも合戦の習俗	1996-11-28	鹿児島県加治木町くも合戦保存会
		薩摩川内の大綱引き	2019-03-28	鹿児島県川内大綱引保存会
		ヨッカブイ	1997-12-04	鹿児島県高橋十八度踊り保存会
		沖縄の綱引き	1994-12-13	沖縄県特定せず
4	社会生活（民俗知識）（12件）	浜中のケヤキキョウダイ（契約姉妹）	1993-11-26	山形県ケヤキキョウダイ（契約姉妹）保存会
		吾妻のお茶講の習俗	1979-12-07	群馬県特定せず
		貫前神社の鹿占習俗	1980-12-12	群馬県特定せず
		加茂神社のオイケモノ	2007-03-07	福井県加茂神社上の宮神事保存会
		高岡の小豆焼き行事	1996-11-28	長野県高岡区
		小畑のおためし	1996-11-28	愛知県唐土神社氏子
		尾張・三河の花のとう	1996-11-28	愛知県特定せず
		蔓橋の製作工程	1954-11-01	徳島県特定せず
		烏喰の行事	2008-03-13	高知県若一王子宮総代会
		対島の亀ト習俗	1978-12-08	長崎県特定せず
		大原八幡宮の米占い行事	1999-12-03	大分県特定せず
		年齢階梯制	1954-11-01	特定せず

续表

序号	种别	名称	选择时间	保护团体
5	年中行事（60件）	津軽の七日堂祭	2009-03-11	青森県岩木山神社百沢町会氏子・猿賀神社猿賀町会氏子・鬼神社氏子総代
		金津の七夕行事	2013-03-12	宮城県金津七夕保存会
		阿仁地方の万灯火	2005-02-21	秋田県特定せず
		荒処の沼入り梵天行事	1983-12-16	秋田県荒処沼入り梵天保存会
		象潟の盆小屋行事	2008-03-13	秋田県象潟町盆小屋行事保存会
		中里のカンデッコあげ行事	1986-12-17	秋田県中里カンデッコあげ保存会
		能代のナゴメハギ	1981-12-24	秋田県浅内なごめはぎ保存会
		遊佐のアマハゲ	1979-12-07	山形県遊佐のアマハゲ保存会
		間々田のジャガマイタ	2011-03-09	栃木県間々田のじゃがまいた保存会
		大日向の火とぼし	2006-03-15	群馬県大日向区
		乙父のおひながゆ	1998-12-01	群馬県おひながゆ保存会
		五料の水神祭	2002-02-14	群馬県五料区
		河原沢のオヒナゲエ	1998-12-01	埼玉県河原沢のおひなげえ保存会
		脚折の雨乞行事	2005-02-21	埼玉県脚折雨乞行事保存会
		木更津中島の梵天立て	1992-02-25	千葉県中島区
		大磯の七夕行事	2002-02-12	神奈川県西小磯東七夕保存会、西小磯西子ども育成会
		浦佐毘沙門堂の裸押合の習俗	2004-02-16	新潟県越後浦佐裸押合大祭委員会
		山北のボタモチ祭	1986-12-17	新潟県中浜ボタモチ祭保存会，杉平ボタモチ祭保存会，岩石ボタモチ祭保存会
		越中の田の神行事	1983-12-16	富山県特定せず

续表

序号	种别	名称	选择时间	保护团体
5	年中行事（60件）	尾山の七夕流し	2018-03-08	富山県尾山七夕流し保存会
		利賀のはつうま行事	1982-12-21	富山県利賀初午保存会
		中陣のニブ流し	2018-03-08	富山県中陣ニブ流し保存会
		大聖寺のゴンガン	2007-03-07	石川県御願神事保存会
		粟田部の蓬莱祀	2005-02-21	福井県岡太神社敬成会，粟田部壮年会
		福井の戸祝いとキツネガリ	2019-03-28	福井県特定せず
		若神子のほうとう祭	2004-02-16	山梨県三輪神社総代会
		伊那谷のコト八日行事	2011-03-09	長野県特定せず
		下伊那大河内のシカオイ行事	1984-12-20	長野県池大神社氏子会
		松本のコトヨウカ行事	2000-12-25	長野県特定せず
		新居のこと八日行事	1982-12-21	静岡県大倉チャンチャコチャン保存会
		遠江のシシウチ行事	1985-12-20	静岡県川名のひよんどり保存会，滝沢町町内会
		尾張西部のオコワ祭	2007-03-07	愛知県勝幡おこわまつり保存会・下之森地区
		尾張西部の子供ザイレン	2017-03-03	愛知県特定せず
		設楽のシカウチ行事	1981-12-24	愛知県東栄町しか射ち神事保存会，能登瀬区
		尾鷲九木浦の正月行事	1997-12-04	三重県九木浦共同組合
		近江八幡の火祭り	1992-04-25	滋賀県特定せず
		茅原のとんど	1978-03-25	奈良県茅原のとんど保存会

续表

序号	种别	名称	选择时间	保护团体
5	年中行事（60件）	東坊城のホーランヤ	2020-03-16	奈良県ホーランヤ奉賛会
		隠岐西ノ島のシャーラブネ	2004-02-16	島根県美田地区、浦郷地区
		山中のお改めとシシ狩り行事	2020-03-16	島根県山中地区
		岡山県の会陽の習俗	2003-02-20	岡山県特定せず
		宮島のタノモサン	2009-03-11	広島県南町総代会
		讃岐の馬節供	1996-11-28	香川県特定せず
		佐田岬半島の初盆行事	2010-03-11	愛媛県特定せず
		野見のシオバカリ	2003-02-20	高知県野見潮はかり保存会
		芦屋の八朔行事	2007-03-07	福岡県特定せず
		等覚寺の松会	1975-12-08	福岡県「等覚寺の松会」保存会
		北部九州の盆綱	2019-03-28	福岡県特定せず
		豆酘の赤米行事	2002-02-12	長崎県頭仲間
		手熊・柿泊のモットモ	2015-03-02	長崎県手熊町自治会、柿泊町青年団
		ヘトマト	1978-01-31	長崎県下崎山町内会
		吉井のシシウチ行事	2018-03-0	長崎県特定せず
		八代・芦北の七夕綱	2015-03-02	熊本県八代七夕綱保存会、芦北町七夕綱保存会
		長洲の初盆行事	2016-03-02	大分県長洲地区区長会
		池田の柴祭り	2020-03-16	鹿児島県池田の柴祭り保存会
		宮古のパーントゥ	1982-12-21	沖縄県島尻自治会、野原部落会
		北関東のササガミ習俗	2000-12-25	茨城県・栃木県

续表

序号	种别	名称	选择时间	保护团体
5	年中行事（60件）	正月行事	1954-11-01	正月行事1（鹿児島県・大分県） 正月行事2（島根県・岡山県） 正月行事3（徳島県・三重県） 正月行事4（岩手県・秋田県・埼玉県・新潟県）
		東関東の盆綱	2015-03-02	千葉県・茨城県
		盆行事	1977-06-01	盆行事1（岡山県） 盆行事2（静岡県） 盆行事3（京都府・大阪府） 盆行事4（茨城県・埼玉県） 盆行事5（山形県・新潟県) 盆行事6（高知県） 盆行事7（長野県） 盆行事8（徳島県）
6	祭礼（信仰）（109件）	アイヌのユーカラ	1956-03-01	北海道
		久渡寺のオシラ講の習俗	1999-12-03	青森県久渡寺
		氣比神社の絵馬市の習俗	2009-03-11	青森県特定せず
		津軽のイタコの習俗	1979-12-07	青森県特定せず
		津軽の地蔵講の習俗	1994-12-13	青森県特定せず
		岩手の蘇民祭	1995-12-26	岩手県特定せず
		チャグチャグ馬コ	1978-01-31	岩手県チャグチャグ馬コ保存会、チャグチャグ馬コ振興協賛会、チャグチャグ馬コ同好会
		南部のオガミサマの習俗	1982-12-21	岩手県特定せず
		似鳥のサイトギ	2010-03-11	岩手県似鳥八幡神社氏子総代会
		陸前磐城のオガミサマの習俗	1981-12-24	宮城県特定せず
		羽後のイタコの習俗	1983-12-16	秋田県特定せず

续表

序号	种别	名称	选择时间	保护团体
6	祭礼（信仰）（109件）	会津の御田植祭	2015-03-02	福島県慶徳稲荷神社お田植まつり保存会、御田植祭祭典委員会
		会津の初市の習俗	1998-12-01	福島県特定せず
		磐城・岩代のミコサマの習俗	1980-12-12	福島県特定せず
		鹿島日吉神社のお浜下り	1979-12-07	福島県日吉神社のお浜下り保存会
		浜通りのお浜下り	2020-03-16	福島県特定せず
		磐梯神社の舟引き祭り	1995-12-26	福島県磐梯町本寺区
		冬木沢参りの習俗	1999-12-03	福島県特定せず
		村山地方のオナカマ習俗	1978-12-08	山形県特定せず
		最上地方の山の神の勧進	2006-03-15	山形県特定せず
		山寺夜行念仏の習俗	1999-12-03	山形県高擶夜行念仏講、山寺夜行念仏保存会
		栃窪の天念仏	1976-12-25	栃木県上栃窪の天念仏保存会
		塙の天祭	1982-12-21	栃木県塙天祭保存会
		八雲神社の山あげ祭	1963-03-01	栃木県特定せず
		片品の猿祭	1978-12-08	群馬県特定せず
		上三原田の歌舞伎舞台の装置・操作	1961-03-01	群馬県特定せず
		東松山上岡観音の絵馬市の習俗	1998-12-01	埼玉県特定せず
		大畑のからかさ万灯	1982-12-21	茨城県からかさ万灯保存会
		五所駒滝神社の祭事	1986-12-17	茨城県五所駒滝神社祭事保存会
		常陸大津のお船祭	1979-12-07	茨城県大津町御船祭保存会

续表

序号	种别	名称	选择时间	保护团体
6	祭礼（信仰）（109件）	日立風流物	1974-12-04	茨城県日立郷土芸能保存会
		房総のお浜降り習俗	1994-12-13	千葉県特定せず
		武蔵府中の太鼓講の習俗	1979-12-07	東京都大国魂神社太鼓講中
		魚津浦のタテモン行事	1981-12-24	富山県民俗文化財たてもん保存会
		鵜川菅原神社のイドリ祭り	1984-12-20	石川県鵜川イドリ祭り保存会
		能登のキリコ祭り	1997-12-04	石川県特定せず
		大島半島のニソの杜の習俗	2010-03-11	福井県特定せず
		大善寺の藤切り祭	2013-03-12	山梨県大善寺藤切り祭保存会
		山中の安産祭	2006-03-15	山梨県浅間神社・諏訪神社氏子
		吉田の火祭	2000-12-25	山梨県北口本宮冨士浅間神社
		安曇平のお船祭り	2017-03-03	長野県特定せず
		上田市八日堂の蘇民将来符頒布習俗	2000-12-25	長野県信濃国分寺，蘇民講
		北信濃の柱松行事	2005-02-21	長野県特定せず
		信濃の火鑽習俗	1977-06-01	長野県特定せず
		武水別神社の頭人行事	1986-12-17	長野県武水別神社頭人行事保存会
		別所温泉の岳の幟行事	1997-12-04	長野県岳の幟保存会
		飛騨の絵馬市の習俗	1998-12-01	岐阜県特定せず
		古川祭	1971-09-01	岐阜県特定せず
		遠江の御船行事	1994-12-13	静岡県特定せず
		三熊野神社大祭の祢里行事	2019-03-28	静岡県遠州横須賀三熊野神社祭礼保存会

续表

序号	种别	名称	选择时间	保护团体
6	祭礼（信仰）（109件）	焼津神社の獅子木遣りと神ころがし	1978-12-08	静岡県焼津神社獅子木遣り保存会
		由比北田の天王船流し	2014-03-10	静岡県由比北田地区
		愛知のオマント	2004-02-16	愛知県特定せず
		尾張・三河の火鑽習俗	1978-12-08	愛知県特定せず
		神明社の鬼祭	1976-12-25	愛知県神明社鬼祭り保存会
		須成祭	2002-02-12	愛知県須成文化財保護委員会
		津島神社の天王祭	1967-03-01	愛知県特定せず
		水法の芝馬祭	1980-12-12	愛知県浅野水法芝馬祭り保存会
		伊勢の「お木曳き」行事	1966-03-26	三重県特定せず
		伊勢の「白石持ち」行事	1973-08-01	三重県特定せず
		国崎のノット正月	2011-03-09	三重県国崎町内会
		北勢・熊野の鯨船行事	1989-02-27	三重県鳥出神社鯨船神事委員会、南納屋町鯨船保存会、磯津鯨船保存会、南楠鯨船保存会、梶賀ハラソ祭保存会
		近江の郷祭り	2020-03-16	滋賀県特定せず
		坂越の船祭り	1992-02-25	兵庫県坂越大避神社氏子会
		播磨総社一ツ山・三ツ山神事	1959-03-01	兵庫県特定せず
		波々伯部神社のおやま行事	2005-02-21	兵庫県波々伯部神社氏子
		養父のネッテイ相撲	2003-02-20	兵庫県水谷神社ねっていずもう保存会

续表

序号	种别	名称	选择时间	保护团体
6	祭礼（信仰）（109件）	大和の野神行事	1983-12-16	奈良県奈良市野神行事保存会、大和高田市野神行事保存会、大和郡山市野神行事保存会、天理市野神行事保存会、橿原市野神行事保存会、桜井市野神行事保存会、御所市野神行事保存会、川西町野神行事保存会、三宅町野神行事保存会、田原本町野神行事保存会
		古座の御舟祭	1978-01-31	和歌山県古座川河内祭保存会、古座の獅子舞保存会
		名喜里祇園祭の夜見世	2004-02-16	和歌山県名喜里町内会
		京都八坂神社の祇園祭	1959-03-01	京都府特定せず
		蒼柴垣神事	1973-11-05	島根県特定せず
		出雲の火鑽習俗	1975-12-08	島根県特定せず
		布施の山祭り	1994-12-13	島根県布施区
		千屋代城のとうや行事	1983-12-16	岡山県稲倉魂会
		備中の辻堂の習俗	1981-12-24	岡山県特定せず
		安芸・備後の辻堂の習俗	1983-12-16	広島県特定せず
		久井稲生神社の御当	1981-12-24	広島県久井稲生神社の御当保存会
		周防・長門の辻堂の習俗	1984-12-20	山口県特定せず
		蓋井島「山の神」神事	1959-03-01	山口県特定せず
		阿波の辻堂の習俗	1979-12-07	徳島県特定せず
		阿波の襖カラクリの習俗	1999-12-03	徳島県特定せず
		宍喰八坂神社の祇園祭	1999-12-03	徳島県八坂神社祇園祭振興会

续表

序号	种别	名称	选择时间	保护团体
6	祭礼（信仰）（109件）	讃岐の茶堂の習俗	1980-12-12	香川県特定せず
		伊予の茶堂の習俗	1978-03-25	愛媛県特定せず
		城川遊子谷の神仏講の習俗	1981-12-24	愛媛県上川区
		義長神社の大祭	2008-03-13	高知県黒見常会
		吉良川御田八幡宮神祭のお舟・花台行事	2014-03-10	高知県御田八幡宮秋の例祭保存会
		久礼八幡宮の御神穀祭	2018-03-08	高知県久礼八幡宮氏子会
		土佐の茶堂の習俗	1977-06-01	高知県特定せず
		南国市後川流域のエンコウ祭	2011-03-09	高知県特定せず
		筑前朝倉の宮座行事	1984-12-20	福岡県高木町黒川協議会福井神社氏子中
		博多山笠行事	1964-03-01	福岡県特定せず
		神原八幡宮の取り追う祭	2009-03-11	佐賀県大里区
		木坂・青海のヤクマ	2012-03-08	長崎県木坂区、青海区
		下五島大宝郷の砂打ち	1979-12-07	長崎県大宝郷会
		長崎「かくれキリシタン」習俗	1965-03-01	長崎県特定せず
		岩倉社のケベス祭	2000-12-25	大分県櫛来社氏子
		国東のとうや行事	1984-12-20	大分県若宮八幡社神元座保存会、白鬚田原神社どぶろく祭保存会
		日向南郷神門神社・木城比木神社の師走祭り	1991-02-02	宮崎県特定せず
		日向の祠堂の習俗	1982-12-21	宮崎県特定せず

续表

序号	种别	名称	选择时间	保护团体
6	祭礼（信仰）（109件）	日向の弥五郎人形行事	1989-02-27	宮崎県弥五郎どん保存会、田ノ上八幡神社総代会
		岩川の弥五郎どん	2019-03-28	鹿児島県弥五郎どん祭り保存会
		薩摩の馬踊りの習俗	2002-02-12	鹿児島県特定せず
		石垣島四ヶ村のプーリィ（豊年祭）	1993-11-26	沖縄県石垣島登野城字会，大川字会，石垣字会，新川字会
		沖縄北部のウンガミ	1992-02-25	沖縄県特定せず
		出雲・伯耆の荒神祭	2009-03-11	島根県・鳥取県
		おしらあそび	1958-03-01	東北地方
		お枡廻しの習俗	2009-03-11	福島県・茨城県

资料来源：根据日本文化厅官网提供的资料整理而成，见https://kunishitei.bunka.go.jp/bsys/index。

表7-34　民俗艺能选择情况

序号	种别	名称	选择时间	保护团体
1	神楽（68件）	松前神楽	1995-12-26	北海道松前神楽函館連合保存会、松前神楽小樽連合保存会、松前神楽松前連合保存会、福島町正統松前神楽保存会
		下北の能舞	1978-12-08	青森県三余会、上田谷青年会、大利啓神組、東通村郷土芸能保存連合会、横浜町能舞保存会、馬門熊野神社啓神組、愛宕神社能舞保存会、新納屋神社神楽保存会
		田子神楽	1971-04-21	青森県田子神楽保存会
		津軽神楽	1976-12-25	青森県津軽神楽保存会
		南部切田神楽	2004-02-06	青森県南部切田神楽会
		平内の鶏舞	1978-01-31	青森県平内鶏舞組

续表

序号	种别	名称	选择时间	保护团体
1	神楽（68件）	石鳩岡神楽・土沢神楽	2011-03-09	岩手県早池峰岳流石鳩岡神楽保存会、早池峰大償流土沢山伏神楽保存会
		円万寺神楽	1976-12-25	岩手県円万寺神楽保存会
		鴨沢神楽	1997-12-04	岩手県大償内野口傳斎部流鴨沢神楽保存会
		煤孫の大乗神楽	1978-12-08	岩手県煤孫大乗神楽保存会
		早池峰神楽	1971-04-21	岩手県早池峰神楽保存会
		陸中沿岸地方の廻り神楽	1995-12-26	岩手県黒森神楽保存会鵜鳥神楽保存会
		陸中沿岸地方の神子舞	1993-11-26	岩手県陸中の神子保存会
		大崎八幡神社の能神楽	1973-11-05	宮城県大崎八幡神社能神楽保存会
		牡鹿法印神楽	1971-04-21	宮城県牡鹿法印神楽古実会
		鳥海山北麓の獅子舞番楽	2012-03-08	秋田県屋敷番楽保存会、坂之下番楽保存会、濁川獅子舞保存会、伊勢居地番楽保存会、釜ヶ台番楽保存会、冬師番楽保存会、鳥海山小滝番楽保存会、横岡番楽保存会
		根子番楽	1972-08-05	秋田県根子番楽保存会
		保呂羽山の霜月神楽	1971-04-21	秋田県霜月神楽保存会
		本海番楽	1996-11-26	秋田県鳥海町郷土芸能保存会
		杉沢比山	1971-04-21	山形県杉沢比山保存会
		坂戸の大宮住吉神楽	2010-03-11	埼玉県大宮住吉神楽保存会
		玉敷神社神楽	1974-12-04	埼玉県玉敷神社神楽保存会
		秩父神社神楽	1975-12-08	埼玉県秩父神社神楽保存会
		鷲宮催馬楽神楽	1970-06-08	埼玉県催馬楽神楽保存会

续表

序号	种别	名称	选择时间	保护团体
1	神楽（68件）	浅草神社のびんざさら	2014-03-10	東京都神事びんざさら会
		江戸の里神楽	1974-12-04	東京都江戸の里神楽保存会、若宮社中・間宮社中・松本社中・山本社中
		箱根の湯立獅子舞	1974-12-04	神奈川県箱根湯立獅子舞保存会，宮城野獅子舞保存会，仙石原神楽保存会
		河口の稚児の舞	2013-03-12	山梨県河口の稚児の舞保存会
		駒ヶ岳神社の太々神楽	1978-12-08	長野県駒ヶ岳神社太々神楽連
		坂部の冬祭の芸能	1971-04-21	長野県大森諏訪社氏子会
		遠山霜月祭の芸能	1973-11-05	長野県遠山霜月祭保存会
		向方のお潔め祭の芸能	1974-12-04	長野県お潔め祭保存会
		静岡浅間神社廿日会祭の稚児舞	2013-03-12	静岡県浅間神社廿日会祭の稚児舞保存会
		静岡県中部地方の神楽	2014-03-10	静岡県特定せず
		沼田の湯立神楽	2007-03-07	静岡県沼田の湯立神楽保存会
		花祭の芸能	1970-06-08	愛知県北設楽花祭保存会
		伊勢太神楽	1970-06-08	三重県伊勢太神楽講社
		大和佐美命神社の獅子舞	1971-11-11	鳥取県大湯棚獅子舞保存会
		大元舞	1974-12-04	島根県邑智郡大元神楽保存会
		佐陀神能	1970-06-08	島根県佐陀神能保存会
		槻の屋神楽	1978-12-08	島根県槻の屋神楽保存会
		島後久見神楽	1978-01-31	島根県島後久見神楽保持者会
		備中神楽	1970-06-08	岡山県備中神楽保存会
		阿刀神楽	1980-12-12	広島県阿刀神楽保存会

续表

序号	种别	名称	选择时间	保护团体
1	神楽（68件）	比婆の荒神神楽	1971-11-11	広島県比婆神代神楽社
		弓神楽	1978-01-31	広島県弓神楽保存会
		滝坂神楽	2009-03-11	山口県滝坂神楽舞保存会
		三作神楽	1994-12-13	山口県三作岩戸神楽舞保存会
		行波の神舞	1976-12-25	山口県岩国行波神舞保存会
		伊予神楽	1971-04-21	愛媛県伊予神楽かんなぎ会
		池川神楽	1972-08-05	高知県池川神楽保存会
		いざなぎ流御祈祷	1978-01-31	高知県いざなぎ流御祈祷保存会
		津野山神楽	1976-12-25	高知県梼原町津野山神楽保存会、東津野村津野山神楽保存会
		本川神楽	1973-11-05	高知県本川神楽保存会
		五島神楽	2002-02-12	長崎県
		平戸神楽	1978-12-08	長崎県平戸神楽振興会
		命婦の舞	1996-11-28	長崎県命婦の舞保存会
		球磨神楽	1982-12-21	熊本県球磨神楽保存会
		中江の岩戸神楽	1975-12-08	熊本県中江神楽保存会
		長野岩戸神楽	1974-12-04	熊本県長野岩戸神楽保存会
		吉原の岩戸神楽	1976-12-25	熊本県吉原岩戸神楽保存会
		椎葉の神楽	1980-12-12	宮崎県椎葉村神楽保存連合会
		高千穂神楽	1970-06-08	宮崎県浅ケ部神楽保存会
		高鍋神楽	1978-01-31	宮崎県高鍋神楽保存会
		祓川の神舞	1974-12-04	宮崎県祓川神楽保存会
		米良神楽	1973-11-05	宮崎県銀鏡神楽保存会
		米良山の神楽	2017-03-03	宮崎県尾八重神楽保存会、中之又神楽保存会、西米良村神楽保存会連合会
		諸塚神楽	1993-11-26	宮崎県諸塚神楽保存会

续表

序号	种别	名称	选择时间	保护团体
2	田楽（44件）	八戸のえんぶり	1971-11-11	青森県八戸えんぶり保存連合会
		山屋の田植踊	1973-11-05	岩手県山屋の田植踊保存会
		秋保の田植踊	1970-06-08	宮城県馬場民俗芸能保存会
		石井の七福神と田植踊	1971-11-11	福島県石井芸能研究会
		御宝殿の田楽と獅子舞	1971-04-21	福島県御宝殿熊野神社の田楽保存会
		津島の田植踊	1978-01-31	福島県津島郷土芸術保存連合会
		都々古別神社の御田植	1972-08-05	福島県八槻都々古別神社御田植保存会
		広瀬熊野神社の御田植	1976-12-25	福島県広瀬熊野神社の御田植祭保存会
		金砂田楽	1971-04-21	茨城県金砂田楽保存会
		板橋の田遊び	1971-11-11	東京都板橋の田遊び保存連合会
		五所神社の御田植神事	1976-12-25	新潟県五所神社御田植神事保存会
		白山神社の田遊び神事	1978-01-31	新潟県大久保田遊び保存会
		国山の神事	1978-01-31	福井県国山町内会
		水海の田楽能舞	1971-04-21	福井県鵜甘神社氏子会
		睦月神事の芸能	1970-06-08	福井県睦月神事奉賛会
		下呂の田の神祭の芸能	1971-11-11	岐阜県下呂の田の神祭保存会
		小國神社の田遊び	2007-03-07	静岡県小國神社田遊び神事保存会
		滝沢八坂神社の田遊び	1978-01-31	静岡県八坂神社の田遊び保存会
		西浦の田楽	1970-06-08	静岡県西浦田楽保存会
		法多山の田遊び	1997-12-04	静岡県法多山尊永寺田遊祭保存会

续表

序号	种别	名称	选择时间	保护团体
2	田楽（44件）	蛭ヶ谷の田遊び	2006-03-15	静岡県蛭ヶ谷田遊び保存会
		藤守の田遊び	1971-04-21	静岡県藤守の田遊び保存会
		黒沢田楽	1973-11-05	愛知県黒沢田楽保存会
		参候祭	1996-11-28	愛知県参候祭保存会
		田峰の田楽	1971-11-11	愛知県田峰田楽保存会
		鳳来寺田楽	1974-12-04	愛知県鳳来寺田楽保存会
		磯部の御神田	1973-12-04	三重県磯部の御神田奉仕会
		杭全神社の御田植	2008-03-13	大阪府杭全神社御田植神事保存会
		住吉の御田植神事の芸能	1971-11-11	大阪府御田植神事保存会
		杉野原の御田舞	1981-12-24	和歌山県杉野原の御田の舞保存会
		那智の田楽	1970-06-08	和歌山県那智田楽保存会
		花園の御田舞	1971-11-11	和歌山県郷土古典芸能保存会
		広八幡の田楽	1973-11-05	和歌山県広八幡の田楽保存会
		野中の田楽	2013-03-12	京都府野中文化財保存会
		日吉神社の庭の舞	1976-12-25	島根県日吉神社庭の舞保存会
		美田八幡宮の田楽	1975-12-08	島根県美田八幡宮田楽保持者会
		吉備津彦神社の御田植祭	1979-12-07	岡山県吉備津彦神社御田植祭保存会
		新庄のはやし田	1974-12-04	広島県新庄郷土芸術保存会
		大山供養田植	1975-12-08	広島県小奴可地区芸能保存会
		はやし田	1970-06-08	広島県原田はやし田保存会
		吉良川の御田舞	1970-06-08	高知県御田祭保存会
		四阿屋神社の御田舞	1976-12-25	佐賀県四阿屋神社御田舞保存会

续表

序号	种别	名称	选择时间	保护团体
2	田楽（44件）	白鬚神社の田楽	1970-06-08	佐賀県川久保田楽保存会
		阿蘇の御田植	1970-06-08	熊本県阿蘇神社氏子会
3	風流（124件）	南部駒踊	1974-12-04	青森県洞内南部駒踊保存会
		青笹のしし踊	1978-01-31	岩手県青笹町しし踊り保存会
		川西の念仏剣舞	1974-12-04	岩手県川西念仏剣舞保存会
		永井の大念仏	1971-11-11	岩手県永井大念仏剣舞保存会
		川前鹿踊・川前剣舞	1975-12-08	宮城県宮城町川前鹿踊剣舞保存会
		中新田の虎舞	2006-03-15	宮城県中新田火伏せの虎舞保存会
		おやま囃子	1973-11-05	秋田県角館おやま囃子保存会
		毛馬内の盆踊	1978-12-08	秋田県毛馬内盆踊保存会
		綴子の大太鼓	1979-12-07	秋田県綴子の大太鼓保存会
		西馬音内の盆踊	1971-11-11	秋田県西馬音内盆踊保存会
		小浜長折の三匹獅子舞	1975-12-08	福島県小浜長折の三匹獅子保存会
		上羽太の天道念仏踊	1998-12-01	福島県上羽太天道念仏保存会
		関辺のさんじもさ踊	1998-12-01	福島県白河天道念仏さんじもさ踊保存会
		南須釜の念仏踊	1978-12-08	福島県須釜民芸保存会
		萩野・仁田山鹿子踊	1976-12-25	山形県萩野、仁田山鹿子踊保存会
		百村の百堂念仏舞	1973-11-05	栃木県百村の百堂念仏舞保存会
		あんば囃子	1978-01-31	茨城県あんば囃子保存会
		鹿島の祭頭祭	1976-12-25	茨城県祭頭囃子保存会
		鹿島みろく	2009-03-11	茨城県
		真家のみたま踊	1972-08-05	茨城県真家みたま踊保存会

续表

序号	种别	名称	选择时间	保护团体
3	風流（124件）	おどり花見	1978-01-31	千葉県成田市おどり花見保存会
		加茂の三番曳と花踊	1972-08-05	千葉県加茂神社民俗芸能保存会
		白間津ささら踊	1971-04-21	千葉県白間津ささら踊保存会
		洲崎踊	1973-11-05	千葉県洲崎神社氏子会
		南房総地方のミノコオドリ	2007-03-07	千葉県波左間区、川口区
		六座念仏の称念仏踊	1975-12-08	千葉県印西町武西念仏踊
		小河内の鹿島踊	1970-06-08	東京都鹿島踊愛好会
		佃の盆踊	1999-12-03	東京都佃島盆踊保存会
		八丈島の芸能	1972-08-05	東京都樫立踊保存会
		鳳凰の舞	1973-11-05	東京都鳳凰の舞保存会
		足柄ささら踊	1975-12-08	神奈川県足柄ささら踊保存会
		お峯入り	1973-11-05	神奈川県お峯入り保存会
		チャッキラコ	1970-06-08	神奈川県ちゃっきらこ保存会
		横須賀の虎踊	2004-02-06	神奈川県浦賀虎踊り保存会、中村町内会虎踊り保存会
		吉浜の鹿島踊	1971-11-11	神奈川県吉浜鹿島踊保存会
		綾子舞	1970-06-08	新潟県綾子舞保存振興会
		大の阪	1974-12-04	新潟県堀之内町郷土芸術振興会
		白峰のかんこ踊	1972-08-05	石川県かんこ踊保存会
		上中の六斎念仏	1972-08-05	福井県上中町六斎念仏保存会
		無生野の大念仏	1972-08-05	山梨県無生野大念仏保存会
		跡部の踊念仏	1986-12-17	長野県跡部踊り念仏保存会
		下伊那のかけ踊	1999-12-03	長野県
		新野の盆踊	1978-01-31	長野県新野高原踊りの会

续表

序号	种别	名称	选择时间	保护团体
3	風流（124件）	和合の念仏踊	1972-08-05	長野県和合念仏踊保存会
		寒水の掛踊	1974-12-04	岐阜県寒水掛踊保存会
		古調郡上踊	1973-11-05	岐阜県古調郡上踊保存会
		白鳥の拝殿踊	2003-02-20	岐阜県白鳥拝殿踊り保存会
		東津汲の鎌倉踊	1978-01-31	岐阜県鎌倉踊保存会
		水無神社の神事芸能	1972-08-05	岐阜県水無神社神事芸能保存会
		有東木・平野の盆踊	1979-12-07	静岡県有東木芸能保存会、平野盆踊保存会
		小稲の虎舞	2004-02-06	静岡県来宮会
		徳山の盆踊	1971-11-11	静岡県徳山古典芸能保存会
		東伊豆地方の鹿島踊	2005-02-21	静岡県北川鹿嶋踊り保存会
		綾渡の夜念仏と盆踊	1972-08-05	愛知県綾渡夜念仏保存会
		大海のほうか	1975-12-08	愛知県大海のほうか保存会
		鳳来町のほうか	1981-12-24	愛知県登喜和連、一色念仏放下保存会、壮信友、源氏若連会、名号放下保存会
		勝手神社の神事踊	1971-11-11	三重県勝手神社神事踊保存会
		朝日豊年太鼓踊	1974-12-04	滋賀県朝日豊年太鼓踊保存会
		油日の太鼓踊	1973-11-05	滋賀県油日神社奴振太鼓踊保存会
		近江のケンケト祭り長刀振り	1984-12-20	滋賀県小津神社長刀踊保存会、下新川神社神事保存会、滝樹神社献鶏頭おどり保存会、弥栄会、高木神社ケンケト帯掛保存会、けんけと祭保存会、杉之木神社ケンケト踊保存会
		おはな踊	1978-01-31	滋賀県北落おはなおどり保存会

续表

序号	种别	名称	选择时间	保护团体
3	風流（124件）	草津のサンヤレ踊り	1993-11-26	滋賀県下笠町参弥礼踊保存会、矢倉居住組、志那町若者会、吉田青年団、志那中町青年団、片岡町サンヤレ踊り保存会、長束町青年会
		上神谷のこおどり	1972-08-05	大阪府堺こおどり保存会
		阿万の風流大踊小踊	1972-08-05	兵庫県阿万風流踊保存会
		大杉のざんざこ踊	1973-11-05	兵庫県大杉のざんざこ踊保存会
		但馬の麒麟獅子舞	2009-03-11	兵庫県
		阪本踊	1979-12-07	奈良県阪本踊保存会
		篠原踊	1971-04-21	奈良県篠原おどり保存会
		十津川の大踊	1974-12-04	奈良県武原踊保存会、小原踊保存会、西川大踊保存会
		大瀬の太鼓踊	1978-12-08	和歌山県大瀬の太鼓踊保存会
		戯瓢踊	1974-12-04	和歌山県戯瓢踊保存会
		市原の盆踊	2008-03-13	京都府市原ハモハ尼講中
		久多の花笠踊	1972-08-05	京都府久多花笠踊保存会
		田原のカッコスリ	2000-12-27	京都府多治神社民俗芸能保存会
		やすらい花	1975-12-08	京都府やすらい踊保存団体連合会、今宮やすらい会、上賀茂やすらい踊保存会、川上やすらい踊保存会、玄武やすらい踊保存会
		六斎念仏	1978-01-31	京都府京都六斎念仏保存団体連合会
		因幡の麒麟獅子舞	2009-03-11	鳥取県
		越路の雨乞踊	1973-11-05	鳥取県越路雨乞踊保存会
		弥栄神社の鷺舞	1973-11-05	島根県弥栄神社の鷺舞保存会

续表

序号	种别	名称	选择时间	保护团体
3	風流（124件）	大宮踊	1971-11-11	岡山県大宮踊保存会
		唐子踊と太刀踊	1975-12-08	岡山県唐子踊太刀踊連合保存会、唐子踊保存会、太刀踊保存会、粟利郷区太刀踊保存会
		白石踊	1971-04-21	岡山県白石踊会
		本地の花笠踊	1972-08-05	広島県本地花笠踊り保存会
		岩国南条踊	1974-12-04	山口県岩国南条踊保存会
		八代の花笠踊	1971-04-21	山口県花笠踊保存会
		曽我氏神社神踊	1973-11-05	徳島県曽我氏神社祭典当家組
		西祖谷の神代踊	1970-06-08	徳島県神代踊保存会
		綾子踊	1971-04-21	香川県綾子踊保存会
		白鳥の虎頭の舞	2006-03-15	香川県東かがわ市白鳥虎頭舞保存会
		滝宮の念仏踊	1971-11-11	香川県滝宮念仏踊保存会
		与島・櫃石の盆踊	2004-02-06	香川県与島連合自治体、櫃石盆踊り保存会
		窪野の八つ鹿踊	1974-12-04	愛媛県窪野八つ鹿踊保存会
		増田の花取踊	1972-08-05	愛媛県はなとり踊り保存会
		秋葉祭の芸能	1971-11-11	高知県秋葉神社祭礼練り保存会
		シットロト踊	1974-12-04	高知県シットロト踊保存会
		手結のつんつく踊	1975-12-08	高知県つんつく踊保存会
		感応楽	1971-11-11	福岡県山田の感応楽保存会
		博多松ばやし	1976-12-25	福岡県博多松ばやし保存会
		はんや舞	1978-01-31	福岡県星野村風流ハンヤ舞奉納協議会
		音成の面浮立	1978-01-31	佐賀県音成面浮立保存会
		高瀬の荒踊	1971-04-21	佐賀県高瀬の荒踊保存会
		府招の浮立	1987-12-18	佐賀県府招浮立保存会

续表

序号	种别	名称	选择时间	保护团体
3	風流（124件）	オーモンデー	1971-11-11	長崎県オーモンデー保存会
		大島の須古踊	1974-12-04	長崎県大島村盆踊振興会
		大村の沖田踊	1980-12-12	長崎県沖田踊保存会
		大村の寿古踊	1980-12-12	長崎県寿古踊保存会
		黒丸踊	1973-11-05	長崎県黒丸踊保存会
		竜踊	1970-06-08	長崎県竜踊保存会
		対馬厳原の盆踊	1997-12-04	長崎県厳原町盆踊り保存会
		対馬美津島の盆踊	1981-12-24	長崎県美津島盆踊保存会
		野母の盆踊	1972-08-05	長崎県野母浦祭り保存会
		平戸のジャンガラ	1971-04-21	長崎県平戸ジャンガラ保存会
		植柳の盆踊	2014-03-10	熊本県植柳盆踊り保存会
		古代踊	1978-01-31	熊本県古代踊保存会
		野原八幡宮風流	2015-03-02	熊本県風流節頭保存会
		鶴崎踊	1986-12-17	大分県鶴崎おどり保存会
		姫島の盆踊	2012-03-08	大分県姫島盆踊り保存会
		吉弘楽	1971-04-21	大分県吉弘楽保存会
		荒踊	1975-12-08	宮崎県荒踊保存会
		市来の七夕踊	1970-06-08	鹿児島県七夕踊庭割衆
		大浦町の疱瘡踊	1978-01-31	鹿児島県大浦町宮園地区婦人会、大浦町永田地区婦人会
		吉左右踊・太鼓踊	1976-12-25	鹿児島県吉左右踊・太鼓踊保存会
		現和の種子島大踊	1974-12-04	鹿児島県西之表市現和の種子島大踊保存会
		種子島の盆踊	2018-03-08	鹿児島県横山盆踊保存会、西之地区自治公民館

续表

序号	种别	名称	选择时间	保护团体
4	語り物・祝福芸（8件）	秋田万歳	1973-12-25	秋田県秋田万歳保存会
		加賀万才	1978-01-31	石川県加賀万才保存会
		野大坪万歳	1971-11-11	福井県越前万歳保存会
		一之瀬高橋の春駒	1971-11-11	山梨県春駒保存会
		三河万歳	1971-04-21	愛知県三河万歳保存会
		題目立	1970-06-08	奈良県題目立保存会
		幸若舞	1970-06-08	福岡県幸若舞社中
		下水流の臼太鼓踊	1971-11-11	宮崎県下水流臼太鼓踊保存会
5	延年・おこない（14件）	古実式三番	1975-12-08	岩手県中尊寺古実式三番保存会
		毛越寺の延年	1970-06-08	岩手県毛越寺延年の舞保存会
		小迫の延年	1971-11-11	宮城県無形文化財小迫祭保存会
		小滝のチョウクライロ舞	1981-12-24	秋田県小滝舞楽保存会
		安久津延年	1993-11-26	山形県安久津八幡神社文化財保存会
		高寺八講	1973-11-05	山形県高寺八講連中
		新山の延年	1979-12-07	山形県新山延年舞保存会
		吹浦延年	1991-02-02	山形県吹浦田楽保存会
		蕨岡延年	1991-02-02	山形県遊佐町蕨岡延年保存会
		根知山寺の延年	1972-08-05	新潟県山寺延年奉賛会
		長滝の延年	1970-06-08	岐阜県長滝の延年保存会
		寺野の三日堂ひよんどり	1972-08-05	静岡県寺野伝承保存会
		懐山のおくない	1983-12-16	静岡県懐山おくない保存会
		国分寺蓮華会舞	1971-04-21	島根県蓮華会舞保持者会

续表

序号	种别	名称	选择时间	保护团体
6	渡来芸・舞台芸（80件）	倉沢人形歌舞伎	2019-03-28	岩手県倉沢人形歌舞伎保存会
		猿倉人形芝居	1996-11-28	秋田県木内勇吉一座、吉田千代勝一座、鈴木栄太郎一座
		大日堂舞楽	1970-06-08	秋田県大日堂舞楽保存会
		黒川能	1970-06-08	山形県黒川能保存会
		黒森歌舞伎	1997-12-04	山形県黒森歌舞伎妻堂連中
		谷地の舞楽	1972-08-05	山形県谷地の舞楽保存会
		奈佐原文楽	1971-04-21	栃木県奈佐原文楽座
		尻高人形	1978-01-31	群馬県尻高人形保存会
		下長磯の式三番	1970-06-08	群馬県下長磯三番曳保存会
		関戸の式三番	1972-08-05	埼玉県上関戸式三番保存会
		白久の串人形	1973-11-05	埼玉県白久人形座
		横瀬人形	1971-04-21	埼玉県横瀬人形保存会
		大串のささらと大野のみろく	1973-11-05	茨城県大串のささらと大野のみろく保存団体連合会
		綱火	1971-11-11	茨城県綱火保存連合会
		那珂湊の獅子とみろく	1980-12-12	茨城県六丁目の獅子保存会、元町のみろく保存会
		龍ヶ崎の撞舞	1999-12-03	茨城県撞舞保存会
		太田八坂神社のエンヤーホー	1999-12-03	千葉県太田八坂神社氏子会
		鬼来迎	1970-06-08	千葉県鬼来迎保存会
		多古のしいかご舞	1976-12-25	千葉県多古町八坂神社しいかご舞保存会
		野田の津久舞	1999-12-03	千葉県野田津久舞保存会
		江戸の糸あやつり人形	1996-11-28	東京都結城座
		浄真寺の二十五菩薩練供養	2015-03-02	東京都浄真寺二十五菩薩来迎会保存会

续表

序号	种别	名称	选择时间	保护团体
6	渡来芸・舞台芸（80件）	八王子車人形	1996-11-28	東京都西川古柳座
		檜原村の式三番	1976-12-25	東京都小沢式三番保存会、笹野式三番保存会
		相模人形芝居	1971-04-21	神奈川県相模人形芝居連合会
		天津神社舞楽	1975-12-08	新潟県天津神社舞楽会
		大須戸能	1999-12-03	新潟県大須戸能保存会
		佐渡の人形芝居	1971-04-21	新潟県佐渡人形芝居保存会
		白山神社舞楽	1973-11-05	新潟県能生白山神社舞楽保存会
		弥彦神社の舞楽	1971-11-11	新潟県弥彦神社舞楽保存会
		明日の稚児舞	1972-08-05	富山県明日稚児舞保存会
		加茂神社の稚児舞	1970-06-08	富山県加茂神社神事伝承会稚児舞部
		尾口のでくまわし	1971-04-21	石川県でくまわし保存会
		糸崎の仏舞	1973-11-05	福井県糸崎の仏舞保存会
		和久里壬生狂言	2003-02-20	福井県和久里壬生狂言保存会
		天津司舞	1970-06-08	山梨県天津司舞保存会
		伊那の人形芝居	1975-12-08	長野県今田人形保存会、早稲田人形保存会、黒田人形保存会
		大鹿歌舞伎	1996-11-28	長野県財団法人大鹿歌舞伎保存会
		親沢の人形三番叟	2015-03-02	長野県親沢区
		大矢田のヒンココ	1999-12-03	岐阜県大矢田ヒンココ保存会
		久田見の糸切りからくり	1975-12-08	岐阜県久田見の糸切りからくり保存会
		能郷の猿楽狂言	1971-04-21	岐阜県能と狂言の保存会
		天宮神社の十二段舞楽	1976-12-25	静岡県天宮神社十二段舞楽保存会

续表

序号	种别	名称	选择时间	保护团体
6	渡来芸・舞台芸（80件）	小国神社の舞楽	1975-12-08	静岡県小国神社古式舞楽保存会
		山名神社天王祭舞楽	1974-12-04	静岡県山名神社天王祭舞楽保存会
		知立山車文楽	1978-01-31	愛知県知立山車文楽保存会
		知立のからくり	1979-12-07	愛知県知立からくり保存会
		安乗人形芝居	1978-01-31	三重県安乗人形芝居保存会
		一色の翁舞	1994-12-07	三重県一色町能楽保存会
		長浜曳山狂言	1970-06-08	滋賀県長浜曳山祭文化財保護委員会
		四天王寺聖霊会の舞楽	1975-12-08	大阪府雅亮会
		能勢の浄瑠璃	1999-12-03	大阪府能勢町郷土芸能保存会
		青垣の翁三番叟	1974-12-04	兵庫県八幡神社祭礼保存会
		淡路人形浄瑠璃	1971-04-21	兵庫県淡路人形協会
		車大歳神社の翁舞	1976-12-25	兵庫県車大歳神社翁舞保存会
		当麻寺二十五菩薩来迎会	1976-12-25	奈良県当麻寺菩薩講
		奈良豆比古神社の翁舞	1972-08-05	奈良県奈良豆比古神社翁講中
		花園の仏の舞	1976-12-25	和歌山県花園村郷土古典芸能保存会
		佐伯灯篭	1992-02-25	京都府佐伯灯篭保存会
		嵯峨大念仏狂言	1976-12-25	京都府嵯峨大念仏狂言保存会
		壬生狂言	1970-06-08	京都府壬生大念仏講中
		円通寺人形芝居	1985-12-20	鳥取県円通寺人形芝居保存会
		益田の糸あやつり人形	1972-08-05	島根県益田糸あやつり人形保持者会
		弘法寺踟供養	2016-03-02	岡山県弘法寺踟供養保存会
		徳地人形浄瑠璃	1973-11-05	山口県徳地人形浄瑠璃保存会

续表

序号	种别	名称	选择时间	保护团体
6	渡来芸・舞台芸（80件）	阿波の人形芝居	1975-12-08	徳島県阿波人形浄瑠璃振興会
		小豆島農农村歌舞伎	2015-03-02	香川県肥土山農农村歌舞伎保存会、中山農农村歌舞伎保存会
		興居島の船踊	1976-12-25	愛媛県小富士文化保存会
		細男舞・神相撲	1974-12-04	福岡県八幡古表神社細男舞・神相撲保存会
		八女の灯籠人形	1971-04-21	福岡県福島灯籠人形保存会
		川原狂言	1974-12-04	佐賀県川原狂言保存会
		髙志の狂言	1972-08-05	佐賀県髙志狂言保存会
		竹ン芸	2003-02-20	長崎県若宮稲荷神社竹ン芸保存会
		菊池の松囃子	1973-11-05	熊本県菊池松囃子保存会
		古要神社の傀儡子	1978-01-31	大分県古要傀儡子保存会
		山之口の文弥人形	1972-08-05	宮崎県文弥節人形浄瑠璃保存会
		薩摩の水からくり	1984-12-20	鹿児島県竹田神社からくり保存会、豊玉姫神社からくり保存会
		諸鈍芝居	1971-04-21	鹿児島県諸鈍芝居保存会
		東郷人形浄瑠璃	1979-12-07	鹿児島県東郷人形浄瑠璃保存会
		与論の十五夜踊	1972-08-05	鹿児島県十五夜踊保存会
7	其他（38件）	阿寒のアイヌ古式舞踊	1975-12-08	北海道阿寒アイヌ民俗文化保存会
		春採のアイヌ古式舞踊	1975-12-08	北海道ウタリ協会釧路支部リムセ保存会
		古寺山自奉楽	1974-12-04	福島県古寺山自奉楽保存会
		新島の芸能	1975-12-08	東京都新島大踊保存会、新島神楽保存会、新島獅子木遣保存会
		三宅島の神事	1978-01-31	東京都三宅島の神事保存会
		五箇山の歌と踊	1973-11-05	富山県越中五箇山民謡保存団体連合会

续表

序号	种别	名称	选择时间	保护团体
7	其他（38件）	宇波西神社の神事芸能	1976-12-25	福井県宇波西神事保存会
		雨宮の御神事の芸能	1971-11-11	長野県雨宮御神事踊保存会
		雪祭の芸能	1970-06-08	長野県雪祭保存会
		南宮神社の神事芸能	1976-12-25	岐阜県南宮神社神事芸能保存会
		美濃流しにわか	1996-11-28	岐阜県美濃市仁輪加連盟
		上鴨川住吉神社の神事舞	1970-06-08	兵庫県住吉神社神事舞踊保存会
		春日若宮おん祭の芸能	1975-12-08	奈良県春日古楽保存会
		美作の護法祭	1985-12-20	岡山県護法祭奉賛会
		赤崎神社奉納芸能	1972-08-05	山口県赤崎神社民俗芸能保存会
		佐喜浜にわか	1994-12-13	高知県佐喜浜八幡宮古式行事保存会
		小倉祇園太鼓	2016-03-28	福岡県小倉祇園太鼓保存振興会
		志賀海神社神幸祭の芸能	1972-08-05	福岡県志賀海神社神事芸能保存会
		竹崎観世音寺修正会鬼祭	1978-12-08	佐賀県竹崎観世音寺修正会鬼祭保存会
		高森のにわか	2019-03-28	熊本県昭和向上会、旭向上会、上町向上会、横町向上会、下町向上会
		国東の修正鬼会の芸能	1972-08-05	大分県国東修正鬼会保存会
		長岩屋の修正鬼会の芸能	1973-11-05	大分県長岩屋修正鬼会保存会
		種子島南種子の座敷舞	1995-12-26	鹿児島県平山郷土文化保存会
		平瀬マンカイ	1973-11-05	鹿児島県平瀬マンカイ保存会

续表

序号	种别	名称	选择时间	保护团体
7	其他（38件）	操り獅子	2004-02-06	沖縄県名護市川上区、伊豆味区あやつり獅子舞保存会、謝名アヤーチ獅子保存会
		泡瀬の京太郎	2005-02-06	沖縄県泡瀬京太郎保存会
		伊江島の村踊	1978-01-31	沖縄県伊江村民俗芸能保存会
		西表島祖内・星立の節祭	1978-01-31	沖縄県西表民俗芸能保存会
		宜野座の八月あしび	2005-02-06	沖縄県宜野座区、宜野座区二才団
		小浜島の芸能	1995-12-26	沖縄県小浜民俗芸能保存会
		勢理客の獅子舞	1973-11-05	沖縄県勢理客の獅子舞保存会
		竹富島の種子取	1974-12-04	沖縄県竹富島種子取保存会
		多良間島の八月踊	1975-12-08	沖縄県多良間村民俗芸能保存会
		那覇安里のフェーヌシマ	1979-12-07	沖縄県那覇安里フェーヌシマ保存会
		野原のマストリャー	1980-12-12	沖縄県野原民俗芸能保存会
		波照間島のムシャーマ	1993-11-26	沖縄県波照間民俗芸能保存会
		宮古のクイチャー	2002-02-12	沖縄県
		傀儡子の舞及び相撲	1957-03-01	福岡県、大分県

资料来源：根据日本文化厅官网提供的资料整理而成，见https://kunishitei.bunka.go.jp/bsys/index。

表7-35 民俗技术选择情况

序号	种别	名称	选择时间	保护团体
1	生産・生業（9件）	六合人山のネドフミとスゲ細工の技術	2016-03-02	群馬県ねどふみの里保存会
		中津川の鉄砲堰製作技術	2008-03-13	埼玉県中津川鉄砲堰保存会
		霞ケ浦の帆引網漁の技術	2018-03-08	茨城県土浦帆曳船保存会、霞ケ浦帆引き船・帆引き網漁法保存会、行方市帆引き船保存会
		揖斐川の簗掛け技術	2016-03-02	岐阜県揖斐川町簗掛け保存会
		灘の酒樽製作技術	2019-03-28	兵庫県灘の酒樽製作技術保存会
		吉野大塔の坪杓子製作技術	2012-03-08	奈良県吉野大塔の坪杓子製作技術保存会
		西田のヨズクハデ製作技術	2009-03-11	島根県西田「ヨズクハデ」保存会
		博多鋏の製作技術	2017-03-03	福岡県博多鋏製作技術保存会
		西之表の種子鋏製作技術	2012-03-08	鹿児島県種子鋏製作技術保存会
2	衣食住（1件）	四国山地の発酵茶の製造技術	2018-03-08	徳島県特定せず

资料来源：根据日本文化厅官网提供的资料整理而成，见https://kunishitei.bunka.go.jp/bsys/index。

附录三　日本国家级文化遗产保存技术选定与认定情况

根据日本文化厅官网及各都道府县官网整理的日本国家级文化遗产保存技术认定具体情况，见表7-36。[①]

表7-36　日本国家级文化遗产保存技术选定与认定情况[②]

选定件数	保持者	保持团体[③]
75	58	39（34）

资料来源：根据日本文化厅官网提供的资料整理而成，见https://bunka.nii.ac.jp/。

一、日本国家级文化遗产保存技术无形类具体选定与认定情况

日本国家级文化遗产保存技术无形类具体选定与认定情况见表7-37、表7-38。

表7-37　日本国家级文化遗产保存技术无形类具体选定与认定情况

序号	种别	指定时间	认定区分	保持者信息	艺名	认定时间	认定次数及区分	综合认定作用	团体信息（技艺者的团体）	代表者	认定时间
1	粗苧製造	2003-07-10	各个认定	矢幡正門		2003-07-10					

[①] 截至2021年12月1日，笔者根据日本文化厅官网及各都道府县官网数据整理而成，见https://kunishitei.bunka.go.jp/bsys/index。

[②] 本表根据日本政府文化厅官方网站提供的资料整理而成，见https://bunka.nii.ac.jp/。

[③] 保持者有重复的情况，（）内为实际人数。

续表

序号	种别	指定时间	认定区分	保持者信息	艺名	认定时间	认定次数及区分	综合认定作用	团体信息（技艺者的团体）	代表者	认定时间
2	阿波藍製造	1978-05-09	团体认定						阿波藍製造技術保存会	佐藤昭人	1978-05-09
3	烏梅製造	2011-09-05	各个认定	中西喜久		2011-09-05	新規				
4	漆搔き用具製作	1995-05-31	各个认定	中畑文利		1995-05-31					
5	漆濾紙（吉野紙）製作	1999-06-21	各个认定	昆布尊夫		1999-06-21					
6	漆刷毛製作	1998-06-08	各个认定	田中信行		2014-10-23	追加				
				泉清吉	九世泉清吉	1998-06-08					
7	雅樂管樂器製作修理	1976-05-04	各个认定	山田全一	山田籟全	1999-06-21					
				八幡遐昌	八幡内匠	2004-09-02					
8	歌舞伎衣裳製作修理	2002-07-08	团体认定						歌舞伎衣裳製作修理技術保存会		2002-07-08

续表

序号	种别	指定时间	认定区分	保持者信息	艺名	认定时间	认定次数及区分	综合认定作用	团体信息（技艺者的团体）	代表者	认定时间
9	歌舞伎大道具（背景画）製作	2002-07-08	団体認定						歌舞伎大道具（背景画）製作技術保存会		2002-07-08
10	歌舞伎小道具製作	1996-05-10	団体認定						歌舞伎小道具製作技術保存会	湯川弘明	1996-05-10
11	歌舞伎床山	2003-07-10	各個認定	鴨治歳一		2003-07-10					
12	からむし（苧麻）生産・苧引き	1991-11-16	団体認定						昭和村からむし生産技術保存協会	星爲夫	1991-11-16
13	組踊道具・衣裳製作修理	2009-09-02	団体認定						組踊道具・衣裳製作修理技術保存会	喜舎場盛勝	2009-09-02
14	結髪（沖縄伝統芸能）	2008-09-11	各個認定	古波藏佐紀	小波則夫	2008-09-11	新規				
15	植物染料（紅・紫根）生産・製造	1979-04-21	団体認定						財団法人日本民族工芸技術保存協会	桜木敬	1979-04-21

续表

序号	种别	指定时间	认定区分	保持者信息	艺名	认定时间	认定次数及区分	综合认定作用	团体信息（技艺者的团体）	代表者	认定时间
16	玉鋼製造	1977-05-11	団体認定						財団法人日本美術刀剣保存協会	橋本龍太郎	1977-05-11
17	玉鋼製造（たたら吹き）	1977-05-11	各個認定	木原明		1986-04-28					
				渡部勝彦		2002-07-08					
18	苧麻糸手績み	2003-07-10	団体認定						宮古苧麻績み保存会	當真まり子	2003-07-10
19	手漉和紙用具製作	1976-05-04	団体認定						全国手漉和紙用具製作技術保存会	井原圭子	1976-05-04
20	手機製作	2003-07-10	各個認定	西村種一		2003-07-10	新規				
				大城義政		2008-09-11	追加				
21	研炭製造	1994-06-27	各個認定	東浅太郎		1994-06-27					
22	日本産漆生産・精製	1976-05-04	団体認定						日本文化財漆協会	北村謙一	1976-05-04
									日本うるし掻き技術保存会	岩舘正二	1996-05-10

续表

序号	种别	指定时间	认定区分	保持者信息	艺名	认定时间	认定次数及区分	综合认定作用	团体信息（技艺者的团体）	代表者	认定时间
23	能楽大鼓（革）製作	1976-05-04	各个认定	木村幸彦		1976-05-04					
24	能楽小鼓（胴・革）製作修理	1995-05-31	各个认定	鈴木理之		1995-05-31					
25	杼製作	1999-06-21	各个认定	長谷川淳一		1999-06-21					
26	琵琶製作修理	2006-09-15	各个认定	石田勝雄	四世石田不識	2006-09-15					
27	邦楽器糸製作	2015-10-01	各个认定	小篠敏之		2015-10-01					
28	邦楽器原糸製造	1991-11-16	団体认定						木之本町邦楽器原糸製造保存会	北村憲士	1991-11-16
29	蒔絵筆製作	2010-09-06	各个认定	村田重行		2010-09-06	新规				
30	琉球藍製造	1977-05-11	団体认定						琉球藍製造技術保存会	伊良波幸秀	2002-07-08

续表

序号	种别	指定时间	认定区分	保持者信息	艺名	认定时间	认定次数及区分	综合认定作用	团体信息（技艺者的团体）	代表者	认定时间
30	琉球藍製造	1977-05-11	各个认定	伊野波盛正		1977-05-11					

资料来源：根据日本文化厅官网提供的资料整理而成，见 https://kunishitei.bunka.go.jp/bsys/index。

表7-38　日本国家级文化遗产保存技术有形·无形文化遗产具体选定与认定情况

序号	种别	指定时间	认定区分	保持者信息	艺名	认定时间	认定次数及区分	综合认定作用	团体信息（技艺者的团体）	代表者	认定时间
1	緣付金箔製造	2014-10-23	団体认定						金沢金箔伝統技術保存会	松村謙一	2014-10-23
2	木炭製造	2014-10-23	団体认定						伝統工芸木炭生産技術保存会	坪内哲也	2014-10-23
3	手切鑢製作	2016-09-30	各个认定	澤田英之助		2016-09-30	新规				

资料来源：根据日本文化厅官网提供的资料整理而成，见 https://kunishitei.bunka.go.jp/bsys/index。

附录四　日本实地考察访谈问题汇总

一、针对政府保护部门的调查问题

1. 概况

（1）可以大体介绍一下××县/市的无形文化遗产保护情况吗？

2. 申报

（1）文化遗产保护课都做哪些工作？

（2）能介绍一下指定制度和登录制度吗？它们之间的区别是什么？

（3）非遗在地方级有团体认定、综合认定和各个认定吗？

（4）日本的非遗已经指定或者认定的为什么会被退出？

3. 保护管理

（1）××项目在被指定或者登录前后有哪些变化？采取了哪些保护措施？有哪些有影响的措施或者活动吗？

（2）文化遗产保护课采取了哪些措施来保证××项目的传承与发展？

（3）在实际保护工作中是如何分配非遗的保护资金的？资金的来源主要是什么？发放途径是什么？主要用途是什么？资金会有缺乏的情况吗？

（4）可以介绍一下日本在非遗的保护工作中，文化遗产保护课与上级的国家、县级文化遗产保护课等机构以及横向机构的关系吗？还有哪些部门参与非遗的保护工作？具体之间如何分工协作？

（5）日本对于非物质遗产文化保护有监管部门吗？

（6）如何考核非物质文化遗产的保护和传承情况？

4. 体会

（1）针对非遗保护文化课有哪些创新的举措和经验？

（2）非遗保护存在哪些问题？面临哪些困难？

（3）如何看待××项目未来的发展与规划，对于更好保护和传承有哪些想法和建议？

（4）您从事非遗保护工作以来的心得体会是什么？

二、针对传承团体的调查问题

1. 概况

（1）可以大体介绍一下××项目吗？

（2）可以介绍一下××保存会的情况吗？

2. 传承保护

（1）可以介绍一下××项目是如何传承的吗？师傅现在还在带徒弟吗？具体情况（包括徒弟的人数、训练和授课的方式）如何？

（2）当年的学习过程与现代的学习过程有何区别？有没有现代化的教育模式？

（3）以前的艺人与新一代艺人在学习上都有哪些区别？

（4）与其他项目相比，您觉得××项目的传承和保护的特色分别是什么？

（5）举行活动时参与人员（包括工作人员与观众）多吗？

3. 发展

（1）××项目在指定或者登录前后有哪些变化？采取了哪些保护措施？

（2）与传统相比，现代传承中有创新的成分吗？

（3）××项目在传承发展中存在哪些问题？面临哪些困难？

（4）在实际保护工作中是如何分配非遗的保护资金的？资金的来源主要是什么？发放途径是什么？主要用途是什么？保护资金会有缺乏的情况吗？

（5）如何考核保护和传承情况？

（6）如何看待××项目未来的发展与规划？对于更好保护和传承有哪些想法和建议？

（7）您从事××项目保护和传承工作以来的心得体会是什么？

附录五 日本实地考察走访实录

一、田野调查

第一阶段田野调查：2018年10月，日本神奈川县藤野村歌舞伎田野调查，如图7-1至7-4所示。

图7-1 与相模原市教育委员会文化遗产保护课主任长泽有史访谈

图7-2 与藤野村歌舞伎保存会会长诸角安治访谈

图7-3 与藤野村歌舞伎保存会会员访谈

图7-4 神奈川大学小熊诚教授讲授日本民俗

第二阶段田野调查：2019年6—7月，歌舞伎田野调查，如图7-5、图7-6所示。

图7-5　国立剧场歌舞伎鉴赏教室调研　　图7-6　东京银座一横路松竹株式会社歌舞伎商演

第三阶段田野调查：2019年7月，长野县上田市非遗保护情况调研，如图7-7、图7-8所示。

图7-7　长野县上田市调研　　图7-8　长野县国家级选择无形民俗文化遗产

第四阶段田野调查：2019年8月，埼玉县文化遗产保护情况调研，如图7-9、图7-10所示。

图7-9　埼玉县博物馆视频资料

图7-10 埼玉县国家级指定重要文化遗产

第五阶段田野调查：2019年11月，神奈川县藤泽市文化遗产保护情况调研，如图7-11、图7-12所示。

图7-11 藤泽市调研

图7-12 江之岛女神信仰

二、日常研究和调研

2019年4月至2020年3月，笔者在日本进行非遗研究和调研，如图7-13至图7-26所示。

图7-13　东京都根津神社调研

图7-14　东京都新宿区无形民俗文化遗产调研

图7-15　东京都北区无形民俗文化遗产调研

图7-16　东京都民俗活动中的能乐表演

图7-17 东京艺术大学调研

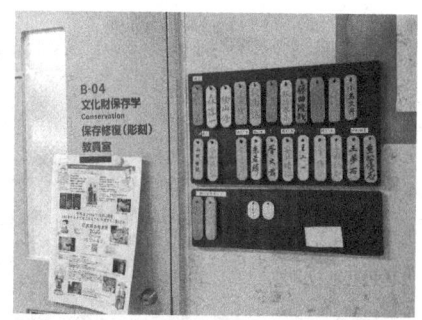

图7-18 东京艺术大学文化遗产保存学教研室

图7-19 东京艺术大学文化遗产保存学教研室

图7-20 东京艺术剧场调研

图7-21 东京文化遗产研究所调研及查阅资料

图7-22 东洋文库查阅资料

图7-23 国立公文书馆查阅资料

图7-24 东洋文化研究所访学

图7-25 东京大学菅丰教授讲授日本民俗

图7-26 东京大学松田阳副教授讲授《文化遗产保护法》

参考文献

本书行文,共使用了六个类别的中外文参考文献。包括专著类、期刊报告类、学位论文类、文件资料类、报纸类和网络资源类。分列如下:

一、专著类

(一)中文专著

[1] 王军. 日本的文化财保护[M]. 北京:文物出版社,1997.

[2] 苑利,顾军. 文化遗产报告:世界文化遗产保护运动的理论与实践[M]. 北京:社会科学文献出版社,2005.

[3] 田小杭. 中国传统工艺全集·民间手工艺[M]. 郑州:大象出版社,2007.

[4] 乔纳森·特纳,简·斯戴兹. 情感社会学[M]. 孙俊才,文军,译. 上海:上海人民出版社,2007.

[5] 黄贞燕. 日韩无形文化财的保护制度[M]. 台湾:台湾传统艺术总处筹备处,2008.

[6] 兰德尔·柯林斯. 互动仪式链[M]. 林聚任,王鹏,宋丽君,译. 北京:商务印书馆,2009.

[7] 刘洋. 非遗保护的精准管理与精准施策[M]//宋俊华. 中国非物质文化遗产保护发展报告(2018),北京:社会科学文献出版社,2018.

[8] 刘洋. 日本非物质文化遗产的传承与保护经验[M]//宋俊华. 中国非物质文化遗产发展报告2019. 北京:社会科学文献出版社,2019.

[9] 吕珍珍. 日本农村歌舞伎的传承现状与启示[M]//康保成,等. 日中韩非物质文化遗产的比较与研究. 广州:中山大学出版社,2013.

[10] 宋俊华,王开桃. 非物质文化遗产保护研究[M]. 广州:中

山大学出版社，2013.

［11］宋俊华，周波. 2018年中国非遗保护的新使命、新发展和新趋势［M］//宋俊华. 中国非物质文化遗产发展报告2019. 北京：社会科学文献出版社，2019.

［12］康保成. 中日韩非物质文化遗产的比较研究［M］. 广州：中山大学出版社，2013.

［13］王文章. 非物质文化遗产概论［M］. 北京：教育科学出版社，2013.

［14］杨红. 非物质文化遗产数字化研究［M］. 北京：社会科学文献出版社，2014.

［15］周超. 日本文化遗产保护法律制度及中日比较研究［M］. 北京：中国社会科学出版社，2017.

（二）外文专著

［1］内藤莞爾，近沢敬一，中村正夫. 日本社会の基礎構造［M］. 京都：アカデミア出版会，1980.

［2］川島武宜. 家族および家族法［M］. 東京：岩波書店，1983.

［3］横道万里雄. 能劇の研究［M］. 東京：岩波書店，1986.

［4］川村恒明，根木昭，和田勝彦. 文化財政策概論：文化遺産保護の新たな展開に向けて［M］. 東京：東海大学出版会，2002.

［5］生田久美子，北村勝朗. わざ言語［M］. 東京：慶應義塾大学出版会，2011.

［6］David Atkinson. 国宝消滅［M］. 東京：東洋経済新報社，2016.

［7］渡辺保. 戦後歌舞伎の精神史［M］. 東京：講談社，2017.

［8］飯田卓. 文化遺産と生きる［M］. 京都：臨川書店，2017.

［9］高久舞. 芸能伝承論［M］. 東京：岩田書院，2017.

［10］俵木悟. 文化財/文化遺産としての民俗芸能：無形文化遺産時代の研究と保護［M］. 東京：勉誠社，2018.

［11］加藤幸治. 文化遺産シェア時代［M］. 東京：社会評論社，2018.

［12］小林真理. 文化政策の現在1：文化政策の思想［M］. 東

京:東京大学出版会,2018.

　[13]小林真理.文化政策の現在2:拡張する文化政策[M].東京:東京大学出版会,2018.

　[14]小林真理.文化政策の現在3:文化政策の展望[M].東京:東京大学出版会,2018.

　[15]渡辺薫.文化政策と地域づくり[M].東京:日本経済評論社,2019.

　[16]国立文化財機構東京文化財研究所編.復活と継承[M].東京:国立文化財機構東京文化財研究所無形文化遺産部出版,1999.

　[17]国立文化財機構東京文化財研究所編.学校教育と民俗芸能[M].東京:国立文化財機構東京文化財研究所無形文化遺産部出版,1999.

　[18]宮田繁幸.日本の無形文化遺産と無形文化遺産保護条約[M]//国立文化財機構東京文化財研究所無形文化遺産部.無形文化遺産の保護:国際的協力と日本の役割.東京:国立文化財機構東京文化財研究所無形文化遺産部出版,2001.

　[19]愛川紀子.ユネスコ無形文化遺産保護条約[M]//国立文化財機構東京文化財研究所無形文化遺産部.無形文化遺産の保護:国際的協力と日本の役割.東京:国立文化財機構東京文化財研究所無形文化遺産部出版,2001.

　[20]飯島満.日本の無形文化遺産:古典芸能の伝承と将来[M]//国立文化財機構東京文化財研究所無形文化遺産部.無形文化遺産の保護:国際的協力と日本の役割.東京:国立文化財機構東京文化財研究所無形文化遺産部出版,2001.

　[21]佐佐木正直.日本における「無形文化財」の保護の現状と課題:工芸技術を中心として[M]//国立文化財機構東京文化財研究所無形文化遺産部.無形文化遺産の保護:国際的協力と日本の役割.東京:国立文化財機構東京文化財研究所無形文化遺産部出版,2001.

　[22]福岡正太.国際的協力における無形文化遺産の保護とコミュニティの関与[M]//国立文化財機構東京文化財研究所無形文化遺産部.無形文化遺産の保護:国際的協力と日本の役割.東京:国立文化財機構東京文化財研究所無形文化遺産部出版,2001.

［23］菊池健策．日本の無形民俗財の保護［M］//国立文化財機構東京文化財研究所無形文化遺産部．無形文化遺産の保護：国際的協力と日本の役割．東京：国立文化財機構東京文化財研究所無形文化遺産部出版，2001．

［24］福岡正太．伝統芸能の保護と映像記録の役割［M］//国立文化財機構東京文化財研究所無形文化遺産部．無形文化遺産の保護：国際的協力と日本の役割．東京：国立文化財機構東京文化財研究所無形文化遺産部出版，2001．

［25］俵木悟．東京文化財研究所の無形文化遺産保護のための取り組み［M］//国立文化財機構東京文化財研究所無形文化遺産部．無形文化遺産の保護：国際的協力と日本の役割．東京：国立文化財機構東京文化財研究所無形文化遺産部出版，2001．

［26］国立文化財機構東京文化財研究所．民俗芸能の公開をめぐって［M］．東京：国立文化財機構東京文化財研究所無形文化遺産部出版，2004．

［27］大島暁雄．無形の文化財の保護をめぐって：無形の文化財の一体的な把握と記録選択制度の検証［M］//国立文化財機構東京文化財研究所．無形文化遺産研究報告1．東京：国立文化財機構東京文化財研究所無形文化遺産部出版，2006．

［28］俵木悟．無形民俗文化財映像記録の有効な保存・活用のための提言［M］//国立文化財機構東京文化財研究所．無形文化遺産研究報告1．東京：国立文化財機構東京文化財研究所無形文化遺産部出版，2006．

［29］国立文化財機構東京文化財研究所．民俗技術の保護をめぐって［M］．東京：国立文化財機構東京文化財研究所無形文化遺産部出版，2006．

［30］大島暁雄．無形民俗文化財の「変化」を考える：特に文化財指定との関連で［M］//国立文化財機構東京文化財研究所．無形文化遺産研究報告2．東京：国立文化財機構東京文化財研究所無形文化遺産部出版，2007．

［31］国立文化財機構東京文化財研究所．市町村合併と無形民俗文化財の保護［M］．東京：国立文化財機構東京文化財研究所無形文化遺産部出版，2007．

［32］国立文化財機構東京文化財研究所．無形民俗文化財に関わるモノの保護［M］．東京：国立文化財機構東京文化財研究所無形文化遺産部出版，2008．

［33］国立文化財機構東京文化財研究所．無形の民俗文化財映像記録作成小協議会報告書「無形民俗文化財映像記録作成の手引き」［M］．東京：国立文化財機構東京文化財研究所無形文化遺産部出版，2008．

［34］国立文化財機構東京文化財研究所．無形の民俗の伝承と子どもの関わり［M］．東京：国立文化財機構東京文化財研究所無形文化遺産部出版，2009．

［35］宮田繁幸．実施段階に入った無形文化遺産保護条約［M］//国立文化財機構東京文化財研究所．無形文化遺産研究報告4．東京：国立文化財機構東京文化財研究所無形文化遺産部出版，2009．

［36］松山直子．アジア太平洋地域の無形文化遺産：代表一覧表記載案件の分類と専門機関の役割［M］//国立文化財機構東京文化財研究所．無形文化遺産研究報告4．東京：国立文化財機構東京文化財研究所無形文化遺産部出版，2009．

［37］星野紘．無形文化遺産保護の挑戦：日本国内およびアジア太平洋諸国を訪れて［M］//国立文化財機構東京文化財研究所．無形文化遺産研究報告4．東京：国立文化財機構東京文化財研究所無形文化遺産部出版，2009．

［38］国立文化財機構東京文化財研究所．無形の民俗の保護における博物館・資料館の役割［M］．東京：国立文化財機構東京文化財研究所無形文化遺産部出版，2010．

［39］星野紘．過疎地の伝統芸能の苦闘［M］//国立文化財機構東京文化財研究所．無形文化遺産研究報告5．東京：国立文化財機構東京文化財研究所無形文化遺産部出版，2010．

［40］宮田繁幸．岐路に立つ無形文化遺産保護条約［M］//国立文化財機構東京文化財研究所．無形文化遺産研究報告6．東京：国立文化財機構東京文化財研究所無形文化遺産部出版，2011．

［41］星野紘．韓国、中国の地域の伝統芸能の衰退と無形文化遺産保護施策［M］//国立文化財機構東京文化財研究所．無形文化遺産研究報告6．東京：国立文化財機構東京文化財研究所無形文化遺産部出版，2011．

［42］松山直子．東アジアの無形文化財保護制度における伝統的工芸技術の登録状況：日本・中国・韓国の国家級一覧表から［M］//国立文化財機構東京文化財研究所．無形文化遺産研究報告6．東京：国立文化財機構東京文化財研究所無形文化遺産部出版，2011．

［43］国立文化財機構東京文化財研究所．無形民俗文化財の保存・活用に関する調査研究報告書［M］．東京：国立文化財機構東京文化財研究所無形文化遺産部出版，2011．

［44］国立文化財機構東京文化財研究所．無形文化財の伝承に関する資料集［M］．東京：国立文化財機構東京文化財研究所無形文化遺産部出版，2011．

［45］国立文化財機構東京文化財研究所．日韓無形文化遺産研究［M］．東京：国立文化財機構東京文化財研究所無形文化遺産部出版，2011．

［46］国立文化財機構東京文化財研究所．わざを伝える：伝統とその活用［M］．東京：国立文化財機構東京文化財研究所無形文化遺産部出版，2013．

［47］国立文化財機構東京文化財研究所．無形文化遺産情報ネットワーク報告書『東日本大震災被災地域における無形文化遺産とその復興』［M］．東京：国立文化財機構東京文化財研究所無形文化遺産部出版，2013．

［48］国立文化財機構東京文化財研究所．無形文化遺産への道―ユネスコ無形文化遺産条約と地域の遺産［M］．東京：国立文化財機構東京文化財研究所無形文化遺産部出版，2017．

［49］国立文化財機構東京文化財研究所．いま危機にある無形文化遺産：無形民俗文化財の休止・廃絶・継承をめぐって［M］．東京：国立文化財機構東京文化財研究所無形文化遺産部出版，2018．

［50］松田陽．保存と活用の二元論を超えて：文化財の価値体系を考える［M］//小林真理．文化政策の現在3．東京：東京大学出版会，2018．

［51］中嶋由紀子．自治体文化政策策定プロセスにおける文化デモクラシー：共治の実現に向かって［M］//小林真理．文化政策の現在3．東京：東京大学出版会，2018．

［52］若林朋子．進化を迫られる芸術文化助成：可能性と諸課題［M］//小林真理．文化政策の現在3．東京：東京大学出版会，2018．

二、期刊报告类

（一）中文期刊报告

［1］李军．对《保护非物质文化遗产公约》的一个误读［J］．中国文化遗产，2006（1）．

［2］廖明君，周星．非物质文化遗产保护的日本经验［J］．民族艺术，2007（1）．

［3］滕军．论日本传统艺术的特性：基于艺术学的视点［J］．日本学刊，2007（1）．

［4］柏贵喜．"名录"制度与非物质文化遗产保护［J］．贵州民族研究，2007（4）．

［5］段超，孙炜．关于完善非物质文化遗产保护政策的思考［J］．中南民族大学学报（人文社会科学版），2007（6）．

［6］刘晓峰．谁是"人间国宝"：日本"重要无形文化财"的传承人认定制度［J］．艺术评论，2007（6）．

［7］萧放．关于非物质文化遗产传承人的认定与保护方式的思考［J］．文化遗产，2008（1）．

［8］巴莫曲布嫫．非物质文化遗产：从概念到实践［J］．非物质文化遗产保护，2008（1）．

［9］王晓葵．日本非物质文化遗产保护法规的演变及相关问题［J］．文化遗产，2008（2）．

［10］郑土有．非物质文化遗产保护中的"儿童意识"：从日本民俗活动中得到的启示［J］．江西社会科学，2008（9）．

［11］菅丰，陈志勤．何谓非物质文化遗产的价值［J］．文化遗产，2009（2）．

［12］冯彤．日本非物质文化遗产传承人制度［J］．民族艺术，2010（1）．

［13］钱永平．日本非物质文化遗产保护研究综述［J］．湖北民族学

院学报（哲学社会科学版），2010（5）．

［14］陈宗花．在日常生活中保护非物质文化遗产：以日本无形民俗文化财"祇园祭"为例，［J］．南京艺术学院学报（美术与设计版），2011（1）．

［15］康保成．日本的文化遗产保护体制、保护意识及文化遗产学学科化问题［J］．文化遗产，2011（2）．

［16］凌照，周耀林．我国非物质文化遗产保护策略的推进［J］．忻州师范学院学报，2011（3）．

［17］刘秀峰，刘朝晖．非物质文化遗产与代表性传承人制度：来自田野的调查与思考［J］．浙江师范大学学报（社会科学版），2012（5）．

［18］刘德龙．坚守与变通：关于非物质文化遗产生产性保护中的几个关系［J］．民俗研究，2013（1）．

［19］姚伟钧，王胜鹏．完善中国非物质文化遗产名录的思考［J］．浙江学刊，2013（1）．

［20］韩小兵，喜饶尼玛．中国少数民族非物质文化遗产保护的法制特色［J］．黑龙江民族丛刊，2013（1）．

［21］吕睿．民间文学艺术知识产权主体合法性探求：以署名权为进路［J］．内蒙古社会科学（汉文版），2013（1）．

［22］黄永林．非物质文化遗产传承人保护模式研究：以湖北宜昌民间故事讲述家孙家香、刘德培和刘德方为例［J］．中国地质大学学报（社会科学版），2013（2）．

［23］田艳．非物质文化遗产代表性传承人认定制度探究［J］．政法论坛，2013（4）．

［24］徐拥军，王薇．美国、日本和台湾地区文化遗产档案数据库资源建设的经验借鉴［J］．档案学通讯，2013（5）．

［25］苑利，顾军．非物质文化遗产分类学研究［J］．河南社会科学，2013（6）．

［26］黄永林，王伟杰．数字化传承视域下我国非物质文化遗产分类体系的重构［J］．西南民族大学学报（人文社会科学版），2013（8）．

［27］陈靖．非遗"传承人"制度在民族文艺保护中的悖论［J］．贵州民族研究，2014（1）．

[28] 何秋. 民族自治地方少数民族非物质文化遗产的法律保护：以广西壮族自治区非遗保护为例[J]. 文化遗产, 2014（1）.

[29] 段超, 林毅红. 民间传承中"传承人"的传承生境与保护对策研究：以海南黎族传统工艺"传承人"为例[J]. 民族艺术研究, 2014（2）.

[30] 蔡曙鹏. 歌舞伎文化财保护模式的启示[J]. 文化遗产, 2014（3）.

[31] 刘宁. 地方高校对本土非物质文化遗产保护的措施研究[J]. 大众文艺, 2014（5）.

[32] 辛纪元, 吴大华, 吴纪树. 我国非物质文化遗产法律保护的不足及完善[J]. 贵州社会科学, 2014（9）.

[33] 刘倩. 非物质文化遗产与高校德育教育：以广东地区音乐类文化艺术为例[J]. 传承, 2014（11）.

[34] 苑利, 顾军. "名录"制度与非物质文化遗产保护[J]. 河南社会科学, 2015（4）.

[35] 谢菲. 非物质文化遗产项目代表性传承人名录保护制度反射性影响研究：基于花瑶挑花传承人FTM生活史的调查[J]. 民族艺术, 2015（6）.

[36] 陈炜. 传统非物质文化品牌包装的传承与振兴之路：湘绣产业老字号的过去和未来[J]. 中国包装, 2015（11）.

[37] 李荣启. 对非遗传承人保护及传承机制建设的思考[J]. 中国文化研究, 2016（2）.

[38] 爱川纪子著, 沈燕译. 联合国教科文组织的《保护非物质文化遗产公约》与韩国[J]. 民间文化论坛, 2016（2）.

[39] 李玲. 从功法、行当和家系角度考察日本歌舞伎女形表演艺术的传承[J]. 戏剧艺术, 2016（2）.

[40] 陈兴贵. 非物质文化遗产代表性传承人名录制度反思[J]. 重庆文理学院学报（社会科学版）, 2016（3）.

[41] 谭宏. 冲突与协调：中国非物质文化遗产名录制度的人类学反思[J]. 文化遗产, 2016（4）.

[42] 李荣启. 非物质文化遗产的传承及传承人保护现状[J]. 美与时代（上）, 2016（4）.

[43] 杨利慧. 以社区为中心: 联合国教科文组织非遗保护政策中社区的地位以及界定 [J]. 西北民族研究, 2016 (4).

[44] 张旭昭. 互动仪式链视阈下微信"抢红包"互动研究 [J]. 新闻研究导刊, 2016 (3).

[45] 庄初升. 濒危汉语方言与中国非物质文化遗产保护 [J]. 方言, 2017 (2).

[46] 路应昆. 戏曲音乐创作的古今变迁 [J]. 民族艺术研究, 2017 (3).

[47] 王霄冰, 胡玉福. 论非物质文化遗产保护工作的规范化与标准体系的建立. 文化遗产, 2017 (5).

[48] 李飞. 违法性理论视角下文化遗产传承: 以"五道古火会"案为例 [J]. 民族艺术, 2018 (1).

[49] 刘鑫. 遗产故事构建下文化遗产群的整体利用及其旅游开发: 基于"日本遗产"事业的启示 [J]. 中国文化产业评论, 2018 (1).

[50] 李晓松. 我国现行省级非物质文化遗产保护法规研究 [J]. 文化遗产, 2018 (2).

[51] 段晓卿. 非遗分类及非遗阶元系统建构研究 [J]. 文化遗产, 2018 (4).

[52] 苑利. 非物质文化遗产传承人认定标准研究 [J]. 原生态民族文化学刊, 2019 (1).

[53] 宋俊华. 论构建非物质文化遗产学科共同体 [J]. 文化遗产, 2019 (2).

[54] 白松强, 张洋. 文化立国视阈下中国文化软实力构建施策路径研究: 兼论其与日本的实施效果之比较 [J]. 神奈川大学非文字资料研究, 2019 (17).

[55] 王茜. 非物质文化遗产在大学生思想政治教育中的价值及融入路径 [J]. 吕梁教育学院学报, 2019 (3).

[56] 刘洋. 论我国"非遗"保护的精准管理与施策 [J]. 广西社会科学, 2019 (7).

[57] 郭振. 互动仪式链视角下非遗保护的探索: 以均安"关帝侯王出游"为例 [J]. 中国地名, 2019 (12).

[58] 陆霓, 张继焦. 新古典"结构—功能论": 非物质文化遗产作

为现代产业发展的内源性动力［J］．内蒙古社会科学（汉文版），2020（1）．

［59］周超．在文化遗产的"保护"与"利用"之间：关于日本〈文化遗产保护法〉2018年修订的评析［J］．文化遗产，2020（1）．

［60］爱川纪子．政策视角下的非物质文化遗产保护与地方发展［J］．唐璐璐译．民俗研究，2020（1）．

［61］爱川纪子．联合国教科文组织《保护非物质文化遗产公约》的成型：一场关于"社区参与"的叙事与观察（上）［J］．高舒，译．中国非物质文化遗产，2020（1）．

［62］爱川纪子．联合国教科文组织《保护非物质文化遗产公约》的成型：一场关于"社区参与"的叙事与观察（下）［J］．高舒，译．中国非物质文化遗产，2020（2）．

［63］王福州．"文化遗产"的中国范式及体系建构［J］．中国非物质文化遗产，2020（2）．

［64］朱家玥，卢疏桐，马千里．社区参与视角下的劳动歌谣类非遗传承：以镇江秀山号子与哥伦比亚—委内瑞拉劳动歌为例［J］．艺术与民俗，2020（2）．

［65］韩成艳．非物质文化遗产的主体与保护主体之解析［J］．民俗研究，2020（3）．

［66］韩若冰．非物质文化遗产的深化、传承与创新：以"情动机制"为视角［J］．民俗研究，2019（6）．

［67］李钧鹏，茹文俊．论虚拟社区中的互动仪式链［J］．广东社会科学，2020（4）．

［68］刘潇宇．论日本非遗传承团体的法律制度及对我国的启示［J］．湖南人文科技学院学报，2020（5）．

［69］邓昕．被遮蔽的情感之维：兰德尔·柯林斯互动仪式链理论诠释［J］．新闻界，2020（8）．

［70］刘倩．非物质文化遗产融入思想政治教育的价值与路径［J］．学校党建与思想教育，2020（10）．

［71］邹慕晨，谢柏梁．日本传统戏剧家元制发展研究［J］．戏剧（中央戏剧学院学报），2021（2）．

［72］刘洋，松田阳．经济振兴与日本文化遗产的活用思路［J］．

文化遗产，2021（2）．

［73］苑利，顾军．非物质文化遗产学学科建设的若干问题［J］．东南文化，2021（3）．

［74］杨利慧．从"民俗教育"到"非遗教育"：中国非遗教育的本土实践之路．民俗研究，2021（4）．

［75］王晨阳．以实践探索非遗教育与学科建设之路：从中国非遗传承人群研修研习培训计划说起［J］．民俗研究，2021（4）．

［76］巫宇军．从争议到共识：非遗研培的再认识与实践［J］．文化遗产，2021（4）．

［77］萧放．健全非物质文化遗产保护体系是新时代非遗保护传承工作的关键［J］．中国非物质文化遗产，2021（5）．

［78］巴莫曲布嫫．全球可持续发展议程与国际文化政策之演进：事件史循证研究［J］．民族文学研究，2021（6）．

（二）外文期刊报告

［1］日本文化財保護委員会編．文化財保護の步み［J］．文化財保護委員会，1960．

［2］日本文化財保護委員会編．開かれた時代別文化財指導者講習会について岡田孝平（前文化財保護委員会事務局長）の講演録［R］．文化財保護委員会，1960．

［3］木村博一．文化財と社会科教育［J］．古文化財教育研究報告，1984（13）．

［4］塚本学．文化財概念の変遷と史料［J］．国立歴史民俗博物館研究报告，1991（35）．

［5］日本文化保護企画特別委員会．時代の変化に対応した文化財保護政策の改善充実について：報告［R］．文化保護企画特別委員会，1994．

［6］鈴木良．文化財の誕生［J］．歴史評論，1996（555）．

［7］日本文化庁．文化振興的マスタープラン：文化立国の実現に向けて［R］．日本文化庁，1998．

［8］日本文化審議会文化財分科企画調査会．文化財の保存・活用の新たな展開：文化遺産を未来へ生かすために：審議の報告［R］．文化審

議会文化財分科会企画調査会，2001．

　　[9]日本文化審議会文化財分科企画調査会．文化審議会文化財分科会企画調査会報告書[R]．文化審議会文化財分科企画調査会，2007．

　　[10]金井健．日本の文化財保護とアメリカの歴史保存の相似と相違[J]．遺跡学研究，2008（5）．

　　[11]境野飛鳥．GHQ／SCAP文書にみる文化財保護法の成立過程[J]．日本歴史，2009（9）．

　　[12]内閣官房日本経済再生総合事務局．日本再興戦略JAPAN is BACK[R]．経済産業調査会，2013．

　　[13]ランドブレイン株式会社．文化財の効果的な発信・活用方策に関する調査研究事業報告書[R]．日本文化庁文化財部伝統文化課，2014．

　　[14]刘洋．中国と日本における無形文化遺産の保護及び継承制度に関する研究[J]．神奈川大学非文字資料研究に飛び立つ，2020。

三、学位论文类

　　[1]冯彤．"和纸"的制作工艺及象征文化阐释[D]．北京：中央民族大学博士学位论文，2008．

　　[2]邓超．日本文化财保护制度的历史审视[D]．武汉：华中师范大学硕士学位论文，2011．

　　[3]李致伟．通过日本百年非物质文化遗产保护历程探讨日本经验[D]．北京：中国艺术研究院博士学位论文，2014．

　　[4]周恬恬．非物质文化遗产价值评估理论与方法初探[D]．杭州：浙江大学硕士学位论文，2016．

　　[5]方军．日本现代剧场研究[D]．上海：上海戏剧学院博士学位论文，2019．

四、文件资料类

（一）中文文件资料

　　[1]国务院办公厅．国务院办公厅转发文化部、建设部、文物局等部

门关于加强我国世界文化遗产保护管理工作意见的通知［A/OL］.（2004-02-15）［2024-05-08］. http://www.gov.cn/zwgk/2005-08/14/content_22693.html.

［2］文化部,财政部. 文化部、财政部联合发出关于实施中国民族民间文化保护工程的通知［A/OL］.（2004-04-08）［2024-05-08］. http://www.ihchina.cn/3/10315.html.

［3］国务院办公厅. 国务院办公厅关于加强我国非物质文化遗产保护工作的意见［A/OL］.（2005-03-26）［2024-05-08］. http://www.gov.cn/zhengce/content/2008-03/28/content_5937.html.

［4］文化部. 文化部办公厅关于开展非物质文化遗产普查工作的通知［A/OL］.（2005-06-09）［2024-05-08］. http://www.ihchina.cn/3/10333.html.

［5］文化部. 文化部关于申报第一批国家级非物质文化遗产代表作的通知［A/OL］.（2005-06-30）［2024-05-08］. http://www.ihchina.cn/3/10322.html.

［6］文化部. 文化部办公厅关于成立国家非物质文化遗产名录评审委员会的通知［A/OL］.（2005-10-25）［2024-05-08］. http://www.ihchina.cn/3/10335.html.

［7］国务院办公厅. 国务院关于加强文化遗产保护的通知［A/OL］.（2005-12-22）［2024-05-08］. http://www.gov.cn/gongbao/content/2006/content_185117.htm.

［8］财政部、文化部. 财政部文化部关于印发国家非物质文化遗产保护专项资金管理暂行办法的通知［A/OL］.（2006-07-13）［2024-05-08］. http://www.ihchina.cn/3/10329.html.

［9］文化部. 文化部办公厅关于成立国家非物质文化遗产保护工作专家委员会的通知［A/OL］.（2006-07-14）［2024-05-08］. http://www.ihchina.cn/3/10334.html.

［10］文化部. 中华人民共和国文化部令第39号［A/OL］.（2006-11-02）［2024-05-08］. http://www.gov.cn/gongbao/content/2007/content_751777.htm.

［11］商务部,文化部. 商务部文化部关于加强老字号非物质文化遗产保护工作的通知［A/OL］.（2007-02-12）［2024-05-08］. http://www.

ihchina.cn/3/10330.html.

[12]文化部.文化部办公厅关于印发中国非物质文化遗产标识管理办法的通知[A/OL].(2007-07-23)[2024-05-08].http://www.ihchina.cn/3/10332.html.

[13]文化部.中华人民共和国文化部令第45号国家级非物质文化遗产项目代表性传承人认定与管理暂行办法[A/OL].(2008-05-14)[2024-05-08].http://www.ihchina.cn/3/10331.html.

[14]文化部.关于加强国家级文化生态保护区建设的指导意见[A/OL].(2010-04-17)[2024-05-08].http://www.ihchina.cn/3/53026.html.

[15]文化部.文化部关于加强非物质文化遗产生产性保护的指导意见[A/OL].(2012-02-02)[2024-05-08].http://www.ihchina.cn/3/10379.html.

[16]国务院办公厅.国务院办公厅印发关于支持戏曲传承发展若干政策的通知[A/OL].(2015-07-11)[2024-05-08].http://www.gov.cn/zhengce/content/2015-07/17/content_10010.htm.

[17]习近平致中国中医科学院成立60周年贺信[A/OL].(2015-12-18)[2024-05-08].http://www.gov.cn/xinwen/2015-12/22/content_5026645.htm.

[18]文化部.文化部办公厅关于开展非物质文化遗产法贯彻落实情况检查工作的通知[A/OL].(2016-06-13)[2024-05-08].http://www.zjfeiyi.cn/xiazai/detail/1-204.html.

[19]国务院办公厅.国务院办公厅印发关于实施中华优秀传统文化传承发展工程的意见[A/OL].(2017-01-25)[2024-05-08].http://www.gov.cn/zhengce/2017-01/25/content_5163472.htm.

[20]国务院办公厅.国务院办公厅关于转发文化部等部门中国传统工艺振兴计划的通知[A/OL].(2017-03-24)[2024-05-08].http://www.gov.cn/zhengce/content/2017-03/24/content_5180388.htm.

[21]文化和旅游部.文化和旅游部办公厅关于大力振兴贫困地区传统工艺助力精准扶贫的通知[A/OL].(2018-06-27)[2024-05-08].https://www.gov.cn/zhengce/zhengceku/2018-12/31/content_5433130.htm.

[22]文化和旅游部.国家级文化生态保护区管理办法[A/OL].

（2018-12-10）[2024-05-08]. https://www.gov.cn/gongbao/content/2020/content_5467515.htm.

[23] 文化和旅游部. 文化和旅游部关于印发《曲艺传承发展计划》的通知[A/OL].（2019-07-12）[2024-05-08］. https://www.gov.cn/xinwen/2019-07/30/content_5416672.htm.

[24] 文化和旅游部. 国家级非物质文化遗产代表性传承人认定与管理办法（中华人民共和国文化和旅游部令第3号）[A/OL].（2019-11-12）[2024-05-08］. https://www.gov.cn/gongbao/content/2020/content_5480488.htm.

[25] 文化和旅游部. 文化和旅游部办公厅国务院扶贫办综合司关于推进非遗扶贫就业工坊建设的通知[A/OL].（2019-12-27）[2024-05-08］. https://zwgk.mct.gov.cn/zfxxgkml/fwzwhyc/202012/t20201206_916891.html.

[26] 文化和旅游部. 文化和旅游部关于推动数字文化产业高质量发展的意见[A/OL].（2020-11-18）[2024-05-08］. https://www.gov.cn/gongbao/content/2021/content_5581079.htm.

[27] 文化和旅游部. 文化和旅游部非遗司关于贯彻落实《国家级非物质文化遗产代表性传承人认定与管理办法》的通知[A/OL].（2020-05-26）[2024-05-08］. https://www.ihchina.cn/Article/Index/detail?id=20869&ivk_sa=1024320u.

[28] 文化和旅游部. 文化和旅游部关于印发《"十四五"非物质文化遗产保护规划》的通知[A/OL].（2021-05-25）[2024-05-08］. https://www.gov.cn/zhengce/zhengceku/2021-06/09/content_5616511.htm.

（二）外文文件资料

[1][日]閣議決定. 新成長戦略——元気な日本、復活のシナリオ[A/OL].（2010-06-18）[2024-05-08］. https://www.kantei.go.jp/jp/sinseichousenryaku/.

[2][日]観光立国推進閣僚会議決定. 観光立国実現に向けたアクション・プログラム[A/OL].（2013-06-11）[2024-05-08］. http://www.kantei.go.jp/jp/singi/kankorikkoku/kettei/index.html.

［3］［日］観光庁観光戦略課．明日の日本を支える観光ビジョン構想会議（第2回）［A/OL］．（2016-03-30）［2024-05-08］．https://www.kantei.go.jp/jp/singi/kanko_vision/dai2/gijisidai.html．

［4］［日］第196回国会．文化財保護法号外法律第42号［A/OL］．（2018-06-08）［2024-05-08］．https://hourei.ndl.go.jp/#/detail?lawId=0000145372&current=-1．

五、报纸类

（一）中文报纸

［1］古成．日本非物质文化遗产保护的特色和经验［N］．中国文化报，2008-03-12．

［2］董伟．抓住机遇，振兴戏曲艺术［N］．人民日报，2015-08-11（14）．

［3］单霁翔．让文化遗产活起来［N］．人民日报，2019-05-17（13）．

［4］杜云生．非遗发展要符合乡村实际［N］．中国文化报，2019-10-15（8）．

［5］李韵．文化遗产活起来 百姓生活更精彩［N］．光明日报，2020-10-28（1）．

（二）外文报纸

［1］文化遗产保护法［N］．官报，第7012号，1950-05-30．

［2］文化財の観光活用 保存の土台揺るがすな［N］．岩手日報，2016-04-02．

六、网络资源类

［1］于小薇．文化部加强非物质文化遗产保护的十一项措施［EB/OL］．（2014-08-20）［2024-05-08］．http://culture.people.com.cn/

n/2014/0820/c172318-25503190.html.

［2］新华网微信公众号. 中韩"端午"大不同，这些区别你知道吗？［EB/OL］.（2016-06-09）［2024-05-08］. http://korea.xinhuanet.com/2016-06/09/c_135424634.htm.

［3］陈通. 文化部非遗司司长陈通：传统工艺的六项振兴措施［EB/OL］.（2017-06-12）［2024-05-08］. https://www.sohu.com/a/148232836_669468

［4］让古老技艺根植灵魂融入生活［EB/OL］.（2017-06-13）［2024-05-08］. https://www.sohu.com/a/148539708_534785.

［5］宋超，赵凯迪，寇家祥. 河北79岁烟花非遗传承人制作烟花获刑二审被判免予刑事处罚［EB/OL］.（2017-12-29）［2024-05-08］. https://baijiahao.baidu.com/s?id=1588089726677235530&wfr=spider&for=pc.

［6］一人分饰两角　初音未来出演"超歌舞伎"详情公布［EB/OL］.（2018-03-16）［2024-05-08］. https://www.toutiao.com/i6533543195194688004/.

［7］先有三国志，后有海贼王：为了吸引年轻人，日本歌舞伎真的拼了［EB/OL］.（2018-05-15）［2024-05-08］. https://www.toutiao.com/i6555663074534097421/.

［8］徐业礼. 浅析非遗在实施乡村振兴战略中的作用［EB/OL］.（2018-07-24）［2024-05-08］. http://ex.cssn.cn/dzyx/dzyx_mtgz/201807/t20180724_4509354.shtml.

［9］赵罡. 非遗助力乡村振兴［EB/OL］.（2018-10-27）［2024-05-08］. https://www.sohu.com/a/271727688_185829.

［10］6座国立剧场，展现传统舞台艺术的魅力，培养新一代传承人［EB/OL］.（2019-08-08）［2024-05-08］. https://www.nippon.com/cn/japan-data/h00395/amp/#.

［11］李玲. 传统与创新并举的古典戏剧：日本歌舞伎［EB/OL］.（2020-12-03）［2024-05-08］. https://www.jpfbj.cn/jp/sys/?p=3432.

［12］聂青.《白蛇传·情》为什么成功"出圈"？［EB/OL］.（2021-05-21）［2024-05-08］. http://www.315xwsy.com/news/20276.html.

［13］夕夜如风.《白蛇传·情》画风令人惊艳之外，更有这些粤

剧之美值得被看到［EB/OL］.（2021-05-30）［2024-05-08］. https://wenhui.whb.cn/third/baidu/202105/30/407047.html.

［14］豆瓣8.2!电影《白蛇传·情》出圈 引领国粹新潮流［EB/OL］.（2021-05-31）［2024-05-08］. https://new.qq.com/omn/20210531/20210531A0DUX700.html.

［15］任启鑫. 非遗保护为乡村振兴赋能［EB/OL］.（2021-06-05）［2024-05-08］. https://baijiahao.baidu.com/s?id=1702629369281319388&wfr=spider&for=pc.

后　记

我与非物质文化遗产研究结缘也许是注定的。2011年攻读硕士学位期间，我前往泰国清莱皇家大学实习，教授中国传统文化时深深地爱上了这门学科，毕业后在看了很多书籍与文献后知道了一个专有名词——非物质文化遗产。在此之后我坚持不懈地考了四年中山大学非物质文化遗产专业的博士研究生，最终功夫不负有心人，2017年，我来到美丽的康乐园攻读博士学位。让我如此坚持不懈一定要考取这个专业的博士研究生的原因是我知道想要深入了解非遗仅仅喜欢是不够的，我需要系统地进行专业学习，对于我来说，攻读博士学位的这段时光是一段实现梦想的经历。

首先，我要衷心感谢我的两位博士生导师——宋俊华教授和庄初升教授。本书是在宋俊华教授的悉心指导下完成的，每次当我提交修改稿后，宋老师都会在论文上做详细的批注，包括概念界定是否清晰、论证是否严谨、表达是否得当、格式和标点符号使用是否正确等诸多问题。每次看到论文上密密麻麻的批注，我都能感受到老师对学术细致、认真、严谨的态度，也让我明白了自己以后需要继续努力，提高自己的专业能力。在攻读博士学位的这五年里，两位老师在读书治学、为人处世方面的指导让我毕生受益。老师们严谨、负责的态度，崇高的人格魅力给予了我无穷的力量！中国有一句话叫"一日为师，终身为父"，两位老师平时就像父亲一样关心着我和我的同门师兄弟姐妹，在此我想表示衷心的感谢！

我还要特别感谢东京大学东洋文化研究所菅丰教授。2019年4月，我有幸前往东京大学东洋文化研究所跟随菅丰老师学习，老师不仅在学术上给予我指导，在生活上更是给予我非常多的帮助。特别是2020年3月以后，国内外疫情日趋严重，在此期间菅丰老师甚至不顾日本疫情危险，多次积极与学校沟通帮助我解决签证以及健康保险等问题，使身在异国他乡非常无助的我深受感动。同时，宋老师和庄老师也经常询问我在国外的情况，最终我克服重重困难，安全地回到了国内。

感谢神奈川大学日本常民文化研究所、非文字资料研究中心的小熊诚教授和东京大学人文社会系研究科、文化资源学研究室的松田阳副教授。本书的完成离不开两位老师的帮助，两位老师不仅在学术上对我进行指导，也为我在日本进行田野调查提供了帮助。他们在我心中播下了友谊的种子，也让我对今后的研究充满了热情与信心。

感谢中山大学非物质文化遗产研究中心的所有老师。黄天骥老师已经八十多岁高龄，还坚持为新入学的博士生上讨论课，让我们觉得非常幸福。我记得非常清楚，在第一次上博士生讨论课时，黄天骥老师告诉我们："你们都是我们的学生，要打破师门间的界限，有什么问题都可以随时来找我们任何一位老师！"在我就学期间，非遗中心的黄仕忠老师、董上德老师、陈志勇老师、刘晓春老师、王霄冰老师给予我很多的指导，在此我要真诚地对老师们说声："谢谢你们！"

感谢同窗的师兄弟姐妹。你们的关心与帮助让我感受到了大家庭的温暖，让我觉得在前进的道路上并不孤单！

最后，感谢家人在我读博期间给予我的鼎力支持。你们的理解和支持让我拥有足够的勇气和力量去实现自己的梦想。

这段实现梦想的经历就像一杯清茶，虽然没有鲜明的色泽和醇厚的味道，淡淡的清香却让人回味无穷。感谢生活让我拥有这段经历，让我遇见更好的自己！

刘 洋
2022年3月于中山大学